中国政法大学科研创新项目资助
中央高校基本科研业务费专项资金资助

推进我国民航治理体系和治理能力现代化重点问题研究

TUIJIN WOGUO
MINHANG ZHILI TIXI
HE ZHILI NENGLI XIANDAIHUA
ZHONGDIAN WENTI YANJIU

李大朋 ◎ 著

中国政法大学出版社

2023·北京

声　明　1. 版权所有，侵权必究。
　　　　2. 如有缺页、倒装问题，由出版社负责退换。

图书在版编目（ＣＩＰ）数据

推进我国民航治理体系和治理能力现代化重点问题研究 / 李大朋著
北京：中国政法大学出版社，2023.7
　ISBN 978-7-5764-1007-5

　Ⅰ.①推… Ⅱ.①李… Ⅲ.①民用航空－交通运输管理－研究－中国
Ⅳ.①F562.6

中国版本图书馆CIP数据核字(2023)第134027号

出版者	中国政法大学出版社
地　址	北京市海淀区西土城路 25 号
邮　箱	fadapress@163.com
网　址	http://www.cuplpress.com (网络实名：中国政法大学出版社)
电　话	010-58908435(第一编辑部) 58908334(邮购部)
承　印	固安华明印业有限公司
开　本	880mm×1230mm　1/32
印　张	9.25
字　数	216 千字
版　次	2023 年 7 月第 1 版
印　次	2023 年 7 月第 1 次印刷
定　价	56.00 元

前言 PREFACE

  本书的写作始于我在博士后工作期间，是我的第一篇较为宏观的法学和行政管理学跨学科研究成果。在本书的写作中，我深知本书的结构、逻辑和用词均与我之前写作的单纯法学类文章略有不同，如果没有对主题深刻的认识、对框架的合理安排，以及对行文逻辑的严谨把握，是很难下笔的。

  本书的主题为民航治理体系和治理能力的现代化重点问题，包括民航法律法规体系、民航高水平市场体系和民航行政管理体系。本书以党确立的关于推进国家治理体系和治理能力现代化的基本理论为大前提，以民航治理的现状和问题为小前提，对我国民航治理体系和治理能力的现代化问题进行全面研究，以扎实推进我国民航高质量发展，同时也希望通过对民航这一具体行业治理的探索，丰富新时代国家治理体系和治理能力现代化的内涵。

  古人云，盖文章者，经国之大业，不朽之盛事。作为一名青年学者，通过本书的写作，我更加清晰认识到写作的意义和价值，这将是我未来孜孜不倦追求学术之路的精神支柱。

  感谢我的博士后导师石亚军教授，本书正是在他的指导下才能得以完成，感谢他在我迷茫和困难的时候，为我指明方向，并给予巨大的帮助。感谢我的博士导师宣增益教授，他在学术和生活中给予我不断的鼓励、指导和照顾，他的待人接物也将使我终生受益。除此之外，也谨以此书献给所有帮助过我、鼓励过我的人！

李大朋

2023年7月于蓟门桥

目录 CONTENTS

绪 论 1

第一章 新时代民航治理体系和治理能力现代化概述 16
第一节 新时代民航治理的目标定位 16
第二节 新时代民航发展的困境与使命 23
第三节 民航治理的主体与客体条件 31
第四节 新时代民航治理现代化的推进路径 41

第二章 我国历次民航治理体系改革 49
第一节 我国历次民航治理体制改革的内容 50
第二节 我国历次民航治理体系改革的经验 58

第三章 完善新时代民航治理的法律体系 63
第一节 "良法"是民航治理现代化的前提 63
第二节 我国民航立法现状以及完善的基本原则 64
第三节 推进民航法律体系的现代化 72
第四节 推进民航法律体系的统一化 89

第四章 建设新时代民航高水平市场体系 ············ 98
- 第一节 市场化是民航治理现代化的灵魂 ············ 98
- 第二节 我国民航市场的现状 ············ 100
- 第三节 建设民航高水平市场体系的着眼点 ············ 103
- 第四节 放松民航经济管制 ············ 109
- 第五节 建立健全民航反垄断机制 ············ 141

第五章 深化新时代民航行政管理体制改革 ············ 163
- 第一节 行政管理体制是民航治理现代化的载体 ············ 163
- 第二节 我国民航行政管理现状 ············ 165
- 第三节 深化民航行政管理体制改革的着眼点 ············ 182
- 第四节 深化民航行政机构改革 ············ 188
- 第五节 深化民航审批制度改革 ············ 194
- 第六节 创新民航监管 ············ 226
- 第七节 优化民航行政服务制度 ············ 256

结　论 ············ 271

参考文献 ············ 273

绪 论

一、选题背景与研究动机

自改革开放以来，我国对国家治理的实践与理论是不断升华的，特别是党的十八大以来，在新时代"五位一体"总体布局、"四个全面"战略布局下，对新时代国家治理体系和治理能力进行的新论述、新部署，党的十九届四中全会进一步对国家治理体系和治理能力现代化的方向与内涵做了细致的阐述。

我国民航业经过了改革开放几十年的快速发展，取得了令人瞩目的成就。民航是国家战略性产业，在国家开启全面建设社会主义现代化强国的新征程中发挥着基础性、先导性作用。建设民航强国，既是更好服务于国家发展战略，满足人民美好生活需求的客观需要，也是深化民航供给侧结构改革，提升运行效率和服务品质，支撑交通强国建设的内在要求。作为国民经济的重要部门，推进民航业治理体系和治理能力的现代化也是推进国家治理体系与治理能力现代化的一部分。

具体到我国民航的发展状态，我国民航治理体系脱胎于新中国成立后的"军民合一"体系，经历了数次改革，目前已经初步建立了相对完善的民航法律体系、民航社会主义市场经济体制，以及较为完善的行业行政管理体制。这些为我国建立全球第二大民航运输市场以及较为现代化的民航制造业与民航服务业奠定了制度基础。在新时代，大众出行对品质的关注不断增强，对民航服务提出了更高要求。[1] 在贯彻落实"五位一体"总体布局、"四个全面"战略布局以及"一带一路倡议"、"京津冀一体化"、"自贸区建设"、"长三角一体化"等战略部署中，民航业迎来了快速发展的大好机遇。

但是不可否认，我国仍然面临着束缚民航进一步发展的桎梏。从外在表现看，体现为民航资源保障能力持续不足、民航安全管理压力增加、民航市场主体不成熟、民航服务质量提升有限等方面。这些外在表现下其实掩藏着阻碍民航进一步发展的制度性束缚。表现为民航治理体系作为上层建筑，无法满足民航经济基础进一步发展的需求，具体包括民航法治化建设、民航市场体系、民航行政管理体制有待进一步完善。随着我国民航进入由量转质发展的新阶段，这些问题也将更加复杂。[2] 民航治理体系与治理能力这双"鞋"，随着民航业持续发展以及新时代由量转质、步入更高发展阶段，必须进行升级，否则，如果削足适履，不仅会给民航未来的发展带来障碍，民航现在取得的成就也会丢失，尤其是在目前"新型冠状肺炎"肆虐下，国际与国内民航业均面临着严峻的复苏挑战。因此，提升民航治理体系和能力现代化，对上层建筑进行更新与升级，有着迫切的现实意义。

本书正是基于上述研究背景，在党的历次大会中确立的关

---

[1]《民航局关于印发新时代民航强国建设行动纲要的通知》。

[2] 中国民用航空局："新时代民航强国建设行动纲要"，载中国民用航空局网，http://www.caac.gov.cn/XXGK/XXGK/ZFGW/201812/t20181212_193447.html，最后访问日期：2020年7月19日。

于推进国家治理体系和治理能力现代化的理论体系与行动纲领这一大前提下，结合民航自身行业治理的小前提，为我国民航实现治理体系和治理能力现代化提出意见和建议，促进我国民航强国战略的实施，同时也希望通过对民航这一具体行业治理的探索，丰富新时代国家治理体系和治理能力现代化的内涵。

二、研究方法与研究路径

（一）研究方法

本书采用多种研究方法对民航治理体系和治理能力现代化进行理论和实践研究，包括解释学研究方法、实证研究方法、历史研究方法、比较研究方法等，分析如下：

1. 解释学方法。解释学方法是本书的最重要的研究方法。民航治理改革的大厦需要建立在夯实的、具有丰富内涵的国家治理基本理论基础上。民航治理是一个系统且全面的工程，本书并无意发展出一套民航治理改革的理论，而是采用了解释学方法，在党中央、国务院、民航行政管理部门提出一系列战略的内涵、外延，例如"国家治理体系和治理能力现代化"、"五位一体"、"四个全面"、"民航强国"、"法治民航"等重要概念基础上，通过对这些概念的分析，探索民航治理改革的背景、理论框架以及总体思路等。

2. 实证研究方法。本书不仅仅止步于理论探索，实证研究也是本书重要的研究方法之一。民航治理改革需要面对现实的民航治理制度与经济基础，解决民航现实的问题与挑战。本书主要写作目的是解决新时代民航业进一步发展所面临的深层次问题，通过对问题提炼，因题施策，针对民航立法体制、市场体制与行政管理体制三个方面进行研究，总而言之，本书研究的起点与落脚点均是我国民航的实际问题。

3. 历史研究方法。历史唯物主义是本书秉承的基本观点。我国民航发展至今，有着自身独特的孕育与成长土壤，从建国之后高度集中的计划经济管理体制，到改革开放后七轮大规模改革逐步向市场经济体系过渡，每一轮改革均面临着特殊的背景与需求，这为我国新时代提升民航治理奠定了历史条件与基础。本书将通过对民航治理历次改革进行梳理，提炼出我国民航治理的现状、经验与规律，通过纵向研究，探索新时代民航治理体系和治理能力现代化的内涵与路径。

4. 比较研究方法。本书也会采取比较研究的方法。民航是一个全球化的行业，推进民航治理现代化需要合理借鉴一切"人类文明的优秀成果"。各国民航治理均受到了以《国际民用航空公约》为核心的国际民航法治的影响，并且基于民航治理强烈的涉外性，各国民航治理体系之间也是相互制约与借鉴的。在历史上，民航业在这些国家和地区均从全方位管制变革到"有限政府"模式。在现阶段各国也积极推进精细化监管等一系列进一步促进民航发展的措施，在未来也同样可能面临着相类似的挑战，例如，民航反垄断执法、民航减排机制、对新型航空技术的应对机制，等等。因此，本书也会注意合理借鉴国外民航治理制度，以设计与完善我国民航治理的具体制度。

(二) 研究路径和内容

一般认为，民航与公路、铁路、海运同属于交通运输业。从广度上说，民航还包括民航制造业与民航服务业。本书采用广义的民航业的概念。对于民航治理，本书拟在推进国家治理体系和治理能力现代化的理论基础之上，结合民航自身的行业特点与实践需求进行研究。具体而言，基于历史唯物主义的基础，立足于我国民航业的特点、发展现状、发展桎梏以及我国民航历次改革的成果与经验，在国家治理体系和治理能力现代化的大方针指引下,探索民航行业治理现代化的内涵与路径。

一方面,民航治理属于国家治理的有机组成部分,因此,新时代国家治理体系和治理能力现代化中蕴涵着的新时代"五位一体"、"四个全面"顶层设计,需要被垂直贯彻到民航治理全部机理当中。中国国家治理现代化是指中国特色社会主义政治、经济、文化、社会、生态等领域和治理活动中所有的参与方,实现分工合作、权责匹配、各领域多面一体的宏大完整的系统,涉及国家各领域的体制、规则、机制、程序以及相关法律规范等制度体系的总和。[1] 根据党的十九届四中全会决议,中国的国家治理体系和治理能力现代化是一个多维立体现代化,包括中国特色社会主义制度、党的领导制度、人民代表大会制度、社会主义法治体系、中国特色社会主义行政体制、社会主义基本经济制度、社会主义先进文化制度、民生保障制度、社会治理制度、生态文明制度等,涵盖了对政治、经济、社会、文化、生态五位一体的大布局,交融于全面建成小康社会、全面深化改革、全面依法治国、全面从严治党四个全面大战略。

另一方面,行业治理毕竟仅仅属于国家治理的内部的一个环节,必须有所侧重。从我国民航治理的历史、现状二维角度看,我国历次民航改革所针对的主要问题,以及目前我国民航主要面临的障碍的制度性诱因均体现为三个方面:民航的法律体系滞后于民航的发展;民航市场体系不健全不完善;民航行政管理体系不健全不完善。因此,这三个顽疾是我国民航治理改革研究必须予以解决的问题,本书将其确定为新时代民航治理体系和治理能力现代化的重点问题。

---

[1] 王浦劬:"全面准确深入把握全面深化改革的总目标",载《中国高校社会科学》2014年第1期。

在理论与实践中，解决这三个问题的具体推进路径体现为以下几个方面：首先，完善民航法律体系，要求实现民航法律体系的现代化与统一化。其次，建立民航高水平市场体系，其核心是正确处理政府与市场关系，一方面要求放松民航经济管制，实现民航资源有序流动与配置的最大效率，除此之外，也要求政府建立科学合理的民航行政补贴机制。另一方面也要求政府积极承担起维护正常市场秩序的职责，建立健全民航反垄断机制。再次，深化民航行政体制改革，需要从传统行政管理理念转向现代治理理念，在新时代"放管服"改革背景下，以简政放权，创新监管，优化服务三个抓手深化民航行政体制改革。

本书的研究路径如下：

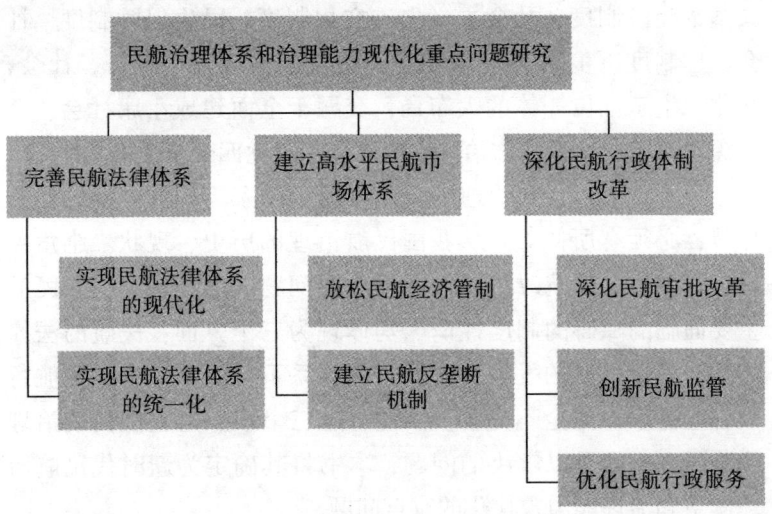

具体而言，国家治理体系和治理能力现代化蕴含在新时代"五位一体"总体布局，"四个全面"战略布局中，是一个系统

性全面深化改革，各种制度相互衔接、有机统一的整体。作为一种行业治理，民航治理体系和治理能力现代化属于国家治理体系和治理能力现代化的一部分，体现为民航具备了现代化的治理体系和治理能力。

本书第一章为新时代民航治理体系和治理能力现代化概述。本章首先在概念层层演进分析的基础上，探索新时代民航治理现代化的目标定位。其次通过对民航的主要矛盾与新时代发展的使命阐述，探索民航新时代治理改革的现实前提与必要性。再次，在对民航治理主体和客体分析的基础上，夯实民航治理的内涵。最后结合阻碍民航发展的制度性诱因，论述我国民航治理体系和治理能力现代化推进路径，包括完善民航法治体系、健全的民航市场体系以及深化民航行政体系。

本书第二章为民航历次治理体系改革的梳理。探索民航历次改革的内容、线索与经验。新时代民航提升治理水平和治理能力不可脱离历史条件，需要深入结合本行业的历史与规律，才能准确把握民航治理改革的条件与需求，为未来民航治理改革奠定丰富与坚实的内涵。

本书第三章为完善新时代民航治理的法律体系。"法治化"与"现代化"是彼此包含、互相促进的关系，法治化是民航治理现代化的必由之路。我国民航法律体系是以《民用航空法》为核心的四级法律体系，本身层级多且复杂。在我国长期改革过程中，也一直存在着改革与立法的错位，这进一步加剧了我国民航法律体系本身的问题。因此，完善民航治理的法治基础需要树立立法先行原则，提升民航立法的现代化，以及内部体系的统一化水平。

本书第四章为建设新时代民航高水平市场体系。党的十八大以来，高水平市场体系建设的原则是使市场在资源配置中起决定性作用，更好发挥政府的作用，核心是处理好政府与市场的关系。我国民航目前存在着较多的行政管制，并且民航市场垄断经营甚至独占经营比较普遍，仍需在优化民航业营商环境的大背景下，彻底转变政府职能。首先，放松管制，减少政府对民航资源直接的配置，完善民航行政补贴制度。其次，完善民航反垄断机制，健全民航公平竞争机制。

本书第五章为深化新时代民航行政管理体制改革。在民航业行政管理体制中，重点在于针对审批、监管与服务三个方面进行改革。对于民航审批制度，需要简政放权，建立契合民航发展需求的审批制度。对于民航业监管而言，需要进一步推进精细化监管改革、合理配置监管职能、提升监管效能。对于民航行政服务而言，需要进一步改革行政服务模式，处理好与审批、监管的关系，在审批与监管中优化行政服务职能。

三、研究现状与文献综述

目前专门针对民航治理的研究成果不多，研究内容呈现出碎片化状态，需要在研究过程中，按照民航治理现代化内在的逻辑与理论架构，在分散的研究成果中，寻踪觅迹，进行理论的提炼与实践的总结。具体分析如下：

（一）国家治理体系和治理能力现代化

国家治理体系和治理能力现代化研究横跨政治学、行政管理学、法学等众多领域，理论研究成果较多。

胡佳、罗雪连在《国家治理体系和治理能力现代化研究综述》一文中，就2012年至2018年期间涉及国家治理体系和治理能力现代化的研究成果进行了总结，认为自党的十八届三中全会之后，围绕着推进国家治理体系和治理能力现代化这一命题，众多学者进行了理论上分析与解读，相关研究成果非常丰富，一定程度上超越了同时期其他相关研究主题。学科方面，研究的视角涵盖行政学、政治学、法学等各个方面。从政治学角度看，国家治理体系和治理能力现代化研究以政治制度改革为核心，强调通过完善政治体制提高国家治理水平；而公共管理学则以实现高效治理为核心，分析国家治理制度的创新，以整体推进国家的治理能力；法学研究核心是把法治化作为国家治理体系和治理能力的基础，强调将法治现代化融入国家治理的现代化。[1] 以上三种不同的角度，也为本书的研究提供了借鉴。

关于治理理念的转变，石亚军教授在《深化机构和行政体制改革 推动国家治理体系创新》一文中指出，党的十九大将公共权力资源的配置和公共管理能效的优化，从行政管理体制上升到国家治理体系。[2] 这一论断正是体现了我国自改革开放数十年来行政管理理念的最新发展成果。杨立华、常多粉在《中国行政学三十年的范式变迁：从行政管理到公共治理》一文中，就改革开放以来我国行政学研究进行了梳理，认为从总体上，中国行政学在各个时期的研究侧重点各不相同，从早期侧重于以行政效率的一般行政管理，到以公平为中心的公共行政和社会管理，再到以公共管理和公共服务为侧重点的公共管理。自改革开放三十年来，公共行政管理越来越强调以推进治理体系和治理能力现代化这一更加系统的整体研究，将公共治理、社会治理、国家治理等统一起来，真正从行政管理发展到公共

---

〔1〕 胡佳、罗雪连："国家治理体系和治理能力现代化研究综述"，载《湖北行政学院学报》2018年第4期。

〔2〕 石亚军："深化机构和行政体制改革 推动国家治理体系创新"，载《政法论坛》2018年第2期。

治理。[1]

关于新时代治理理念，结合党的十八大以来重要论断，目前体现为"五位一体"顶层布局，"四个全面"战略布局。因此，学术界多注重对于两者深刻内涵以及相互关系进行论述。两者尽管在产生背景、时间上略有差异，分别体现了中国特色社会主义建设的不同纬度，"五位一体"更多体现为党对中国现代化建设的五个着眼点的概括，"四个全面"更明显体现为党对国家和社会前进方向着力点的概括，但共同构成了习近平新时代中国特色社会主义思想的重要范畴。例如，赵国营、张荣华：《新时代中国特色社会主义总体布局的方法论意蕴》，载《社会主义研究》2019 年第 3 期；通讯员：《统筹推进新时代"五位一体"总体布局》，载《人民日报》2017 年 11 月；何玉芳：《"五位一体"和"四个全面"的内在逻辑》，载《人民论坛》2019 年 5 月下。

关于国家治理体系和治理能力现代化的概念，目前学术界基本形成了一致的看法。国家治理体系是在中国共产党领导下，在一定的治理理念下，由中国特色社会主义政治、经济、文化、社会、生态等领域和治理活动中所有的参与方，实现分工合作，权责匹配，各领域多面一体的宏大完整系统，涉及国家各领域的体制、规则、机制、程序以及相关法律规范等制度体系的总和。而国家治理能力是指国家治理体系中各项制度的执行力。例如，王浦劬：《全面准确深入把握全面深化改革的总目标》，载《中国高校社会科学》2014 年第 1 期；胡宁生：《国家治理现代化：政府、市场和社会新型协同互助》，载《南京社会科学》

---

[1] 杨立华、常多粉："中国行政学三十年的范式变迁：从行政管理到公共治理"，载《中国行政管理》2019 年第 6 期。

2014年第1期；蔡文成：《改革发展和国家治理体系现代化的构建》，载《行政论坛》2014年第4期；丁志刚：《如何理解国家治理和国家治理体系》，载《学术界》2014年第2期等等。

对于国家治理体系现代化的实现路径，石亚军教授在《深化机构和行政体制改革　推动国家治理体系创新》一文中认为，国家治理现代化的路径为通过对党和国家机构职能体系进行前所未有的全方位大调整、新建构，使人民的主体地位凸显，体制机制优化协调，以全面依法治国无疏漏地实现深刻变更，推进国家治理体系现代化应包括创新国家治理理念，构建国家、市场、社会三者之间的治理模式等方面的现代化，坚持发挥市场社会在资源配置中的决定性作用与更好发挥政府作用的结合。[1] 其他学者也秉持类似的看法。[2]

(二) 民航治理体系和治理能力现代化

在国家治理体系和治理能力现代化的宏观研究之下，目前，学术界已经开始尝试从行业的微观角度进行研究，结合这些特殊行业的特征，对该行业如何实现治理体系和治理能力现代化这一命题进行研究，但目前这一类的研究成果不多，并且比较零散。例如，在国家治理现代化视角下对道路运政管理职能的转变的研究；民办高等职业教育治理体系与治理能力现代化问题研究。但是，对于民航这一特殊行业的治理体系和治理能力现代化，目前学术界并未产出研究成果。

民航治理体制改革是一个操作性比较强的话题，在理论上

---

[1] 石亚军：“深化机构和行政体制改革　推动国家治理体系创新”，载《政法论坛》2018年第2期。

[2] 例如：唐皇凤："中国国家治理体系现代化的路径选择"，载《福建论坛（人文社会科学版）》2014年第2期；吴德慧："国家治理体系和治理能力现代化的路径探析"，载《科学社会主义》2014年第2期。

很少有系统性论述。关于民航业进一步发展的指导思想、基本原则、总体目标等多蕴含在民航局的官方文件上，这是本书研究素材的重要来源。

民航局原党组书记、局长冯正霖在《推动民航高质量发展 开启新时代民航强国建设新征程》一文中，就新时代民航的使命、目标、建设的路径进行了阐述。新时代民航面临的主要矛盾是民航对满足人民群众多样化航空需求不足、供给结构上不平衡、供给质量上不充分，因此要求民航各要素全面发展，包括安全水平、运行效率、资源保障、管理能力、生产规模、质量效益、服务产品、规则标准等，系统解决民航发展不平衡不充分的问题。[1]

宋世明、黄小勇、刘小康在其《我国历次民航行政管理体制改革成效研究》一文中，对我国民航历次改革进行了梳理，我国民航建国初期军民合一、政企不分，在经历了多次改革以后，实现了真正意义上的政企分离、政资分离。民航行业管理部门从既是管理者，又是资产所有者的双重身份中解脱出来，专注于从事民航行业管理职能，并在后续的改革中，不断向优化职能、有限政府方面转变。这也构成了我国历次民航行政管理体制改革的主线。在经济新常态下，民航行政管理部门对政府角色、行政管理模式、政府职能等进行了调整，民航管理体制改革取得了诸多成效。[2] 另外，林明华在《走企业化道路：

---

〔1〕 冯正霖："推动民航高质量发展 开启新时代民航强国建设新征程"，载《人民论坛》2018年第5期。

〔2〕 宋世明、黄小勇、刘小康："我国历次民航行政管理体制改革成效研究"，载《国家行政学院学报》2012年第5期。

绪 论

民航改革质的飞跃》一文中也持相类似的观点。[1]

就我国民航面临的挑战，以及面对这些挑战的应对措施，申振东、张鹏洲在其《我国民航管理体制市场化改革的历程与展望》一文中，进行了总结：进入新时代，我们必须看到目前的民航业行政改革已经触及民航进一步发展中的深层次矛盾和问题，触及民航各利益主体的利益、权责分配格局，改革的力度和难度均在加大。目前而言，我国民航进一步发展面临以下问题：①资源保障能力不足，安全是民航的第一要素，通过对比，我国航空运输事故征候并没有明显下降，其中人为因素仅占一小部分，大部分均源于资源保障不足，包括人力资源投入不足、保障设施设备资源投入不足、信息化资源不足、空域资源不足。②民航市场体系建设尚不完善，主要表现为运输航空领域放松管制的改革不彻底，包括市场准入、航空运价体系、航线进入等；航空辅助行业垄断现象严重，导致整个市场进步缓慢、效率不高；③民航行政体制机制仍需要进一步改革，包括中央事权与地方事权需要重新划分、审批制度需要进一步改革、尚未建立完善统一的信息管理平台与信息管理系统，导致民航管理部门内部难以搭建统一、高效的信息管理平台；④法律制定与执行滞后于行业发展需求，包括民航法律规章体系存在空缺与冲突、民航立法之间存在矛盾、大量民航管理规章法律效力位阶不够；⑤社会管制力度不足，在放松管制的同时，也需要提升航空服务质量、保障消费者权益、加强行业公平等

---

[1] 林明华："走企业化道路：民航改革质的飞跃"，载《中国民航报》2019年9月23日，第11版。

社会规制的完善。[1]

除此之外,还有一些研究成果涉及民航行政审批、创新监管等内容,尽管研究具有一定的深度,但是研究内容本身并不成体系,尽管如此,这些研究成果也为本书研究提供了行业上的研究素材。例如:方敏:《中国民航业放松进入管制的经济学思考》,载《现代经济探讨》2008年第7期;徐舒、李涵、甘犁:《市场竞争与中国民航机票定价》,载《经济学》2011年第10卷第2期;李小群:《如何评价地方政府航线补贴政策的有效性》,载《国际航空》2018年第5期。

四、研究难点与创新之处

主要难点之一在于目前民航治理的理论研究成果匮乏。关于在十九大"五位一体"和"四个全面"总体布局下,推进国家治理体系和治理能力现代化这一基本学术背景,学术成果可谓汗牛充栋,但是具体到民航治理体系改革,在学术论文和专著中,在理论上很难找到综合性研究成果的踪迹。因此,在写作中,很难进行全面的学术文献的引用与借鉴,本书不得不花费大量笔墨转而阐述民航发展与改革的政策,通过对政策进行评述与分析,梳理出民航治理体系改革的方向与内容。

本书的难点之二在于对民航治理实践的把握上。从行业普遍反映来看,民航治理的研究成果不仅稀少,并且与实践的脱节比较严重,这固然与民航治理研究本身的高门槛有关,也与民航治理研究长期脱离民航治理实践相关,因此,准确把握民航治理的特点,全面深入了解民航治理的实践,正确理解民航

---

[1] 申振东、张鹏洲:"我国民航管理体制市场化改革的历程与展望",载《中国行政管理》2015年第10期。

改革背后的行业背景与需求，也是本书研究的难点之一。尽管如此，经过长时期细致的学习和准备，并且通过与民航局、航空公司等实践部门深入沟通，这一困难也是可以克服的。

对以上两个难点的克服，构成了本书的创新之处。本书将在新时代国家治理体系和治理能力现代化的理论背景下，在全面深入把握民航治理特殊性与治理实践的前提下，对新时代民航治理体系和治理能力现代化的重点问题进行研究。

第一章 新时代民航治理体系和治理能力现代化概述

第一节 新时代民航治理的目标定位

推进新时代国家治理体系和治理能力现代化是一个极其复杂的工程,需要各领域的联动与集成,对顶层设计的要求极高。在顶层设计之下,也强调各分层对接,通过将根本治理理念与基本制度与各领域具体的制度进行衔接与配套,促使顶层设计精准落地,从制度优势转化为治理效能。[1] 在新时代国家治理体系和治理能力大背景下提升民航治理体系和治理能力也是如此。

对新时代民航治理体系和治理能力现代化的目标定位,需要一一解码这一概念的基本要素,包括"治理"、"治理体系和治理能力"、"现代化"、"新时代治理理念"等,具体分析如

---

[1] 教育部习近平新时代中国特色社会主义思想研究中心:"把我国制度优势更好转化为国家治理效能",载求是网,http://www.qstheory.cn/2019-11/20/c_1125253633.htm,最后访问日期:2020年7月29日。

第一章 新时代民航治理体系和治理能力现代化概述

下：

一、治理、治理体系和治理能力、现代化

治理的内容可以包括很多种，包括国家、社会、社区、特定群体的治理等，当治理适用到国家层面时，即为国家治理，可以说治理行为构成了国家的最初起源与最终目的。对于治理，从行政管理学角度，通说认为这是一种具有公共权威机构为实现公共利益而进行的管理活动和管理过程。[1] 西方学者对于国家治理，倾向于定性为一种协商治理，通过强调政府向社会与市场放权，实现国家的多主体性与多样化治理。而在中国特色社会主义背景下，中国的国家治理是指在中国特色社会主义道路的既定方向上，由中国共产党领导的科学、民主、法治、高效的治国理政。[2]

本书研究的治理，包括治理体系和治理能力两部分，前者体现为静态的制度，后者体现为动态的制度执行，简而言之，体现为"良法"与"善治"的整体。习近平总书记指出："国家治理体系和治理能力是一个国家制度和制度执行能力的集中体现""国家治理体系和治理能力是一个有机整体，相辅相成。"[3]

而现代化是一个过程，其强调通过发展，以实现"满足现

---

[1] 张小劲、李岩："从语义图解到模式理解：《关于全面深化改革若干重大问题的决定》中关于治理问题的论述"，载《当代世界与社会主义》2014年第1期。

[2] 王浦劬："科学把握'国家治理'的含义"，载人民论坛网站，http://theory.rmlt.com.cn/2013/1230/207785.shtml，最后访问日期：2020年7月19日。

[3] 习近平："切实把思想统一到党的十八届三中全会精神上来"，载求是网，http://www.qstheory.cn/dukan/2020-06/04/c_1126073318.htm，最后访问日期：2020年7月19日。

代要求，体现现代特点"的变化过程，这种变化主要体现为上层建筑符合并促进经济基础的发展，从而促进社会生产力水平大幅提高。因此，国家治理的现代化是指国家治理的上层建筑能够适应并促进现代经济社会的发展需求。对于现代化的路径，每一个国家或地区均不同，无法找出一个通用的路径，可以是由上而下，也可以是由下而上，可以是内因驱动、也可以是外因驱动，但是总体而言，均是通过对上层建筑的调整，解放与发展了生产力，从而引起社会、文化、生活等各个方面的连锁进步。[1] 党的二十大进一步发展现代化理念，提出党的中心任务是团结带领全国各族人民以中国式现代化全面推进中华民族伟大复兴，关于中国式现代化的本质要求，提出坚持中国共产党领导，坚持中国特色社会主义，实现高质量发展，发展全过程人民民主，丰富人民精神世界，实现全体人民共同富裕，促进人和自然和谐共生，推动建构人类命运共同体，创造人类文明新形态。

在上述分析的基础上，中国的国家治理体系和治理能力的现代化是指由中国共产党领导的，按照一定的治理理念确立的，由国家统筹各个领域治理主体，通过建立与完善现代化的机制体制和能力，实现国家整体进步的现代化。简而言之，是通过中国共产党领导的国家治理体系与执行的变革，达到现代化这一目标。

二、新时代"五位一体"、"四个全面"的顶层设计

上文所述，国家治理能力与治理体系现代化需遵循一定的

---

[1] 辛璐璐："国家治理现代化进程中的政府责任问题研究"，吉林大学2017年博士学位论文。

治理理念。对于具体的治理理念，在不同时代，其内涵是逐步发展变化的。进入新时代后，我国社会的发展阶段与主要矛盾面临着深刻的变化，人们对于民主、法治、公平、正义、效率等价值的期望是全方面的，对于经济、政治、法治、社会各方面进步的需求也是全方位的，因此，自党的十八大后，我国的国家治理理念逐步发展为"五位一体"总体布局、"四个全面"战略布局的顶层设计。二十大报告进一步提出中国式现代化是坚持"五位一体"总体布局和"四个全面"战略布局，推动实现人的全面发展和社会全面进步的现代化道路。因此，新时代国家治理体系和治理能力现代化的"新"，体现为这种治理需要遵循"五位一体"、"四个全面"顶层设计，遵循其基本的理论、方针与布局。

（一）"五位一体"总体布局

我国现代化建设的各个阶段所面临着社会的主要矛盾是不同的，导致我国不同阶段的现代化目标具有不同的内涵，党的十一届六中全会确定我国社会的主要矛盾是社会生产的落后满足不了人民日益增长的物质文化需求，这一重要论断被此后党的历次大会所继承，直到党的十九大在新的发展基础上，作出了我国社会主要矛盾已经转化为人民日益增长的美好生活需要和不平衡不充分的发展之间的矛盾的重大政治论断。

对我国社会主要矛盾认识的深化，导致我国现代化建设内涵不断深化，我国从改革开放初期的农业、工业、国防、科技四个现代化，发展到党的十六大物质文明、政治文明和精神文明三位一体，党的十七大进一步增加了生态文明建设"四位一体"，再到党的十八大正式形成了经济、政治、社会、文化和生态建设"五位一体"整体布局。[1] 在"五位一体"整体布局中，经济建设是根本，在新时代仍然以经济建设为中心，新的方向为推进供给侧结构性改革，实现经济质量、效率、动力变革。政治建设是保障，作为"五位一体"整体布局的重要组成部分，政治建设要求以人民当家作主为原则，增强党的执政能力，提高政府的工作效能。文化建设是灵魂，文化建设渗透到经济、社会、政治的各个方面，是"五位一体"建设的关键性因素之一，旨在树立社会主义核心价值体系，为社会主义事业提供思想、精神与智力支持。社会建设针对我国民生的短板，为"五位一体"重要组成部分，体现我党执政为民，以人民为中心的基本理念，要求保障与改善民生，促进社会公平正义。生态建设是基础，其核心是建设生态文明，要求实现人与自然和谐，节约资源、保护环境，建设碧水蓝天的美丽中国。通过"五位一体"总体布局，实现现代化建设各方面协调，包括社会关系和生产力、上层建筑与经济基础，实现生产、生活、生态良性发展的格局。

作为一种具体的行业治理，民航治理现代化置身于"五位一体"整体布局中，需要将"五位一体"中具体的建设任务落实到民航治理领域，民航治理改革需要对"五位"理念与部署进行有效回应。

（二）"四个全面"战略布局

面对新时代新的主要矛盾，自党的十八大以来，逐步形成了"四个全面"战略布局，完整阐述了新一届党中央治国理政的总体战略框架。"四个全面"体现马克思主义方法论，其内部

---

[1] 评论员："统筹推进新时代'五位一体'总体布局"，载《人民日报》2017年11月3日，第1版。

也是一个有机整体,全面建成小康社会是我们进入新时代后新的发展目标,全面深化改革与全面依法治国,是全面建成小康社会目的的重要举措,如"车之两轮",而全面从严治党是根本保证,是整个战略布局的关键所在,[1] 全面建成小康社会,与全面深化改革、全面依法治国、全面从严治党的关系为"一个战略目标、三大战略举措"。[2] 对于"四个全面"的定位,习近平总书记指出,要用"四个全面"引领各项工作,这是中国在新的历史条件下治国理政方略。[3] 民航治理改革需要遵循"四个全面"战略布局基本的方法论,以全面深化民航治理改革与全面推进法治民航为两翼,以全面加强党的领导为组织保障,以实现民航强国战略助力我国全面建成小康社会。

自党的十八大以后,在"五位一体"总体布局,"四个全面"战略布局的顶层设计的逐步形成过程中,国家治理体系和治理能力的理念是不断丰富起来的,最终体现为党的十九届四中全会对国家治理体系和治理能力现代化进行的总结性、全面系统的理念阐述与路径分析。新时代国家治理体系和治理能力现代化是一个系统性全面的现代化,是一个各种制度相互衔接、有机统一的整体,包括党的领导体制、国家政治体制、法治体系、行政体制、经济体制、文化体系、民生保障体系、社会治理体系、生态文明体系、军队制度、"一国两制"制度体系、国

---

[1] 何玉芳:"'五位一体'与'四个全面'的内在逻辑",载《人民论坛》2019年第15期。

[2] 徐光春:"坚持和发展中国特色社会主义的新理论新实践——学习习近平总书记治国理政思想的体会",载《求是》2015年第18期。

[3] 习近平:"三、新的历史条件下治国理政总方略——关于协调推进'四个全面'战略布局",载中国共产党新闻网,http://theory.people.com.cn/n1/2016/0422/c40531-28296007.html,最后访问日期:2020年7月28日。

家监督体系,涵盖国家权力系统、社会组织、经济组织、公民个人等,[1] 并且,体现为中国共产党领导下的国家治理的民主化、法治化、科学化、规范化、程序化、高效化,不断提高运用中国特色社会主义制度有效治理国家的能力。[2]

三、新时代民航治理体系和治理能力现代化

民航现代治理既是崭新的理念,又是崭新的体制,也是崭新的机制,体现为民航系统具备了现代化的治理体系和治理能力。推进民航治理的现代化建设的意义,不仅仅在于促进民航发展,提升民航运行效率和品质,也在于更好服务国家发展战略,打造高效现代化交通体系,满足人民美好生活需求,推进国家整体治理的现代化。

将国家治理体系和治理能力现代化的概念适用到民航领域,民航治理体系和治理能力的现代化作为我国整体国家治理体系和治理能力现代化的一部分,是指在党的领导下,按照一定的理念,统筹政府、市场、企业各治理主体,通过建立与完善现代化的治理体系和能力,实现民航的现代化。在新时代,这一治理理念体现为"五位一体"、"四个全面"顶层设计。[3] 因此,新时代民航治理体系和治理能力现代化要求坚持"四个全面"战略布局的方法论,以"五位一体"的全面现代化为内容

---

[1] 孟根其其格:"全面深化改革,推进国家治理体系和治理能力现代化",载《理论研究》2014 年第 1 期。

[2] 习近平:"完善和发展中国特色社会主义制度 推进国家治理体系和治理能力现代化",载人民网,http://cpc.people.com.cn/n/2014/0218/c64094-24387048.html,最后访问日期:2020 年 7 月 19 日。

[3] 参见王浦劬:"全面准确深入把握全面深化改革的总目标",载《中国高校社会科学》2014 年第 1 期。

与着眼点，囊括民航政治、经济、文化、社会、生态等领域和治理活动中所有的参与方，共同实现民航各领域宏大完整的系统现代化，包括民航各领域的体制、规则、机制、程序以及相关法律规范等制度体系和执行能力的总和。

综上，民航现代治理是在国家现代治理这一背景下提出来的。作为一种兼具战略性与基础性的产业，民航在实现国家复兴、追求国家现代化进程中发挥着先导性作用，因而民航治理的现代化是国家治理的现代化中最具先导性的一部分。新时代形成的国家治理理论与部署为民航指明了方向，赋予了民航新的使命，提供了更大的机遇与舞台。[1]

第二节　新时代民航发展的困境与使命

1903年，美国莱特兄弟完成人类历史上第一次现代意义上的航空器飞行。一百多年来，民航业已经深深地改变了整个人类的生活与交往方式，现代意义上的"地球村"很大程度上得益于民航业的贡献，民航业将这个世界前所未有地紧密联系在一起。

目前，我国民航业面临着严峻的发展任务与新的历史使命。一方面我国民航的进一步发展仍然面临着严峻的挑战，这些挑战严重制约了我国民航的进一步发展，包括民航资源保障不足，民航安全管理压力骤增，民航各类主体的成熟度不足，民航竞

---

[1] 肖敏："'解码'制度优势　完善'行业之治'——专访民航局党组书记、局长冯正霖"，载中国民航网，http://www.caacnews.com.cn/1/1/202001/t20200110_1289935.html，最后访问日期：2020年7月28日。

争力不足等问题。另一方面，在新时代，随着我国社会主要矛盾的转变，民航也肩负起新的使命与任务，包括促进经济转型，助力国家战略发展，满足人民生活水平。解决我国民航发展的困境与实现新时代民航发展的使命构成了新时代民航治理现代化建设的远大目标前景。

一、民航供给不平衡、不充分

自改革开放以来，尽管我国民航已经取得了辉煌的成绩，成为世界第二大航空运输市场以及较为先进的航空业制造大国，民航各项发展指标均位于世界前列。但是不可否认，新时代民航进一步发展仍面临着严峻的客观挑战，体现为，民航对满足人民群众多样化航空需求不足、在供给结构上不平衡、在供给质量上不充分，[1] 分析如下：

第一，民航资源保障能力不足，导致民航受限于有限的资源，发展潜能与动能还有待于进一步释放。例如，2019年我国平均航班正常率仅为81.65%，航班平均延误时间为14分钟。航班延误率的背后是我国民航资源保障严重的匮乏，与民航现实发展需求存在严重的供给矛盾，包括人力资源不足、保障设施设备资源不足、信息化资源不足、空域资源不足等。

第二，民航安全管理压力持续增加，进一步限制了民航发展的潜力。安全是民航一切活动的前提条件。尽管我国民航安全整体上处于平稳可控的状态，航空百万架次重大事故率低于

---

[1] 冯正霖："推动民航高质量发展　开启新时代民航强国建设新征程"，载《人民论坛》2018年第5期。

世界平均水平，[1] 但是新时代在面临着我国日益增长的航空运输需求的同时，航空安全面临的压力也越来越大。事实上，在民航安全压力持续增加的背后，涉及安全监管体制的改革、安全保障力量的持续投入、民航的信息化建设、空域资源改革等等，牵一发而动全身，建立现代化的民航安全解决方案任务艰巨。

第三，民航企业、机场、空管以及民航保障企业等民航业市场主体成熟度有待提升，影响到民航业结构性的质变。这种不成熟既包括运营模式的不成熟，也包括民航安全管控不成熟。民航的运营具有很强的专业性与技术性，对于市场主体的经营与安全管理能力与素质要求非常高，尽管我国民航市场化改革持续推动，且效果显著，但源于计划经济高度集中的管制性治理体系的影响并未完全消除，例如，侧重于具体个案事项的监管，而对于民航系统性经营与安全管理能力的培养不足，导致民航市场主体对监管的"依赖症"比较严重，民航市场主体较为缺乏对民航安全管控与运营管理变革的主动性与能动性。

第四，民航服务质量提升有限，影响到民航竞争力。从广义上说，民航服务质量包括民航合理运价、合适的运输时刻、民航较强的辐射能力等，让民航业可以合理的运价，便捷高效地服务更多的旅客，包括及时可靠的民航信息平台，完善的航班延误、取消、超售以及相关的补偿制度，健全的航班预警通报制度，简便高效的乘机程序，良好的乘坐体验等等。这是一个系统性工程，依赖市场的充分竞争和高标准的旅客权益保护

---

[1] 中国民用航空局："2019年民航行业发展统计公报"，载中国中央人民政府网，http://www.gov.cn/xinwen/2020-06/13/content_5519220.htm，最后访问日期：2020年7月19日。

工作。但是受制于民航市场竞争不充分、旅客权益保护工作有待提高等因素,我国民航服务质量提升有限,这直接影响到了我国民航企业的竞争力以及民航业的结构升级与扩张。

二、新时代民航发展的使命

尽管民航面临着上述的严峻形势,但是新时代赋予了民航新的发展使命。2016年民航局颁布的《关于进一步深化民航改革工作的意见》就新时期民航发展设定了总体思路,包括:在确保民航持续安全的前提下,推进民航供给侧结构性改革,着重调结构、提质增效,推动"两翼齐飞"、"三张网络",补齐"四个短板",形成三个"有利于"的格局。[1]事实上,如果将民航放置于新时代大的背景下,民航的发展任务与使命不应仅仅局限于民航领域,还体现为民航对经济转型、人民生活提升以及国家战略实现的助力,分析如下:

(一)促进经济"新常态"下结构转型

经过改革开放多年的发展,我国经济已经取得了重大的成功,经济总量提升巨大,综合国力、国际竞争力、国际影响力等获得了巨大的提升。但是,在当前进入"饱和式"经济发展阶段,我国目前的经济发展速度、经济结构、增长动力与势能

---

[1] 根据《关于进一步深化民航改革工作的意见》,两翼齐飞是指公共运输航空与通用航空,三张网络是指机场网、航线网、运行信息监控网,四个短板是指空域资源、民航服务品质、适航审定能力、应急处理能力,三个有利于是指形成有利于提升安全保障能力、巩固民航发展安全基础的安全管理系统,形成有利于促进行业调整结构、提质增效、转型升级的政策措施,形成有利于提高政府行政效率、增强行业监管能力的体制机制,形成有利于激发市场活力、规范市场行为的法规体系。

等均发生了深刻变化,简言之,我国的经济进入了新常态。[1]在经济新常态中,作为中高消费运输业、高端制造业、与高端服务业的代表行业,民航业承担着我国制造业转型、提升国民消费水平、促进旅游业发展等重任,对提升在经济新常态下我国整体的经济发展质量具有重要意义。[2]

对于民航业来说,新时代我国民航继续维持稳中有进的良好态势,运输周转量、总飞行小时、起飞架次、航空运输企业等均有较快的增长,尽管如此,由于经济增速、经济发展方式和发展动力均发生了深刻的变化,受到经济增速减缓的影响,2018年民航整体固定资产投资不仅没有增长,反而比去年下降1.3%。[3] 可以预测,在面临新冠肺炎疫情严重的冲击时,未来我国民航各项发展数据将会比较严峻。因此,相比以往,我国民航发展也同其他行业一样,进入一个关键结构调整期。并且进入新时代后,大众出行对安全、效率、品质等关注不断增强,对成本、质量、效率和环境也自然有着更高要求,[4]

因此,民航业在未来发展中机遇与挑战并存。首先,在新常态下,民航业尽管增速降低,但是仍然维持着一定的增长速

---

[1] 习近平:"中国经济呈现新常态 从高速转为中高速增长",载中国新闻网,http://www.chinanews.com/cj/2014/11-09/6763624.shtml,最后访问日期:2020年7月19日。

[2] 《国务院、中央军委关于深化我国低空空域管理改革的意见》国发[2010] 25号。

[3] 中国民用航空局:"2018年民航业发展统计公报",载中国民用航空局网,http://www.caac.gov.cn/XXGK/XXGK/TJSJ/201905/t20190508_196033.html,最后访问日期:2020年7月19日。

[4] 中国民用航空局:"新时代民航强国建设行动纲要",载中国民用航空局网,http://www.caac.gov.cn/XXGK/XXGK/ZFGW/201812/t20181212_193447.html,最后访问日期:2020年7月19日。

度,尽管遭遇了新冠肺炎疫情,但是我国民航长期的发展趋势是不变的。其次,民航业整体投资驱动呈下降趋势,但是消费驱动比较明显,民航的服务品质与水平也将与运输周转量一样成为民航发展的关键指标。再次,随着经济结构的转变,民航业作为顶尖制造业、现代交通服务业、与高端金融业的关键部门,将会随着经济增量与变量的转换,获得更广阔的发展空间。

因此,在经济"新常态"下,民航业应当充分利用机遇期,服务于国家整体经济结构调整战略,统筹于制造业、运输业、金融业、服务业等一系性发展战略,服务于现代经济体制与高效行政体制,构建全面开放、与其他产业协调联动发展的新格局。[1]

（二）满足人民美好生活需求

民航业是一个全球性的行业,航空活动频繁飞跃国界,便捷高效地将全球联系起来,不再受制于领土主权,也不受制于山川海洋,民航已经成为包括我国在内的全球出境出行最重要的交通方式。2018年,全球总计44亿人次搭乘飞机出行,我国作为连续几年世界最大旅客来源地国与世界主要的境外旅游目的地国。

从国内来看,此前,我国民航的国内运输量常年保持着10%以上的增长率,对民航资源的需求一直旺盛。自改革开放以来,我国人民的生活水平得到迅速的提高,2019年我国国内生产总值接近100万亿元,人均GDP首次突破1万美元新台阶,并且随着经济转型加速,人均收入将会进一步得到提升。在新

---

[1] 中国民用航空局:"新时代民航强国建设行动纲要",载中国民用航空局网,http://www.caac.gov.cn/XXGK/XXGK/ZFGW/201812/t20181212_193447.html,最后访问日期:2020年7月19日。

时代全面建成小康社会的总体背景下，我国航空运输潜能将获得进一步释放。[1]

在新时代新的发展阶段，人们对于多元服务、安全高效、通畅便捷、绿色环保的现代化航空服务需求也更加迫切与强烈。对于大多人来说，搭乘飞机旅行已经不再是可望不可即的事情，搭乘飞机旅行早已进入了寻常百姓日常出行的选择之一。因此，民航需要进一步解决发展不平衡不充分的问题，以全方位满足人们日益增长的美好生活的需求。

（三）助力推进国家战略

新时代，党中央提出了一系列重大的国家战略，旨在进一步深化改革，扩大开放。民航业对于人员往来、货物与服务的互通互联发挥着重要的作用，对于加快我国深化内部改革，扩大国际合作，加快发展开放型经济都具有重要意义。

对于我国内部战略，从区域间协调发展战略角度看，主要体现为"京津冀协同发展"战略，"长三角一体化发展"战略，"大湾区一体化"发展战略。这些战略的总体原则要求各区域需要针对薄弱环节补齐短板，通过改革实现资源、要素的有序流动。在我国目前三大区域发展战略中，三大城市群建设是重中之重，而三大城市群建设均包含了三大机场群建设，因此，民航需要借助独特政策优势，促进形成各区域内部协同运行与差异化发展，以满足区域社会发展、城市群功能定位的需求。[2]

---

〔1〕 中国民航局局长冯正霖："满足人民美好生活需求 推动民航高质量发展"，载中国民用航空局网，http://www.caac.gov.cn/XWZX/MHYW/201803/t20180313_55762.html，最后访问日期：2020年7月19日。

〔2〕 冯其予："京津冀、长三角和珠三角形成三大机场群，协同发展趋势显现"，载中国经济网，http://district.ce.cn/zg/201706/15/t20170615_23646627.shtml，最后访问日期：2020年7月19日。

可见，民航发展对于实现区域互通互联具有先导性作用，因而成为我国区域协同发展战略的重要内容。

民航也需要进一步助力我国的对外开放战略。新时代，我国对外开放战略主要体现为"一带一路"倡议与自贸区建设。"一带一路"倡议重要内容之一是提升"一带一路"相关国家的互通互联水平。相比于其他的运输方式，民航具有比较显著的优势，对于远距离旅客、货物运输具有显著的便捷、高效、辐射与聚集能力，因此，民航的互通互联是"一带一路"互通互联的重要内容。对于自贸区建设，[1] 发展国际航空业务是自贸区重点任务之一，以上海自贸区总体方案为例，其中涉及民航的改革试验任务多达二十多项，包括：鼓励国际航空中转货物运输，促进航空货物枢纽，探索海空联运业务，鼓励飞机交易，促进高科技、高附加值的航空维修业务等。因此，提升民航治理水平与能力，加速发展航空产业与临空经济，有助于进一步落实自贸区建设。[2] 同时，民航本身的开放，也是我国对外开放的重要组成部分之一，例如，2020年6月1日，在中共中央、国务院印发的《海南自由贸易港建设总体方案》中，提出开放第七航权，即允许外国航空公司承载海南至第三国的客货运输业务，作为海南进一步开放，建设自由贸易港的政策优惠之一。[3]

解决民航发展的障碍与实现民航新时代使命，必须通过民航持续的发展，不断在发展中解决问题，必须促进民航各要素

---

[1] 自2013年9月27日，国务院批复成立中国（上海）自由贸易试验区以来，截至目前，我国已经相继成立了18个自由贸易区，为我国推动高水平对外开放提供了大量先导性经验。

[2] 《国务院关于印发中国（上海）自由贸易试验区总体方案的通知》。

[3] 中共中央、国务院印发《海南自由贸易港建设总体方案》。

全面发展，包括安全水平、运行效率、资源保障、管理能力、生产规模、质量效益、服务产品、规则标准等，系统解决民航发展不平衡不充分的问题。[1] 而民航的持续发展离不开民航先进治理的支撑，例如，民航运输业的发展离不开高效的民航资源配置体系，民航制造业的发展离不开现代化民航产品适航审定体系，满足差异化、高质量的民航消费离不开完善的民航服务质量管理体系。但是民航现有的治理还不能完全满足国家发展需求与人民群众对航空出行的期待，新时代民航迫切需要构建更具适应性、前瞻性与引领性的制度体系和执行能力，一个更具现代化的民航治理体系和治理能力必不可少。

第三节 民航治理的主体与客体条件

上文所述，作为一个行业治理，民航治理为国家治理概念的下级子概念，民航治理现代化依托于国家治理现代化的总体架构，从属于国家治理。国家治理体系与治理能力现代化的内涵及其丰富、立体，而具体的民航的行业治理，在遵循着国家治理基本原则、方向、范式的同时，必须结合民航业自身特点，认准民航治理的重点，做好顶层设计与行业治理层面的衔接，丰富民航治理的内涵。

一、民航治理的主体

民航治理的主体范畴取决于治理理论的升华。我国对治理

---

[1] 冯正霖："推动民航高质量发展　开启新时代民航强国建设新征程"，载《人民论坛》2018年第5期。

的认识是不断升华的，从早期侧重于以行政效率的一般行政管理，到以公平为中心的公共行政和社会管理，再到以公共管理和公共服务为侧重点的公共管理。自改革开放三十年来，我国行政管理越来越强调更加系统的整体治理概念范畴，将公共治理、社会治理、国家治理等统一起来，真正从行政管理发展到公共治理。在此背景下，被纳入治理的主体范畴是不断扩展的，从政府单中心模式，转向强调多元治理主体，包括政府、社会、公众、企业、个人等，这种转变不仅限于治理主体的种类增加，也强调治理的参与性、回应性，打造共治共享的格局。[1] 党的十九大将治理格局概括为党委领导、政府负责、社会协同、公众参与、法治保障。

在新的社会共治共享理念下，民航治理主体也从传统上强调民航主管机关的单中心，扩展到企业、社会、个人、社会组织等多元治理，并且强调多元主体之间产生合作关系，形成化学反应。从民航治理角度看，治理主体的理想格局为民航行政主体为民航制定政策，创造公平有序的发展环境，民航企业通过盈利提高运行效率，而民航社会第三方组织则充分发挥其在行业监督、咨询方面的优势，以实现现代化民航治理为共同目标，达到民航的共治共享的良好局面。关于民航治理主体，具体分析如下：

（一）民航行政主体

民航行政主体为具有民航行政管理职责的政府机关，是我国民航治理最重要的主体。我国具有民航行政管制职责的主体众多，除了民航局系统外，还涉及其他政府部门，包括中央政

---

[1] 魏小雨："现代社会治理中的多元主体共治网络"，载《黑龙江社会科学》2019年第2期。

第一章 新时代民航治理体系和治理能力现代化概述

府与地方政府层面。具体分析如下：

民航局作为民航的行业主管机关，承担了大部分民航管理职责。经过民航管理系统内部权力的下放，我国目前形成了民航局—地区管理局两级机构，三级行政管理体制。在民航历次改革中，民航局不断向地区管理局下放具体的事权，对于地区属地范围内的审批与监管事项，基本下放给地区管理局，强化充实地区管理局的行政权责体系。民航局保留跨区域事项的审批与监管、民航宏观调控与政策的制定以及对地区管理局业务指导。

除了民航局以及其地区管理局外，民航事务的管理职责还涉及其他政府部门，例如，航空运价由民航局与发改委共同商定。事实上，民航业作为一个资源配置覆盖率广、科技属性高、投资密集型行业，至少还涉及发改委、工信部、科技部、税务部门以及在空域使用与飞行任务时，涉及军方等。

除中央政府层面的行业主管外，地方人民政府也有一定的民航管理职能，尤其是机场管理、无人机管理、消费者权益保护领域等。另外，在涉及民航投资领域，例如民航基础设施的可行性报告中，对于当地经济、环境、社会需求的评估等，地方政府承担主要的审批职责。由于认识到民航对于地方经济发展的重要性，因此，越来越多的地方政府将民航作为经济转型、提振消费的抓手之一，因此，在民航投资与布局中越来越有积极性，事实上推动了大量民航项目的落地，尤其是 2020 年面临新冠肺炎疫情后，这种积极性越来越明显，例如 2020 年 7 月 29 日四川省颁布的《四川省通用航空促进条例（草案）》。

对于民航行政主体，部门设置所带来的编制、人员、资源、权力、职责的限制，与民航事务的行政管理的高效性、专业性、集约性需求也一直存在着激烈的矛盾。并且，行使民航行政管理职责的各部门在职能上的划分也并非清晰，存在着交叉模糊之处。在国家治理体系和治理能力创新的背景下，民航仍需要在公共管理领域继续推进供给侧结构性制度改革，推进新时代民航治理体系和治理能力创新，为民航发展提供制度性支撑。

（二）民航第三方机构

第三方机构的成熟程度是社会治理水平的指标之一，民航第三方机构的发育程度体现了民航业作为一个行业的整体成熟程度。党的十八届三中全会要求激发社会组织活力，充分发挥第三方机构的作用。

民航第三方机构主要包括行业协会、咨询机构、高校、科研单位等。经过改革开放后多年的发展，我国民航目前第三方社会中介组织的专业化、体系化建设已经初显成效，包括中国航空运输协会、中国民航飞行员协会以及相关的科研单位、高校等纷纷涌现。并且，相比一般行业，民航第三方机构在民航的行业治理中发挥着更加鲜明的、不可替代的作用，民航具有非常强的专业性，而通常意义上民航第三方机构相比政府而言，在专业性上更具有明显的优势。因此，事实上，民航第三方机构在大量的民航治理工作中发挥着不可替代的作用，尤其是在民航适航审定、运行合格审定、航线审批等极具技术性的治理工作。

但是也应当看到，我国民航行业组织、中介机构等社会团队目前确实存在薄弱之处，在整个治理体系中，处于政府的辅助者角色，在本应交给社会自律治理的领域或环节，社会第三方机构目前尚无能力，也欠缺足够的权威代替政府。因此，就目前来说，我国民航应注重培育社会第三方机构，构建政府与社会机构的协作关系。从长期来看，在有着足够成熟的第三方机构的前提下，民航第三方机构将会发挥着越来越大的作用。

第一章 新时代民航治理体系和治理能力现代化概述

（三）民航企业、个人

在传统上，民航企业与个人是以民航被管理者身份出现的，从企业层面看，包括民航运输企业，通用航空运营企业，民航制造企业，民航服务企业等；从个人层面看，主要包括民航维修人员、民航驾驶人员，飞行机械人员、飞行签派人员、空中交通管制人员、民航电信人员、民航情报人员等。现代治理理念下，强调被管理者的回应性、参与性治理，要求传统的管理者与被管理者之间基于共同的目标，形成一种良性配合的关系。因此，民航企业与个人理应成为民航治理主体的一部分。并且，从现实角度看，现代化的民航治理，也离不开民航被管理者的参与。不同于一般的行业，民航本身具有高科技、资源密集性的特征，民航的资源配置具有广泛性与复杂性，民航企业相比于民航管理机构，有时反而处于引导与强势的地位，这在诸如适航审定、运行合格审定等具有高度技术性的管理领域比较明显。

将民航企业、个人也纳入治理主体，意味着治理理念的根本转变，一方面对于民航企业、个人来说，要求进一步落实其主体责任，主要体现为落实民航企业与个人对民航安全与民航运营的主体责任，需要就审批、监管、行政服务等进行理念的转变。另一方面，则涉及政府的职能转变，从单方面保姆式管理，转向对其系统性经营能力与安全管理能力的培育，着重政府对民航发展提高顶层设计与政策支持，强化政府对公平正义的民航发展大环境的维护。

综上所述，民航治理现代化强调在政府、企业、社会等形成主体多元化、利益多元化的背景下，构建一个现代化的民航治理结构，理顺政府、企业、事业单位、社会、个人之间的关系，形成民航业治理的系统化、协同化、高效化。这种多元主体治理的理念为下文很多具体的改革探讨提供了伏笔。

二、民航治理的客体

民航治理作为一种特殊的行业治理，其特殊性在于特殊的治理客体——民航业。民航业的范畴与特征构成了民航治理改革的行业条件，新时代提升民航治理体系和治理能力现代化必须考虑到民航的特点，基于行业特点，以寻找民航治理与国家治理顶层设计的契合点，决定民航治理的侧重点。

（一）民航业的范围

民航业的范围，决定了民航治理客体的范围。对民航业的理解，存在着广义与狭义两种区分。

从狭义角度看，民航业属于交通运输业，指从事国家航空活动之外航空活动的行业的总称，国家航空活动一般包括国防、警察、海关等。通常情况下，民航业包括公共航空运输业和通用航空。[1] 对于公共运输航空，其性质上属于公共交通运输业，为面向社会大众，使用航空器运输旅客、行李、邮件或货物的航空活动。而在公共运输航空之外的，一般均称为通用航空。[2]

值得注意的是，我国《民用航空法》的分类标准与《国际民用航空公约》略有不同，差异在于通用航空的内涵。《国际民用航空公约》附件六——《航空器的运行》将航空活动区分为公共运输航空、通用航空与航空作业飞行，其中公共运输航空定义与我国《民用航空法》一致，而通用航空运行出于"出租或报酬"的目的，航空作业运行则不以"出租或报酬"为目的。

---

[1] 尤春媛：《民用航空行政法律规制研究》，法律出版社2018年版，第3页。
[2] 《民用航空法》第91条、第145条。

我国《民用航空法》对通用航空的定义较为宽广,通用航空的内涵包含了附件六的通用航空与航空作业,其中,附件六中通用航空飞行基本等同于我国法律中通用航空中的"商业非运输飞行",而航空作业运行之外的航空器运行基本等同于我国通用航空中的"私用飞行"。上述分类差别仅仅是基于习惯的不同而产生的,尽管分类不同,但是我国《民用航空法》与《国际民用航空公约》附件六对于上述飞行活动的规制的内容基本上相同的。

从广义上说,民航业是一个完整的,内部有机联系的产业链,不仅仅限于交通运输业,还应包括航空制造业、航空服务业,后者又可以进一步划分为民航辅助行业、民航金融业、民航培训业、机场等。事实上,我国民航治理体系与治理能力现代化部署下的民航业的内涵包含了全产业链的、内部有机互动的广义上的民航业,绝不仅限于民航交通运输业。无论是理论界,还是实践界,这种观点是一致的。[1] 因此,为了论述的完整与周延性,若无特殊说明,本书也采用广义上的民航业的概念,但是在民航内部定义运输航空与通用航空时,仍遵循着狭义民航的区分方式。

(二) 民航业的特点

相比于一般行业,民航业的特点决定了民航业需要更高水平的治理体系和治理能力,构成了民航推进治理体系和治理能力建设的行业条件。具体分析如下:

第一,民航业具有规模与网络经济特征。一方面,民航业具有典型的规模经济特征,这就导致民航业具有高度的集中性。从正面角度看,这种集中性源于民航资源明显的稀缺性,由于

---

[1] 例如,2018年民航局颁布的《新时代民航强国建设行动纲要》。

民航业整体投入巨大,因此包括机场、航线等民航配套供给能力,总体上是滞后民航市场需求的,[1] 因此,为了满足民航市场的增长并更大范围协调民航资源,形成了民航业的高度集中性;但是从反面角度看,这种高度的集中性极其容易导致民航垄断,这对于民航业的行业管理效能的提升,以及高水平市场环境的构建也会产生消极的影响。另一方面,民航的资源是一个复杂系统,具有典型的网络经济效应。民航业内部就是一个有机联系的网络系统,包括机场系统、空管系统、航空运输系统等数个子系统,任何短板都会严重限制到民航的发展。另外,民航资源的配置也需要依托网络系统,包括航线与枢纽网络以及混合网络,这种资源配置的网络性,不仅要求民航系统内部,包括机场、航空运输企业、空管体系的进行协同,也要求民航业在内的,由其他运输方式包括铁路、公路、水路等组成的综合运输系统进行协调。因此,民航资源配置的复杂性,对政府与市场在资源配置的协作提出了更高的要求。由于民航资源配置的特点,为了提升民航资源配置效率,需要在市场失灵与政府失灵的反复博弈中,探索建立适应民航发展的民航治理体系。

第二,民航具有公共性与密集监管属性。从性质上,民航业属于交通运输业,构成公共基础设施与服务的一部分,旅游、出行、商贸、物流等行业的发展也很大程度上取决于民航运输的发展状况。因此,与铁路、公路、供水、供气等行业相同,民航业自产生起就特别重视公共服务属性。这种供给属性决定了民航业自产生之初就是一个受到高度监管的行业,政府对于

---

[1] 王平:"浅析国内民航市场竞争的三个阶段",载《中国民用航空》2018年第12期。

航空运输企业的成立、进入、退出，运输的价格、航线等几乎所有涉及航空运输的事项进行监管。这种密集监管的考量来源于以下几个方面：首先作为航空活动的第一要素，确保航空安全需要政府的密集监管。其次，民航的公共属性以及由此带来的自然垄断属性也要求政府进行密集监管。这种公共性导致的密集监管属性既是民航治理体系改革不能脱离的现实条件，也是民航治理改革突破的方向。

第三，民航业高科技性与资金密集性。民航业是一个科技密集型行业，往往汇聚着最尖端的科技标准，体现了一国科技与制造业最高水平，例如无人机、新型个人低空飞行器、空天临界飞行器、超音速飞行器、新能源飞机等。另一方面民航业对高效便捷绿色的强调，也使其天然倾向于拥抱新技术，比如"互联网+"。技术的发展与变革对传统的管理制度带来了挑战，要求民航治理从鼓励科技创新角度，考虑到航空科技发展的需要。与此同时，民航业也是一个资金密集型行业，资源配置复杂，其准入门槛非常高，这就要求民航治理的集成度非常高。因此，民航需要极高水平的专业性治理。民航业治理能力与治理水平的现代化，相对于其他行业，更具有一定的示范与先导意义。

第四，作为基础战略性行业，民航业也涉及国家安全与国防安全。正是基于民航国家与国防安全属性，民航业一直是"军民融合"的着力推进行业。从国家安全角度，尤其是航空制造业受到了国家的极度重视与政策的倾斜，这就决定了民航改革协调的不仅仅是民航业内部，需要更大范围协调行政资源，充分利用政策红利。对于国防安全，尽管目前民航业管理体制已经脱离了军队编制，但是民航业行政管理仍然有着军事管理的深刻烙印，并且这种烙印深化到我国民航管理体系的骨髓，例如，老一辈民航人特别能吃苦、能奉献、敢打硬仗的革命作风已经成为一种民航文化，渗透到我国民航安全管理制度。另外，对于空域划分与航行管制仍然处于军方主导，例如，根据我国《飞行基本规则》，空中飞行管制由空军统一领导。民航与国防安全紧密联系，决定了民航业改革也需要注重协调军队资源，并且继承老一辈民航人的优秀传统。

第五，与其他行业不同，民航治理受国际法治的影响较大。从全球范围来说，航空运输是最具国际化特征的运输方式，超过一半的航空运输为跨越国界的国际运输，没有任何一个行业像航空法一样受到如此多的国际规则的影响和制约，甚至将航空法作为国际法的分支之一。这就决定了民航治理体系和治理能力改革需要统筹国内与国际两方面因素。首先，一国的国内民航治理不仅仅涉及国内，也具有很强的域外效力。这既包括具体的治理行为，也包括一国航空政策的对外输出，前者例如对于外国登记航空器的适航认证，对外国航空公司经营国际航线的反垄断调查；后者例如美国长期推行的天空开放政策的输出、欧盟致力于民航竞争政策的输出，相对于前者，后者对于全球民航治理更具有深远的影响。因此，我国民航治理改革需要对外国的民航治理行为进行有理、有利、有节的应对。其次，民航业较早形成了比较完备的国际法治体系，民航业尤其受制于国际多边民航法治体系，最主要是《国际民用航空公约》（Convention on International Civil Aviation）体系。国际民航法治体系指导并影响到了各国民航治理体制，换句话说，目前世界各国民航治理体系由于受制于同一套国际民航法治体系，其基本内容具有高度的相似性，甚至同一性。因此，我国的民航治理也必须考虑到国际民航法治，履行国际义务，参与、促进甚至引领国际民航法治。

第一章　新时代民航治理体系和治理能力现代化概述

第四节　新时代民航治理现代化的推进路径

民航治理从属于国家治理的大范畴，也面临着行业的自身特点与条件，必须在国家治理的大框架中确立民航治理的侧重点。因此，需要在新时代国家治理体系和治理能力现代化的理论内涵这一大前提下，结合民航治理自身的特点与条件所确定的小前提，探索出民航治理体系和治理能力现代化的重点问题与实现路径。[1] 这些构成了本书研究新时代民航治理体系和治理能力现代化重点问题的大逻辑框架。

早在2016年，民航局颁布的《关于进一步深化民航改革工作的意见》对民航治理现代化的内容与标准进行了阐述，包括：第一，提升民航治理的制度化和规范化，要求民航权力的配置、运行、监督的制度化、规范化，对于政府、企业、社会、个人的治理有完善的制度安排，尤其需要具备系统完备、统一化、现代化的法律体系。第二，建设民航高水平市场体系，建立高水平的市场体系是促进民航资源高效配置的前提，其标准包括市场准入透明、资源有序自由流动、竞争充分的市场体系。第三，提高民航行政科学化与效率化，民航治理特别强调治理的创新，包括制度、路径与手段的创新，建立符合民航高科技性、资金密集性、资源配置复杂性特征的行政体制机制。就新时代民航治理体系和治理能力的重点问题，结合民航治理的主体与客体特点，本书进一步分析如下：

---

[1]　民航局：“关于进一步深化民航改革工作的意见”，载中国民用航空网，http://www.ccaonline.cn/news/top/253113.html，最后访问日期：2020年7月19日。

推进我国民航治理体系和治理能力现代化重点问题研究

一、当前阻碍我国民航发展的制度性诱因

从制度层面看,新时代民航的主要矛盾也有着深层次的结构性诱因,体现为民航治理上层建筑与民航业经济基础的不协调、不一致。民航发展主要矛盾及客观障碍背后的深层次、结构性诱因,触及民航各利益主体的根本利益调整、影响权责分配格局,改革的力度和难度最大,直面这些挑战构成了新时代民航深化改革,提升民航治理体系和治理能力的标靶。具体包括:

第一,民航法治化建设亟需加速。尽管我国已经初步建立围绕着《民用航空法》的四级法律体系,在规范层面,基本解决了各项民航事务治理的法律依据问题。但是我国民航立法仍然存在着一些亟待克服的问题,例如民航法治思维的培养、民航法律体系的更新,民航立法的协调统一,民航法律位阶的提升等问题,其内在表现为民航立法与改革的错位,影响到法律本身前瞻性、先进性与统一性,我国民航立法整体质量问题导致民航治理法律保障不足,进一步影响到建立在民航法律基础上的更上层民航管理制度在合法性、合理性、可操作性、可执行性,而这最终影响到了民航治理水平和治理能力的进一步提升。

第二,民航市场的亟须升级。至2019年,我国民航共有运输航空公司多达六十多家,既包括国有控股,也包含民营或民营控股的航空公司,数量更加庞大的通用航空公司,在册飞机3818架,航班航线5521条,各主要航空公司、机场生产状况基本稳中有升,全行业经济效益也有较快增长。[1] 随着新时代民航持续发展,从体量转变为更注重质量,转档增质,民航市场原先的结构性问题更加显现,主要包括:运输航空领域行政管制,导致竞争不充分,市场配置资源作用难以显现;航空运输市场集中度高、竞争政策在民航市场作用有效。并且在航空服务质量,保障消费者、弱势群体以及旅客权益、加强行业公平等规制也存在着不足。

第三,民航行政管理体制亟待深化改革。在民航历次改革中,民航行政管理体制一直是重点。上文所述,我国目前建立了"两级政府、三级管理"的民航行政管理体制,基本建立了民航审批、监管、服务等各项职能体系,但是仍然面临着新时代民航进一步简政放权,创新监管、优化服务的挑战,具体包括:民航主管机关权责合理性划分、对审批型民航管理模式的改革、对粗放型监管模式的改革、对于民航行政服务职能的优化等等。

因此,作为一个行业治理,民航治理体系和治理能力的现代化需要继续完善民航各项制度及其执行能力,重点针对民航法律体系、市场经济体系、行政管理体系等三个领域的不足,完善民航各项制度,并且提升基于各项制度对民航事务进行管理的能力,形成一种良法善治的格局,共同满足民航经济基础的发展需求。

---

[1] 中国民用航空局:"2019年民航行业发展统计公报",载中国政府网,http://www.gov.cn/xinwen/2020-06/13/content_ 5519220.htm,最后访问日期:2020年7月19日。

二、完善民航法律体系

法治化与现代化是密不可分的两个概念，法治是现代治理的基本方式，推进民航治理的现代化在本体与路径上需要推进民航治理的法治化。[1] 可见，健全法治体系，是民航现代化治理的难题，也是实现民航现代化治理的重要内容。

我国民航法治建设始于改革开放后，是伴随着改革开放下民航市场经济的发展以及民航行政管理体制改革而逐步建立起来的。在新时代，随着民航治理体系与治理能力现代化进程的推进，民航法治体系也面临着迫切的变革压力。

首先，民航活动有其特殊性，导致了民航法律体系自成一体，属于一门特点鲜明的部门法，存在着大量仅适用于民航的特殊性制度，这些特殊性制度要求进行民航特殊性立法。

其次，我国民航改革的过程中，一直存在着改革与立法的错位，民航立法仅仅确认了改革成果，而非作为改革的顶层设计指引改革，这就导致民航立法不得不始终处于追赶改革的进程。

最后，民航事务的处理要求高度专业化、精细化、协同化，给民航立法提出了非常高的要求。第一，民航事务的处理具有高度专业技术性，这就要求民航的立法必须满足这种技术性，这对民航立法的先进性、统一性要求极高；第二，由于民航内部具有明显的差异性，极其强调治理的模块化与精细化，这要求民航立法必须满足这种差异性；第三，民航资源配置的广泛性，要求民航事务的处理具有高度的协同性，这就要求民航立法以更高维度充分反映出协同高效性。而民航立法的高难度也

---

[1] 参见张文显："法治与国家治理现代化"，载《中国法学》2014 年第 4 期。

导致了民航执法执法的难度,影响到行业人员、旅客等知法、守法、用法的能力。

新时代建设"法治民航"任务艰巨,涉及法治理念的转变以及法律体系本身现代化、统一化。健全民航法律体系,要求彻底转变先改革,后立法的思路,提升民航管理部门政策法规的制定能力,建成巩固民航改革成果、反映民航发展趋势,建立健全内部统一的、现代化的民航法律法规体系。[1]

三、健全民航市场体系

经济建设是"五位一体"的中心,我国以经济建设为中心的发展战略一直没有改变。建立健全市场体系是高效进行资源配置的前提,因此也是民航治理改革的核心内容。我国民航历次改革均围绕着如何建立健全民航市场体系而展开,服务于建立健全民航市场体系,并逐步配套完善相关的民航法律体系与民航行政管理体制。

事实上,我国民航原本不存在市场体系,在改革开放前的长期时间内,采用高度集中的计划经济体制。民航的投入、产出、供给、分配、收益等均由政府统一管理。伴随着改革开放的进程,我国才逐步建立并完善了民航市场经济体系。但是由于民航本身资源配置的复杂性,以及民航产品的公益性,民航业又被视为具有自然垄断行业属性,这就为政府继续控制民航资源的配置提供了理论基础。事实上,相对于运营资本、人力等资源,民航业最重要资源更多体现为空域使用、航线经营、

---

[1] 民航局:"加强民航法治建设若干意见",载中国民用航空局网,http://www.caac.gov.cn/XXGK/XXGK/ZFGW/201601/P020160122452801172476.pdf,最后访问日期:2020年7月19日。

航班时刻分配、机场使用、航空人员配置、航空器引进等,而这些资源均处于政府基于自然垄断理念下的经济管制之下。因此,面临着新时代我国民航发展的不均衡不充分问题,我国民航对建立高水平的市场体系的需求非常迫切。

党的历次大会对于建设社会主义市场经济的论述是不断升华的过程,尤其是对市场与政府地位与作用认识的深化,通过不断加强市场的作用,实现经济转型。2020年5月11日,《中共中央、国务院关于新时代加快完善社会主义市场经济体制的意见》[1]对于我国社会主义市场经济体制目前存在的固有问题进行系统阐述与全面部署,该意见指出在我国经济进入新常态,经济增速换挡增质的情况下,在经济全面转型与结构升级的重压之下,要正确处理市场与政府的关系,进一步转变发展方式、提升增长动力、优化经济结构是新时代建立高水平民航市场体系的关键。

因此,按照党中央国务院关于新时代高水平市场体系的部署与标准,建立民航高水平的市场体系任务仍然艰巨,需要从市场主体和市场要素入手,推进航空运价形成机制的市场化,完善机场、空管服务收费体制市场化改革,推进民航资源的市场化配置,提高航线时刻等重要民航资源的利用效率,形成有利于资源优化配置的差异化机制,鼓励民航市场充分竞争,提升民航资源配置的效率。

---

[1] "中共中央国务院关于新时代加快完善社会主义市场经济体制的意见",载中央政府网,http://www.gov.cn/zhengce/2020-05/18/content_5512696.htm,最后访问日期:2020年7月28日。

四、健全民航行政管理体系

政治建设是国家治理的保障,民航治理最重要载体就是民航行政体系。民航行政体制改革,关系到政府公共权力的配置与运行,是整个民航业治理体系与治理能力提升基础条件之一。完善健全的民航法律体系需要高效的民航行政体系执行,高水平的民航市场体系也需要一个现代化的民航行政体制。[1]

但是新时代我国民航行政管理体系尚未完全契合新时代治理理念与部署要求以及民航业特殊的发展需求,例如民航行政主体权责尚未清晰,审批制度较为粗放、监管效能不足、行政服务供给不足等问题,因此,仍然面临着急迫的改革任务。

深化民航行政管理体制改革关键是处理好政府与其他利益之间的关系,包括市场、社会、自然生态,更好发挥政府的作用。对于政府的基本职责,党的十九届四中全会确立了五项基本职责,包括经济调节、市场监管、社会管理、公共服务与生态环保,作为行政机关的一部分,这些内容也构成民航行政主管机关处理民航事务的主要职责范围。在这些大原则的前提下,尤其需要处理好民航行政管理所特有的问题。不同于一般行业,民航业管理的核心主题在于确保航空安全,对于各类适航证明、人员资质、运营主体、飞行活动的审批与管理等等,均出于安全考虑。但如何在坚持航空安全的条件下,激发市场主体主动性、活力与内生力,鼓励创新,这是我国提升民航政府治理体系与治理能力的精髓。

---

[1] 姜明安:"完善国家行政体制 提高政府治理能力",载人民日报网,http://opinion.people.com/cn/n1/2020/0204/cl003-31569367.html,最后访问日期:2020年7月19日。

推进我国民航治理体系和治理能力现代化重点问题研究

在新时代行政管理体制改革背景下深化民航行政管理体系改革仍然任重道远，包括进一步落实简政放权，建立符合民航特点的内涵化民航审批制度；需要进一步理顺民航行政管理机关权力，建立符合民航发展需求的精细化监管体制；彻底改革民航审批惯性，打造服务型政府，充分运用大数据、互联网、人工智能等手段优化行政管理和服务。这些改革均需要有明确的导向性与坚实的内涵。

综上，作为一种行业治理，按照问题导向，民航治理体系和治理能力现代化应当包括三个方面：健全民航法律法治基础、建设民航市场体系以及改革民航行政体系。在涉及具体的改革领域中，包括民航市场主体、民航资源配置、民航竞争秩序、民航安全、民航审批、民航监管、旅客权益保护等，将分别归类于这三个方面进行论述，从而构筑出全方位、系统集成的民航深化改革，提升治理体系和治理能力现代化的研究路径，达到改革总体目标与效能。

简言之，在新时代民航治理体系和治理能力现代化中，先进的治理理念是先导，这样的理念就是兼容市场、社会、生态和行政规律的善治；科学的体制是主干，这样的体制体现为政府民航管理机构设置合理精到、职能配置科学精准；顺畅的机制是关键，这样的机制体现为在政府与市场主体业务关系之间，有法治规范而无人为钳制、有疏导路径而无妄卡堵障、有共尊共促而无互悖互掣，形成促进民航业规范、快速、健康、稳定发展的治理局面。

第二章　我国历次民航治理体系改革

习近平总书记指出,我国今天的治理体系,是在我国历史传承、文化传统的基础上,渐进改进,内生性演化的结果。[1]民航治理体系和治理能力改革的研究应当坚持历史唯物主义观点,不可脱离历史条件,进行"雾里看花"、"空中楼阁"式无基础研究。民航治理体系与治理能力作为民航上层建筑,是在改革开放之后各阶段的民航经济基础的前提下,同时也是为了适应民航经济基础发展,并且反作用于民航经济基础而形成的。因此,新时代民航治理体系和治理能力现代化需要建立在历次改革的成果与经验之上,从民航整体、长远、根本利益入手,为新时代我国民航治理体系和治理能力现代化改革奠定坚实的内涵。

---

〔1〕 习近平:"完善和发展中国特色社会主义制度　推进国家治理体系和治理能力现代化",载人民网,http://cpc.people.com.cn/n/2014/0218/c64094-2438707048.html,最后访问日期:2020年8月7日。

第一节 我国历次民航治理体制改革的内容

我国民航始于1949年11月"两航起义"。[1] 在"两航起义"的飞机及人员的基础上，我国于1954年成立中央军委民航局。其后，我国民航基本参照苏联模式建立高度集中的计划经济管理模式。截至上世纪七十年代，在改革开放之前的漫长时期内，我国始终面临着较大的国土防空压力，我国民航管理体制具有很明显的军事化特征。民航行政管理机构隶属于军队建制，民航业生产与分配为供给制，由国家直接经营和管理，民航实行高度集中计划式管理，飞行、机场、空中交通、运输保障等都高度集中服从于国家的计划经济管理。可见，在改革开放之前，尽管民航也经历了一些体制变更，但是民航总体上是一个以军队领导为主、军政不分、政企合一、军事化的行业。在改革开放后，我国面临着民航每一阶段的发展任务，共推出了六轮大规模民航治理体系改革，以解决各个阶段束缚民航发展的制度性障碍。

一、第一阶段："军转民"改革（1980至1986）

我国民航第一阶段改革始于改革开放。彼时，与其他行业一样，我国民航实行计划经济体制，并且不同于一般行业，我

---

[1] 两航起义指1941年11月9日，在中国共产党领导下，原中国航空股份有限公司于中央航空运输股份有限公司总经理刘敬宜和陈卓林宣布两个航空公司4000余员工起义，并率领12架飞机飞回祖国大陆。具体见：https://baike.baidu.com/item/两航起义/4537555?fr=aladdin，最后访问日期：2020年7月19日。

国民航属于军队管理体制，隶属于空军编制。从整体上，自新中国成立以后，我国民航事业未得到充分的发展，民航发展规模未能有效提升，民航并不服务于平民大众，民航运营效率以及生产力水平低下。

面临这一局面，民航开始了第一轮以"军转民"为主要内容的治理体制改革。自1980年起，民航局从军队建制中剥离，成为国务院的直属国家局。在民航的经营方面，开始进行企业化探索，由民航总局直接以中国民航名义从事航空运营业务，对于经营体制，要求各省民航管理局建立独立经济核算制度，独立进行核算。[1]

本次改革将民航彻底从军队序列中独立出来，归入正常的行政管理系统。这次改革，拉开了改革开放后我国民航市场化改革的序幕，释放了民航生产力与运营积极性，为我国民航发展注入了新的活力与生命力，航空运输业务呈现出明显的增长。

二、第二阶段："政企分开"改革（1986至1991）

在第一阶段民航"军转民"改革之后，我国民航仍然实行"政企合一"的体制。从管理角度，民航业政企不分，在政企合一的管理体制下，一方面政府自己监管自己，民航监管职能无法充分发挥，另一方面，由行业主管部门事无巨细地主管民航的经营活动，导致了民航的运营的活力也得不到充分的释放。从经营角度，民航内部没有独立的生产业务单元，民航的经营意识不强，生产效率并没有得到充分的释放。并且，随着改革开放后民航发展潜能的初步释放，民航内部的各生产单元，包

---

[1] 1980年3月《国务院、中央军委印发关于民航总局不再由空军代管的通知》。

括运输、机场、航空服务等协调、配套的复杂程度明显提高，民航的管理体制也越来越不适应日益复杂的民航资源配置要求，这也为民航进一步发展带来新的束缚。

为了改善民航行政管理体系，进一步提高民航生产效率，民航必须深化企业化改革道路，进一步推行政企分开改革。因此，自1980年至1987年，民航开始了以"政企分开"为主要内容的改革，[1] 具体内容包括：

1. 按照华北、华东、中南、西南、西北、东北全国6个区位，在民航总局体系内对应设立6个地区管理局，作为民航总局的下属机构，并且在各省级行政区域内设立民航管理机构，形成民航总局—地区管理局—省局三级行政管理体制。在此基础上，按照这一条从中央到地方的组织线，民航总局陆续下放部分民航审批监管的权力。

2. 剥离民航管理部门的经营业务。民航总局与地区管理局不再经营民航业务，而是以安全监管和行业调控为中心构建职能，将经营业务下放给企业，具体包括：①组建航空公司。在1987年至1992年，将原六个地区管理局的航空运输业务从各地区管理局中剥离，在此基础上，分别组建了国航、东航、南航等6家国有大型航空公司。②改革机场管理体制。将原地区管理局的机场业务下放到机场，相继组建成都双流机场、上海虹桥机场、北京首都机场、广州白云机场六大机场集团，对机场进行属地化运营。③改革运输服务保障系统。将原先各单位的航空服务保障业务剥离出来，组建了三大民航辅助公司，即中航油、中航材以及中国航空结算中心。

---

[1] 1987年1月30日国务院批准《关于民航系统管理体制改革实施方案和实施步骤的报告》。

3. 改革交通管理体制。将原先分散的交通管理职能进行整合，组建统一的空中交通管理系统，同时，民航总局成立航务管理中心，各地区管理局组建航务管理中心或航务管理站，进行垂直领导与管理。

经过本轮改革，首先我国民航行政管理体制基本理顺，形成了民航三级行政管理体系以及统一的民航空中交通管理体制。其次，航空运输市场的各类竞争主体基本形成，建立民航市场的条件初步形成。本轮改革为我国民航实现改革开放以来较长时间繁荣创造了制度条件。

三、第三阶段：进一步市场化改革（1991至2002）

在上一轮改革中，我国从民航行政体制中剥离出运营业务，运输企业、机场、民航辅助行业分开运营的市场体制基本形成。尽管如此，民航市场化改革仍未彻底，主要体现为民航主管机关的职能定位错误：民航主管机关既是主管民航事务的政府部门，又是航空公司或机场运营的上级单位，可以对其运营进行直接的干预，导致了民航市场主体难以自主进行资源配置。

因此，1992年开始，民航开始了以下放企业经营权为主要内容的第三轮改革，要求以深化"市场化"改革为导向，积极培育民航运输市场，参照其他行业改革成果，探索建立民航现代企业制度，具体内容如下：

首先，进行民航现代企业制度的构建与探索。从1993年起，民航总局对民航全民所有制企业进行改革，[1]一方面全面落实民航企业的经营权，对企业正常的经营活动进行充分放权，包括企业生产经营决策权，企业产品、劳务定价权，企业产品

---

[1]《全民所有制民航企业转换经营机制实施办法》。

销售权,企业采购权,投资决策权,企业资产处置权,企业劳动用工权、企业人事管理权等。另一方面要求落实民航企业全面自负盈亏责任,并且保障和保证民航安全的主体责任。其次,积极培育航空市场,扩大对外开放,同时维护民航竞争秩序,具体包括:民航管理部门整顿航线,避免各大航空公司恶意竞争;[1]设立民航结算中心,并且加入国际航空协会清算所;对于航空票价允许进行浮动管理;[2]进一步放开民营资本和外资进入航空运输领域。[3]最后,加强民航治理的法制法规建设,在1995年《民用航空法》颁布之后,逐步形成了法律、行政法规和民航局行政规章的层级分明的民航法律体制,民航管理部门开始由行政指令管理转向依法行政。

本轮改革下放了企业经营权,使得民航建立真正的市场主体成为现实,完成了建立民航市场经济的基本条件,为我国2002年加入WTO前夕民航发展奠定了制度基础。

四、第四阶段:民航局进一步转变政府职能改革(2002至2007)

但是在第三轮改革中,民航企业与民航主管机关的关系从隶属关系上仍未理清,民航总局既是行业监管机关,也代表着国家对企业直接行使管理权,是民航企业的直接上级机关,负责国有企业的保值增值责任,这也构成了民航下一轮改革的背景。并且从外部看,2001年我国加入了世界贸易组织,无论从行业管理体制还是行业本身,我国民航业均需满足加入WTO后的行业管理标准与要求,适应加入WTO后国际航空业的激烈竞

---

〔1〕《中国民用航空国内航线和航班经营管理规定》。
〔2〕《关于国内航线票价继续试行幅度管理的通知》。
〔3〕《国内投资民用航空业规定》《外商投资民用航空业规定》。

争。

因此，在此背景，自2003年起，民航开始了以"转变政府职能"为中心的第四轮改革，主要内容包括：[1]

1. 改变民航企业的隶属关系，转变政府职能。将所有的民航运营主体从民航总局中剥离，转由国务院国有资产管理委员会代行所有权与出资人职责。此后，民航总局不再代行民航国有资产所有者与出资人的职能，而是专职从事民航行业管理、宏观调整等方面的行业主管职能。

2. 大规模行业重组，做大做强民航企业。首先，将原先民航总局直属的9家航空公司重组成三大航空集团，包括国航集团、东航集团与南航空集团，在改组之后，这三大航空集团公司基本奠定了我国目前的航空运输市场格局。同样，对民航保障企业也进行了合并重组，分别成立中航材集团、中航油集团与中航信集团，同样整体脱离民航总局建制，转由国务院国有资产管理委员会进行资产管理。

3. 改革民航管理体制。考虑到民航活动普遍的跨省级，因此，撤销省级民航管理部门，民航主管机关进一步缩减编制，从原先的民航总局—地区管理局—省级管理局三级管理体制，整合为为民航总局—地区管理局两级管理体制，将原先的省级民航管理局精简为民航安全监管办公室。

4. 进一步下放权力民航管理权力到地方，对机场正式实行属地化管理，除了首都机场与拉萨贡嘎机场外，将所有运营的机场管理权全部下放地方政府，不再由国资委直属管理，而是由各地方政府组建机场管理公司，进行企业化经营。

5. 改革空管体系，建立集中、统一、高效民航空中交通管

---

[1]《国务院关于印发民航体制改革方案的通知》。

理系统，形成民航总局空管局—地区空管局—空管中心（站）三个层级、一体化的民航空管体系。

本次改革彻底打破了以往高度集中的民航管理体制，民航业彻底实现了政企分开，政资分离，理顺与强化了行业管理体制，是迄今为止，最为彻底，影响最为深远的改革。此后，我国民航业迎来了加入WTO后的迅速发展。

五、第五阶段："大部制"改革下民航管理体制改革（2008至2012）

前几轮改革仅仅涉及民航本身，并未将民航置于整体综合运输体系内部考虑，因此，第五轮改革并未延续之前的改革路线，而是在大部制改革下探索"大交通"管理体制。

本次改革是在贯彻党的十七大关于加大机构整合力度的方针的背景下进行的。根据《国务院机构改革方案说明》，将原交通部、中国民用航空总局的职责，建设部的指导城市客运职责，合并整合进新组建的交通运输部。同时，重新组建国家民用航空局，为交通运输部管理的国家局，由交通运输部管理，机构规格从正部级降为副部级，但是民航局与交通运输部相对独立运转。[1]

总体而言，这次改革顺应了综合运输体系的趋势，但是改革涉及的面并不广泛，仅仅涉及民航的领导体制的变更，将民航总局由正部级单位，划归为交通运输部管理的副部级国家局。

---

〔1〕 华建敏：《关于国务院机构改革方案的说明——2008年3月11日在第十一届全国人民代表大会第一次会议上》，载《理论参考》2008年第5期。

六、第六阶段：新时代"放管服"改革下民航管理体制改革（2012至今）

在"大部制"改革后执行过程中，原民航总局与交通部的职能并未很好融合，导致民航与其他运输方式，包括铁路，还是各管各的，并未形成适应综合运输体系的管理体制。并且进入新时代后，随着我国社会主要矛盾的转变，民航也同样面临着主要矛盾的转变，在民航面临着由量转质的深刻变化的背景下，民航供给的不平衡与不充分的问题突出。

因此，自党的十八大之后，我国开始了以提升民航治理体系和治理能力现代化为核心的新一轮改革。此次民航治理体系改革，旨在通过改革创新，破除制约民航发展的深层级、结构性问题，激发市场活力和发展动力，推进民航治理体系和治理能力现代化。[1] 可以看出，本次改革涉及政府职能的根本转变以及治理效能的根本提升，针对民航业自身的特点与属性，从民航发展的制度供给角度，着力于内涵化、精细化、集约化服务型民航治理体系的构建，必将推进民航发展进入一个新的时代。目前本轮改革正在积极探索中。

经过梳理可知，在以市场化、法制化为主线的民航治理体制改革中，我国民航基本建立了实现了政企分开、政资分开、较松管制、竞争较为充分的民航治理体系。在民航历次改革所提供的良好制度供给的保障下，我国民航一直延续着良好发展的势头。尽管2019年面临着较大的外部风险与不确定性，我国民航仍然处在稳中有进，"控总量、调结构"的发展态势。在

---

[1] 中国民用航空局："新时代民航强国建设行动纲要"，载中国民用航空局网，http://www.caac.gov.cn/XXGK/XXGK/ZFGW/201812/t20181212_193447.html，最后访问日期：2020年7月19日。

2019年，民航完成运输周转量、旅客周转量、货邮运输量均有大幅提高。另外，飞行小时和飞行架次、机队规模、航线网络、机场数量等均继续得以增加。[1] 值得注意的是，我国民航在体现为数量的增加的同时，也开始了发展质量与模式的转变，民航服务质量与民航行业效益、民航企业的竞争力均有很大的提高。

第二节 我国历次民航治理体系改革的经验

我国历次民航改革的基本经验表明民航改革需要在尊重民航基本特点的前提下，以提升民航治理体系和治理能力的基本内涵为基准，以渐进式改革的方式推动，不断健全民航法治体系，不断升级民航市场体系，不断完善民航行政管理体系。这些改革的成果为新时代民航治理改革提供的制度前提，其经验应当为新时代民航治理改革所借鉴与吸收，具体分析如下：

一、以渐进式改革平稳推进民航治理体系与治理能力

基于民航业错综复杂的密集审批与监管属性，我国历次民航治理体系改革均采用一种渐进式改革路径。这种"整体渐进式"改革路径集中体现在我国民航业对于民航安全监管与放松经济规制方面。安全是民航永恒的主题与生命线，尽管我国民航经历了数次改革，但是对于民航安全的保障始终如一，进一

---

[1] 中国民用航空局："2019年民航行业发展统计公报"，载中国政府网，http://www.gov.cn/xinwen/2020-06/13/content_5519220.htm，最后访问日期：2020年7月19日。

步保证与提升民航安全是历次民航管理体制改革核心主题。另外，随着民航市场体系的建构与完善，在传统上以民航业，包括航空公司、机场、航油、航信等自然垄断的现实条件下，民航业也面临着越来越多的经济性监管，我国对于这些经济管制的改革并非采用"休克式"激进的方式推进，而是在民航客观条件的允许下，逐步改革，放松管制。

我国现行的民航治理体系并不是一蹴而就的，是在经历了运营模式、产权模式、规制模式改革中不断升级的，并通过民航渐进式放松管制持续稳步推进，在平稳推动我国民航改革向前发展的同时，也有效地控制了改革中的各种风险，确保改革达到预期阶段性目标。这种改革方式容易取得广泛共识，为改革主体与执行者以及广大公众所接受。因此，这种方式比较适合我国当前社会转型的大背景，稳步提升民航治理体系和治理能力，并维持民航的稳定运行。

二、不断健全民航法律体系

我国民航脱胎于军队，并且长时间隶属于民航行政管理系统，这就导致了在改革开放之前的相对长的时间内，我国仅有一部民航行政法规——1972年国务院、中央军委颁布的《关于使用飞机进行人工降水问题的通知》。由于欠缺普遍适用的规范性文件，导致民航管理普遍存在内部发文、红头文件的方式，事无巨细，层层审批，层层监管。自民航军转民改革后，为了建立正常的民航管理体系，国务院、中央军委开始颁布一些涉及民航的行政法规、军事法规，对一些民航管理事项进行规范，主要以民航飞行管制与保障民航安全管理的内容。

进入上世纪九十年代，随着社会主义市场经济基本制度的确立与完善，我国民航迫切要求法律体系适应市场经济的规范化、体系化的要求。在此背景下,我国于1996年颁布了《民用航空法》,该法作为民航的基本法律,就航空器适航、国籍、权利、航空人员、航空活动运营规则、飞行规则等民航基本问题做出规范。在《民用航空法》的基础上,我国逐渐构建了体系较为完备的四级民航法律体系。伴随着民航进一步发展,在民航市场化改革迅速推进的同时,我国民航法律体系更新与适应程度也在加速。可见,作为民航治理体系的一个关键子系统,民航法律体系在民航历次改革中,伴随着中国特色社会主义法律体系的完善,而逐步完善。

三、不断完善民航市场体系

我国民航历次改革的主线之一为民航放松管制,将民航资源配置之权力更多从政府手中让渡给市场,以完善民航市场体系,提高资源配置的效率。例如,放宽民航市场准入,放宽对民航企业所有制的限制,放松对民航的资源配置限制,从对航线票价的直接批准改为基准价与幅度浮动价并存,其他诸如对航线经营、行业投资、民航企业合并与分立的管理,其总体趋势也是如此。

考虑到航空安全,以及航空运输的社会公共性,民航业自产生之初就是一个受到高度监管的行业。但是高度的管制带来了"政府失灵",由此导致了整个行业效率低下,因此各国的民航都经历了一个从严格管制到逐步放松管制的历史过程。只不过与世界其他国家不同,我国民航放松管制并不是仅仅基于民航业自身,也是在改革开放的汹涌大潮中,借助由计划经济转向中国特色社会主义市场经济的改革的大背景下进行的,同样,也体现为由上而下的政府主导的全面体制改革。整体而言,放松管制彻底改变了民航治理体系,这是一个系统推进的过程,在不断健全民航市场的过程中，实现了政企分开，打破了行业行政垄断，并逐步实现了民航市场的对外开放。

四、不断创新民航行政体制

我国民航管理体制改革的重点就是打破低效率、高度集中的、计划经济管理模式的民航行政管理体制，建立符合中国特色社会主义市场经济体制、具有高效能、现代化的民航行政管理体制。

经过数次改革，我国民航打破了政企不分与行业垄断局面，民航管理部门不再管资产，而是专职对民航活动实施统一监督管理，并且加强了安全、宏观调控、空中交通管理、政策制定及管理对外交往职能，并以此为依据，调整内设机构与下设地区管理局的编制与配置。[1] 可见，创新民航行政体制表现为两个方面，一方面为民航主管机关的职能转变，从对民航资源的直接配置与管理，转向为民航创造更好的发展环境，维护公平正义，提供优质服务上来，另一方面，在具体的运行机制上，我国民航历次行政体制改革不断简政放权，通过民航审批与民航监管改革，提高民航行政效能，优化民航行政服务，不断改革低效率民航行政管理体系，建立符合现代行政管理理念的民航治理体制。

综上，历次民航改革为新时代提升民航治理体系和治理能力现代化提供了丰富的经验。根据以上改革经验中可知，新时代推进民航业治理体系和治理能力现代化需要继续建立健全行

---

〔1〕 中国民用航空局："关于印发民航局机关各部门主要职责的通知"，载民用航空局网，http://www.caac.gov.cn/XXGK/XXGK/JGZN/201511/t20151123_14745.html，最后访问日期：2020年7月19日。

业治理的法律基础，并在有限治理资源的基础上，处理好各参与主体之间的关系，并建立完整的治理结构，实现政府、市场、社会等多元治理，让政府、市场、社会各归其位、各尽其责，通过经济、社会、行政治理手段，再造民航治理结构，推进民航现代化进程。

第三章　完善新时代民航治理的法律体系

第一节　"良法"是民航治理现代化的前提

全面依法治国与全面深化改革同属于"四个全面"战略的两翼，共同推动全面建成小康社会。"法治化"与"现代化"之间应当是互相蕴含、相互促进、良性互动的关系，[1] 因此，国家治理体系和治理能力现代化的必然要求与必由之路就是法治。[2] 可见，现代意义上的国家治理是按照法治原则，要求治理者与被治理者之间建立以权利义务为内涵的良性互动关系，法治化与现代化必须同时起步，齐头并进，才能推进国家治理稳步前进。

对于法治化的具体内涵，党的十八届三中全会以及党的十九大、十九届四中全会以及党的二十大的观点是基本一致的，

---

[1] 莫纪宏："国家治理体系和治理能力的现代化与法治化"，载《环球法律评论》2014 年第 1 期。

[2] 习近平："完善和发展中国特色社会主义制度 推进国家治理体系和治理能力现代化"，载人民网，http：//cpc.people.com.cn/n/2014/0218/c64094-24387048.html，最后访问日期：2020 年 7 月 19 日。

坚持依法治国、依法执政、依法行政共同推进，打造法治国家、法治政府、法治社会一体化建设，完善法律规范体系、法治实施体系、法治监督体系，以及法治保障体系。党的二十大进一步要求全面推进国家各方面工作的法治化。对于民航行业治理来说，一方面需要建立完备的、现代化、统一化的法律规范体系，为各项事项的治理提供规范基础，即为良法；另一方面也需要从制度层面确保法律转化的实现效能，体现为民航的执法、守法，即为善治。由于民航执法、守法的具体内容需要下沉到我国深化民航市场体系改革和民航行政管理体制改革进行论述，此处仅就我国民航立法层面实现法治化的路径与思路进行探讨，即完善我国新时代民航治理的法律体系。

第二节 我国民航立法现状以及完善的基本原则

一、我国民航法律体系

民航法律是指调整民航活动的法律规范的总和。经过改革开放后数十年的发展，我国以初步形成了以《民用航空法》为基石的系统完备的民航法律体系。当前我国民航法律呈现多层级、异常繁杂的法律体系，是以《民用航空法》为核心的四级法律体系，包括一部基本法律，34部行政法规，140个民航规章以及800多个规范性文件，[1] 具体如下：

---

[1] "改革开放40年民航法治建设成就显著，100多部法律法规规章护航民航业发展"，载法治网，http://www.legaldaily.com.cn/index/content/2018-09/14/content_7645753.htm? node=20908，最后访问日期：2020年7月19日。

首先，民航法律体系的第一层级为《民用航空法》，该法于1995年由第八届全国人大常务委员会通过，为我国民航法律体系的基石，并且经过了2009、2015、2017以及2018年进行了五次修订，现行《民用航空法》分为十六章，就航空器、航空人员、航空运营等进行了基本的规定。

第二层级为行政法规与军事法规，由国务院、中央军委颁布的34部行政法规与军事法规构成，主要就民航改革历程中的特殊问题进行了规定，并无体系性，如《适航管理条例》《飞行基本规则》等。

第三层级为大量的民航局颁布的行政规章。在2008年大部制改革之前，体现为民航总局/民航局以自己名义颁布的民航行政法规，在2008年大部制改革后，体现为由民航局制定，经交通运输部名义颁布的，用以执行法律或行政法规的决定、命令。民航行政规章强调系统性、技术性、国际性特点，数量繁多，修订频率较高，为我国国内民航法律体系的主体部分，目前共有15编。[1]

第四层级为更加复杂的民航局内部主管司局颁布的细节性、程序性规范文件，包括管理程序（Aviation Procedure）、咨询通告（Advisory Circular）、工作手册（Working Manual）、信息通告（Information Bulleting）等四种类型。民航司局规范性文件主要就民航审批与监管，通过对民航规章进行细化与解释，以正确指导民航主管机关基层的工作。

除此之外，国际条约也是我国民航法律体系的主要渊源，

---

[1] 中国民用航空局："中国民航航空安全方案"，载中国民用航空局网，http://www.caac.gov.cn/PHONE/AQJG/ZCFG/AQZC/201605/P020160513590922446700.pdf，最后访问日期：2020年7月19日。

国际性是民航法最显著的特点之一。一方面，存在着大量的民航国际条约直接适用于我国民航事务，尤其是民航私法性条约，例如《蒙特利尔公约》、《开普敦公约》等等，这些条约构成了我国民航的直接法律渊源。另一方面，我国民航法律体系也受到了国际航空条约或公约的影响。早在二战结束后，随着《国际民用航空公约》以及国际民航组织的建立，民航领域较早地形成了国际法治体系。但是自改革开放后，我国才开始构建民航法律体系，因此，我国民航法律体系的制定更多借鉴了民航国际公约或条约。民航的国际性要求国内立法尽可能与国际民航法律文件保持一致。事实上，我国制定的大量法规、规章，其最终根源都可以追溯到相关的国际条约，例如，我国《民用航空法》对1952年《罗马公约》关于地面第三人损害赔偿的规定的吸收引进。又如，2013年国际民航组织颁布《国际民用航空公约》附件19《安全管理》，要求各缔约国建立自己的国家安全计划（SSP），为了执行该计划，我国民航局颁布了中国《民用航空安全管理规定》这一民航行政规章。从我国民航立法以往的实践来看，以与相关国际公约标准相统一是我国民航国内立法完善的路径与方向之一。但是经过我国民航的多年发展以及法治建设，我国已经从被动接收国际民航法律体系，转变为积极参与并引领国际民航法律体系的建构，使得国际民航法律体系与国内民航立法产生良性互动，积极发挥我国在国际航空法治体系中的作用与贡献，例如，1999年参与《蒙特利尔公约》的制定、2010年主导《北京公约》和《北京议定书》谈判与制定，2014年参与《蒙特利尔议定书》的制度等。

二、我国民航立法实践中民航改革与立法的错位

我国民航法律体系缺陷的根本原因是长期以来民航改革与

第三章 完善新时代民航治理的法律体系

立法的错位。在我国民航以往的改革中，存在着"先改革，后立法"的传统思维与做法，即以政策推动改革，再以立法将改革的成果固定下来，改革对立法起到一个主导作用。因此，这种立法模式也被称为改革回应式立法。这种做法确实在改革开放初期，对于突破僵硬体制机制，以"摸着石头过河"的方法论，为我国民航历次启动重大改革提供的合理性基础。但是这种政策驱动改革，本质上属于立法与改革的错位，这样的做法存在着以下根本的问题：

首先，民航改革本身于法无据，不符合依法治国的根本理念。其次，由于立法为改革成果的确认，导致立法难以适应行业的发展，只能通过不断修法，对新出现的改革问题进行追认，但是频繁的修法却仍未能彻底解决法律的滞后性问题；其次，改革与立法的冲突性无法解决，立法的目的是为了达到制度的稳定性，而改革却旨在打破这种稳定性，改革的成果可能以法治的不稳定或破坏为代价。再次，在"摸索式"模式的改革，民航改革更倾向于以零星累积的方式开展，缺乏一个全局性的顶层设计，影响民航立法的整体性，甚至民航立法本身由于改革的冲击而支离破碎。[1] 最后，我国民航立法实践中，天然倾向于从方便管理层面设置权力，对于体现法治原则和精神的全局性考虑不足。例如，对于无人机管理，很多省市出台了民用无人机管理办法，其指导思想均为拟先按照行业惯例与地方政府监管体系制定规范性文件，先行实施管理，待条件成熟时，

---

[1] 刘怡达："回应式立法与建构式立法——深化改革背景下的立法模式变迁"，载《中共南京市委党校学报》2014年第1期。

再正式颁布规章或地方性法规。[1] 一般而言,缺乏整体性思维的法律文件其内在的合法性、合理性、稳定性以及可预测性均难以得到保证。简言之,立法与改革的错位导致民航无论改革还是立法始终处于量变阶段,无法真正实现质变。

三、我国民航法律体系的陈旧性与不统一性

由于长期以来我国民航立法与改革的错位,导致了我国民航法律体系仍然存在着一些问题亟待解决,主要包括以下两个方面,具体分析如下:

(一) 民航现行法律体系有待更新

民航立法现代化强调民航立法能够满足民航现代化的要求,促进民航生产力水平以及上层建筑的完善。上文所述,我国民航立法体系是以《民用航空法》为中心进行构建的。我国《民航航空法》自1996年颁布实施起至今,已经经历了五次修订,最近一次修订为2018年。为了适应"放管服"与新一轮机构改革的要求,2018年的《民用航空法》修改涉及三个方面:对于民用机场分类管理,对公众开放机场的实施许可制度,其他情况实施备案制度;针对无人机管理,授权国务院、中央军委做出特别规定;将民航出入境检验检疫职能与编制划入海关总署。但是这一次修改对于民航进一步发展的重大关切问题均未涉及,尤其是难以适应民航新的发展形势与进一步对外开放的要求,我国《民用航空法》仍面临着急切的现代化更新问题。进一步说,尽管在政策改革的驱使下,民航规章或法律规范性文件在某些方面可能体现了民航立法最新的成果,但是由于作为民航

---

[1] 例如,海南省交通厅关于印发《海南省民用无人机管理办法(暂行)》的通知。

立法基础的《民用航空法》尚未彻底更新，因此，总体而言，我国民航立法面临着系统性现代化升级的挑战问题，民航法律未能完全适应民航发展现状，民航立法对民航活动调整的广度与深度有待增强。

我国民航立法体系的问题主要体现在以下几个方面：第一，民航市场体系立法问题。我国《民用航空法》颁布于1995年，此后历次修改鲜有涉及市场体系的内容，导致我国民航立法对于民航市场的规制定格在了上世纪九十年代，远远无法满足新时代建立高水平市场体系的现实需求。第二，民航安全立法问题。进入新时代后，随着我国运输量的增加，我国民航安全管理压力持续增加，但是我国民航安全立法仍停留在静态、碎片式、经验管理的阶段，跟不上民航系统安全管理的新趋势。第三，民航行政管理立法问题。民航立法对政府职责停留在全能型政府概念上，对民航主管机关的职责、决策、执行、监管等立法不足，无法为构建民航有限政府提供顶层设计。第四，从立法内容上看，我国民航立法存在一个明显的缺陷与短板——通用航空立法，这导致公共运输航空标准不合理地准用于通用航空领域，最终影响到作为民航两翼之一的通用航空的发展。第五，缺乏民航绿色发展立法。生态文明建设是"五位一体"战略重要的一环，但是我国民航立法对于民航绿色发展缺乏相应的规定，对于民航减排相关的技术措施、市场措施均无从寻迹，导致我国民航绿色发展理念难以在立法中得以彰显，以及就此出台相应的具体措施仅能从政策上寻找依据，并无直接的民航法立法依据。

（二）民航现行法律体系的不统一性

我国民航法律体系存在着各层级立法之间的不一致或者矛盾之处，包括同位法以及上下位法之间，国内立法与国际条约之间等。例如，随着我国民航市场经济的完善，对于民航航线、运输价格等均已通过民航规章的形式，按照不同类型分别实行备案与审批制度，但是作为上位法，颁布于1996年的《民用航空法》未做任何修改，仍然规定统一实施审批制。又如，根据我国行政许可法，一般的审查期限为20天，最长不超过60日，[1] 但是有大量的民航行政许可审查期限超过了两个月，如果加上形式审查、委托的专业技术审查，整个行政许可的审查期间可能远远长于行政许可法规定的两个月，例如航空经营许可，航空器适航审定等等。再如，就外国资本投资民航的规定，民航局于2002年颁布的《外商投资民航规定》已经无法适应2019年《外商投资法》负面清单制度的需求。根据2002年颁布的《外商投资民用航空业规定》对于外商投资项目实行的是特别审批制度，对于合资、合作、购买民航企业股份等外商投资项目均实行民航部门与外经贸部门双重审批，这与2019年《外商投资法》存在着明显的立法冲突，亟待重新修法。立法之间形式上的不统一，导致下位法产生合法性危机，也影响到民航执法守法。

除了国内法体系外，我国民航法律也存在着国内法与国际条约不一致的问题。对于国际私法条约，我国多采用直接适用的原则，如果条约与我国法律不一致的，则条约优先适用。因此，在实践中，如果我国国内法没有相关规定，或者国内法保护的标准低于国际条约的规定，那么就可能导致我国法律对于相关权利的保护内外有别，无法做到平等保护。例如，我国加入的1999年《蒙特利尔》公约，规定了民事赔偿的第五管辖权、旅客伤亡的双梯度赔偿原则、先行偿付制度、航班延误、电子运输凭证等内容，我国《民用航空法》在修改时并未涉及

---

[1]《行政许可法》第42条。

这些内容，国内立法与国际条约的不一致性导致了我国在保护旅客权益时出现了内外有别的差别待遇。而对于国际公法条约来说，我国多采用转化为国内法的方式，根据条约义务，我国需要就公约的内容进行单独立法，如果我国国内法没有相关规定，或者国内法保护的标准低于国际条约的规定，在"条约必须信守"的原则下，就违背了我国作为缔约国的条约义务。

四、完善我国民航法律体系的基本原则

因此，针对民航法律体系的陈旧性与不统一性，对症下药，提高民航法律体系整体的立法水平，必须树立立法先行的基本原则，以立法指引并巩固改革成果。[1] 具体而言，首先，改革始终遵循法治化、科学化与严谨化道路，坚持论证、立法、改革三部曲，先谋而后动。对于民航深化改革重大的战略，均需要首先在立法层面进行顶层设计，通过对原则与方向的总结提炼，自上而下俯瞰并指引改革，确保改革遵从法治的轨道，既充满能动性，也不越界，两者共同服务于提升民航治理的现代化。其次，立法应当坚持良法，坚持民航为人民立法中的基本原则，民航立法应当在科学、充分论证的基础上，提升社会大众参与立法的程度，建立立法意见征集制度，征求最广泛社会各界的意见，确保民航法律的制定、修改、废除、解释等制度化、规范化、依靠人民、服务人民。

我国民航法律体系是伴随着我国民航历次改革逐步构建起来的内容繁杂的体系。从历史唯物主义角度看，在我国社会主

---

[1]"民航法治建设领导小组第二次会议召开，运用法治思维法治方法，提升行业治理法治化水平"，载中国民航网，http://www.caacnews.com.cn/1/1/202004/t20200410_1298248.html，最后访问日期：2020年7月19日。

义市场经济以及历次行政体制改革的大背景下,民航在不同时间、不同阶段的立法受制于客观的历史条件与背景,其立法的内容、逻辑、价值都可能千差万别,我们不能苛责于时代背景。但是在未来的改革中,我国民航需要坚持民航法治思维,按照全面依法治国的内在逻辑和要求,推进一种建构式立法,科学、系统、严密地制定民航法律法规体系,并且建立一套行之有效、组织有力的民航执法、守法体系,建成以《民用航空法》为核心的,民航领域全领域覆盖的,科学合理、统一规范、层次清晰分明、配套衔接的民航法律体系。[1]

第三节 推进民航法律体系的现代化

一、完善民航法律体系必须推进民航法律体系的现代化

法治保障是民航治理的基础。我国民航正在处于一个体量与质量共同发展的阶段,正面临着结构性转型的机遇与挑战。但是正如上文所述,我国民航法律体系问题表现为:民航市场立法无法反映高水平民航市场体系的改革需求;民航安全立法有待更新,目前静态式、碎片化、经验管理的民航安全立法无法反映民航安全系统绩效型管理的新趋势;民航行政管理立法有待转型,体现为全能型政府对民航的全面管制的原则仍是现行民航立法的主导精神;现行立法是以公共航空运输为核心构

---

[1] 中国民航局:"加强民航法治建设若干意见",载中国民用航空局网,http://www.caac.gov.cn/XXGK/XXGK/ZFGW/201601/T20160122_27685.html,最后访问日期:2020年7月19日。

建，无法体现民航的另一半通用航空的发展需求；我国现存民航立法欠缺民航绿色发展理念，导致民航绿色发展始终停留在政策层面。简言之，民航立法本身有待更新，以便我国民航法律体系能够更好消除民航发展桎梏，顺应民航发展趋势，解决民航上层建筑更好适应民航经济基础发展需求等重大问题。

党的二十大报告提出完善以宪法为核心的中国特色社会主义法律体系，推进科学立法、民主立法、依法立法，统筹立改废释纂，增强立法系统性、整体性、协同性、时效性。作为具体领域的立法，这一原则也应为推进民航法律体系现代化的基本方针。具体到民航领域，民航立法的现代化任务主要体现为对现存民航法律文件的"立、改、废"，以对上述民航法律体系中的问题进行有效回应。具体包括以下几个方面：首先，针对民航立法的欠缺内容进行补缺，尤其是针对民航治理改革中新出现的议题与问题，及时在民航立法中补充规范性规定。其次，针对立法存在的问题进行修改，使得立法能够对现实进行正确回应，并与时俱进，解决法律的可操作性与可执行性问题，例如，民航市场机制的完善、民航责任主体的明确、民航监管方式与手段的创新。再次，针对民航立法中与上位法不一致、内容不合理或者不合时宜进行废除，清除影响民航发展的立法桎梏。在民航立法"立、改、废"的过程，坚持先易后难，循序渐进、顺势而为的策略，强化民航治理与经营、立法与执法之间的协调与联动，以推进与提升民航法律的现代化的根基与内涵。

二、完善民航市场体系立法

我国民航历次改革的方向之一就是建立健全民航市场经济体系，但是我国《民用航空法》自1996年颁布以来，历次修订均很少涉及民航市场体系改革成果以及下一步民航市场体系改革的顶层设计。我国当前涉及民航市场体系的立法包括以下几个方面：

1. 法律。涉及民航市场体系的法律主要为《民用航空法》、《价格法》、《反不正当竞争法》与《反垄断法》四部法律。《民用航空法》主要在第八、九、十章针对公共运输航空、通用航空有关的运营条款，一方面，《民用航空法》仍保留了大量的毫无必要的经济管制条款。另一方面，《民用航空法》以民航管理，尤其是安全管理为主，对于维护航空市场秩序与竞争的立法关注不够。总体上，我国《民用航空法》对于民航市场的投资、准入与竞争规则规定模糊，对于歧视待遇、恶意竞争、价格联盟、囤积时刻、垄断航线等都没有具体的涉及。《价格法》第14条涉及禁止操作市场价格、低成本倾销、哄抬价格等行为，同时《价格法》第19至25条也涉及政府指导价、政府定价的规定。《反不正当竞争法》于1993年颁布，在颁布之时杂糅了反不正当竞争与反垄断行为的内容，但是在经过2017年与2019年大修后，基本上删去了反垄断行为的内容，仅保留反不正当竞争的内容。[1]《反垄断法》颁布于2008年，该较为详细规定了垄断行为的三种方式，对于垄断行为的认定以及垄断豁免都有着详细的规定，素称"经济宪法"，但是，具体到民航反垄断，《反垄断法》作为反垄断的一般性立法，其涉及的深度以及操作性规定都存在着不足。

2. 行政规章。早在上述法律颁布之前，于1996年，民航总局颁布了《制止民航运输市场不正当行为竞争的规定》，该规章授权民航总局统一负责民航不正当行为的执法，针对航空公司，

---

[1]《反不正当竞争法》第6至12条。

机场，销售代理人、民航维修、油料、航材、航空结算、计算机等民航辅助企业存在的不正当竞争行为进行规制，并规定了罚则。目前该部行政规章已经失效。

可见，对于涉及民航市场秩序与竞争的内容规定，我国并没有专门适用于民航的特殊立法，未能满足我国民航市场经济需求。这种法律的上弊端与漏洞最终导致了市场在民航资源配置中作用无法充分凸显。首先，《民用航空法》对于市场准入规定的模糊，导致了民航市场准入隐形的法律壁垒。以航线经营许可为例，我国《民用航空法》仅仅规定经营者经营航线需要申请，但是没有规定被申请人的资格、航线许可原则、变更、撤销条件等，这些规定转由民航行政规章《国内航线经营许可规定》进行规定，该规章规定行政主体通过对被申请人在航空安全、航班正常、服务质量、诚实信用等方面的表现综合衡量被申请人的条件，[1]从而决定是否批准。然而这样的标准非常模糊，如果处理不当很容易侵犯申请人获得航线的正当期望，并且也会令申请人可能处于无法救济的境地。其次，《民用航空法》中过度的经济管制条款可能导致民航主管机关过度的不合理的经济监管，直接影响到民航资源的有序流动与有效配置，成为制约我国民航发展潜力与内生力的最大障碍之一。最后，民航主管机关在面对民航垄断或者不正当竞争等影响民航正常竞争秩序的行为时，无明确的执法依据。例如，我国《民用航空法》对民航反不正当竞争规制的缺乏规定，考虑到我国《反不正当竞争法》第3条已经将反不正当竞争这一职责明确授予工商行政管理部门，因此，从整体解释角度看，对民航不正当竞争行为的规制应当由工商行政管理部分独占行使，民航主管

---

[1]《中国民用航空国内航线经营许可规定》第10条。

部门无权对民航不正当竞争行为进行监管。

因此，完善民航市场体系立法，包括以下几个方面：首先，应当以市场在资源配置中发挥决定性作用为原则，对我国民航立法中不合时宜的市场准入与经济性管制条款进行清理，废除不合理的制度或人为障碍，实现民航资源充分流动，包括民航市场准入、航空运价、航线时刻分配等，明确对这些要素进行管理的原则，取消、下放或者放宽审批与监管条件。其次，以更好发挥政府作用为原则，对妨碍民航市场竞争和秩序的行为进行规范，专门制定民航公平竞争法律，对于民航日常的可能导致垄断的协作行为进行规范，包括联运客票、航班代码共享、航空联盟、股权联盟，确保民航市场主体之间的协作能够促进公共利益，而不至于妨碍正常的市场竞争。最后，对于确需保留审批与管制的领域，需要在立法层面提升可操作性与透明度，维护各类市场主体公平获得民航资源的权利。例如，对于航线经营的审批，在《民用航空法》中，增加许可原则、程序、听证等相关内容。

关于具体的立法模式与条款设计，建议采用一般立法与特别立法并存的模式，以兼顾市场经济的一般规律与民航的特殊性之间的关系，其中一般立法是指涉及我国社会主义市场经济体系的一般性立法，特别立法是指民航法律体系中针对民航特殊问题进行的立法。

以民航反垄断立法为例，从国外经验来说，民航反垄断法律体系均是以反垄断一般立法与民航反垄断特别立法组成，两者构成一个完整的体系。例如，美国的民航反垄断法律体系，包括作为反垄断一般法的《谢尔曼法》《克莱顿法》和《联邦贸易委员会法》以及作为民航反垄断特别法的《航空业放松管制法》、《航空业促进竞争法》、《国际航空运输竞争法》，这些特别法律均针对民航反垄断的特殊问题,例如《国际航空运输竞争法》专门针对外国航空公司垄断行为的执法,《航空业促进竞争法》专门针对时刻分配、拍卖,促进民航公平竞争。欧盟也是如此,由于民航在欧盟统一市场中的重要地位,为了应对民航反垄断的特殊问题,欧盟还特别颁布了适用于民航领域的《非欧共体成员国的航空服务中防止补贴和不公平定价对欧共体航空承运人造成伤害的第411/2004号条例》《关于民航业适用欧共体条约第81(3)相关协议与协调行为的第3976/87号条例》。这种立法体制兼顾了反垄断规制的一般规则与民航反垄断的特殊规则,是值得我国借鉴的。因此,关于具体的条款的设计,作为民航反垄断的基本原则,建议《民用航空法》明确规定禁止以下几种垄断行为,包括:禁止民航垄断协议包括价格联盟、共同抵制、划分市场等行为;禁止民航滥用市场支配地位限制或排除竞争,包括进行不正当价格竞争、差别对待,搭售或附加不合理的交易条件,独占交易或者拒绝交易,以及授权反垄断部门进行民航经营者集中进行反垄断审查。而对于《民用航空法》中原则性规定的执行,可以由民航主管部门制定相应的民航反垄断细则与指南,就民航反垄断执法体系与操作层面的规范。除此之外,还应当对民航规章涉及限制或排除竞争的内容进行梳理,尤其是防止民航反垄断偏离了对排除与限制竞争的行为的规制,尤其是在诸如航线运营、航空油料供给、航信产品供给等应保障有效竞争的领域。

三、完善民航行政管理体制立法

(一) 强化民航安全立法

保障安全是民航的首要任务,我国民航体量与质量不断提升的同时,民航安全压力也不断提升,因此,在完善民航法律体系中进一步强化民航安全立法具有必然性与迫切性。

我国民航快速发展,民航运输旅客、货物、航班数量、频次增加,空域使用拥挤,导致民航安全压力增加,我国对于民航安全立法步骤也在加快。例如,2019年12月30日,交通运输部颁布《民用航空器事件调查规定》,修改了2007年《民用航空器事故和飞行事故征候调查规定》,扩大了适用范围,并且尽量做到与国际标准统一。尽管如此,民航安全需要一个更高维度的,更加系统集成的立法整合。

一般来说,民航安全管理可以初步分为经验管理、规章管理以及系统管理三个阶段,以往的民航安全管理多集中于对人的因素、机械因素的管理,而现代民航安全管理理念也加入了组织管理因素,包括安全症候、隐患、风险管理以及各个系统安全管理相互协同。[1] 对于民航安全来说,任何一个环节都可能导致在其他方面的努力功亏一篑,因此,民航安全立法强调体系性立法,必须编制一张组织严密的安全监管体系,包括企业、行业、政府各个层面,从民航适航管理、市场准入、运营管理各个阶段建立全覆盖的民航安全法律体系,既强调航空安全的综合性立法。

航空安全综合性立法是由国际民航组织启动的,《国际民用

---

[1] [美] Alan J. Stolzer, Carl D. Halford, John J. Goglia:《民航安全管理体系》,李继承等译,中国民航出版社2012年版,第1页。

航空公约》附件十九将航空安全作为一个系统性工作，要求各国必须履行国家安全管理职责，制定整体上提升民航安全的国家安全方案，确保民航安全绩效达到可接受水平。附件十九要求建立以法律为核心的，以部门规章为执行细节的航空安全法律体系，内容必须符合《国际民用航空公约》以及附件标准，必须能够使安全监管人员接触到所有涉及民航安全的要素，包括航空器、航空人员、运行、设施、记录等。[1] 我国作为《国际民用航空公约》的缔约国，为了达到了国内法与附件十九的一致性，2018年3月12日交通运输部颁布了《民用航空安全管理规定》，正式引入了系统安全管理理念，要求民航生产经营单位建立安全管理体系。[2] 但是该部门规章立法层级较低，仍然没有达到附件十九要求国家权力机关正式立法的标准。另外，在尚未进行安全管理立法的情况下，由交通运输部直接颁布了航空安全管理规章，并且设定了相应的行政处罚，该规章的合法性本身也是存在疑问的。事实上，从实际执行效果来看，保障航空安全所需的人力、设施、资源投入，信息化整合以及空域的保障能力，已经远远超越了民航主管部门的权限，因此，仅靠民航规章的确实也无法满足航空安全管理的需求。

因此，完善民航安全法律体系，需要法律从顶层设计上，明确诸如民航主管部门、公安部门、空域管理部门、信息管理部门等职责分工，形成民航安全管理的合力，在此基础上，由行政法规或部门规章规定具体的执行细节。因此，建议参照《国际民用航空公约》附件十九，在《民用航空法》中明确国家保障航空安全的政策与目标，以及国家各机关保障民航安全的

---

[1]《国际民用航空公约》附件19《安全管理》第3章。
[2]《民用航空安全管理规定》。

职责分工，并授权各相关主管部门以部门规章的形式建立完善的集约化的民航安全管理体系。

(二) 构建民航有限政府立法

从国内外经验来看，民航行政管理改革的主线就是从全能型政府过渡到有限型政府，构建民航职责明确、依法行政的政府治理体系。因此，完善民航行政管理体制立法也需要就构建民航有限政府做出顶层设计，要求民航主管机关，必须应对并顺应新形势下治理理念和方式的转变，通过民航立法界定政府权力的边界。然而，我国目前的民航法律体系过于关注行业管理，且民航立法进程一直由民航主管机关主导，民航法律对于民航主管机关自身的权限范围、执法程序、监督程序等规定较不充分。

构建民航有限政府立法，一方面，以党的十九届四中全会确立的政府职责为标准，落实对民航规章、下属司局规范性文件的合法性与合理性审查，修改或废止超越权限以及明显不合理的民航规章与规范性文件，另一方面，也应当对民航主管机关的职责、行政决策、行政执法、行政监管等进行全方面的立法，构建职责清晰、高效、法治的民航政府治理体系。具体而言，首先，制定民航主管机关的政府权力清单、责任清单与市场主体的负面清单，明确界定政府职权与职责。其次，建立民航行政决策的合法性审查与监督机制，提升民航主管机关内部法治部门对于民航行政决策的参与度，赋予其对民航行政决策合法性审查的一票否决权。再次，完善行政执法程序，提高行政执法的透明度与统一性，进一步明确民航权力运行的流程、标准与规范，建立执法全过程记录制度。最后，加强对民航市场监管与行政执法人员的培训，包括法治思维，法律知识，以及执法技巧的培训，确保民航监管与执法人员具备较高的依法

第三章 完善新时代民航治理的法律体系

行政的能力与水平。

四、重构通用航空法律体系

与公共运输航空蓬勃发展的情况不同，截至目前，通用航空是我国民航业发展的明显短板，无法满足我国经济转型的需求，与我国全球第二大经济体及旺盛的社会需求不匹配、不适应。[1] 因此，为了补足短板，我国将通用航空归属为民航强国建设的重要内容之一，并且由国务院出台专门的政策对通用航空予以鼓励支持。但是在整个航空法体系内，我国尚未形成独立的通航法律体系，我国《民用航空法》仅数条涉及通用航空，除此之外，包括《通用航空飞行管制条例》、《通用航空审批管理规定》（CCAR-135LR 部）等仅寥寥数部行政法规与规章适用于通用航空，远远无法涵盖所有的通用航空事宜，导致通用航空的正常管理无法律基础。并且，对于通航法律体系，我国实行特别法的方式进行规范，即特别适用于通用航空的以特别法的方式进行规定，其他的均准用公共运输航空的规定，以运输航空的高标准要求内部差异巨大、需求不同的通用航空，无疑会遏制通用航空的发展活力与潜力。

自 2019 年开始，民航局开始探索通航业务框架和通航法规框架试点，在不同框架内分别执行不同的标准与管理制度，作为我国未来通用航空管理的顶层设计（"两个框架"）。在国务院大力推行的"放管服"改革中，通用航空的政策确定为"放管结合、以放为主、分类管理"的方针，实行模块化管理，以

---

[1] "民航局加大放管服改革力度，促进通航高质量发展"，载中国民航网，http://www.cannews.com.cn/2019zb/2019gwyty/sdxw2/201907/t20190722_1278166.html，最后访问日期：2020 年 7 月 19 日。

加快完成通航法规标准与管理体系的顶层设计。[1] 从方向上看，这正是在坚持通用航空安全性的基础上，同时考虑到通用航空与公共运输航空的差异性，甚至通用航空内部的差异性，进行分类精细化模块化管理，以便进行松绑减负。目前的一系列通航审批制度改革也正是顺应这一思路，例如取消对航空器小改的审批。另外，还有一些政策和法律的松绑正列入立法计划中，包括通用航空器维修和改装一般规则，小型航空器商业运输运营人运行合格审批规则、特殊商业运行合格审批规则，通用机场管理规定等。[2]

尽管如此，对于通用航空法律框架的重构，还需要进一步深化，包括以下内容：

首先，明确划分通用航空边界。我国《民用航空法》第91条规定公共运输航空是指以营利为目的使用民用航空器从事运输的行为，包括运送旅客、行李、邮件或货物。而根据《民用航空法》第145条，通用是指公共运输航空之外的民用航空活动。但是这种列举的方式并未完全区分出公共航空与通用航空，例如，对公共航空之外的运输界定模糊，对于公务飞行、短途飞行、包机飞行，甚至最近才出现的以运输货邮的无人机运输飞行，按照《民用航空法》第91条，应当属于公共航空的范畴，但是实践中，一般都会作为通用航空处理，这很可能导致监管的困境。民航局颁布《通航业务框架》明确将这三种飞行活动纳入通航领域，即明确尽管这三种飞行为使用航空器进行

---

[1] "民航局加大放管服改革力度，促进通航高质量发展"，载中国民航网，http://www.cannews.com.cn/2019zb/2019gwyty/sdxw2/201907/t20190722_1278166.html，最后访问日期：2020年7月19日。

[2] 《关于推进通用航空法规体系重构工作的通知》。

的运输,但是也属于通用航空。这样的规定考虑到了行业的惯例,却违背了《民用航空法》第 91 条与 145 条,本身是不合法的。

出现这一问题的根源在于《民用航空法》未能清晰界定两种不同航空飞行活动的本质。本质上,公共运输航空为公共交通运输的一部分,必须纳入公共交通运输的大概念下进行界定,这种航空运输活动是面向社会大众的,具有公共服务属性,因此,除了航空安全管理外,对于服务的质量、价格、资源配置进行必要的规制是合理的。而通用航空尽管也可能涉及运输,但是本质上属于平等主体之间的商业活动,因此除了必要的航空安全管理之外,并无过多的干预与规制的必要,这就是两者之间的根本差别。因此,建议以两种民航活动的本质,而非外在特征重新修改《民用航空法》第 91 条与第 145 条。

其次,合理划分通航监管模块。根据《通航业务框架》,通航以运行能力为纵轴,以经营能力为横轴,按照交叉组合,划分不同的模块。运行能力按照飞机 1 至 5 级航空器、直升机 6 级共六个等级,划分依据为载客人数与国务院事故等级。对于经营能力划分为:非经营非载人、非经营载人、经营性非载人(含无人机)、经营性货运(含无人机)、经营人载人训练飞行、经营性载人非面向社会公众、经营性载人面相社会公众、经营性载客不定期运输、经营性载客定期运输,这一类的划分依据为飞行安全等级是否具有较大社会影响,是否涉及消费者保护、市场监管等。[1] 在方向上确立按照运行能力与运营能力划分通用航空的原则后,下一步则需要彻底贯彻这种划分方式,从科学性、可操作性角度细化管理规则,以彻底改变现有的管理思

---

〔1〕《关于推进通用航空法规体系重构工作的通知》附件一《通航业务框架》。

路。

最后,以"放管服"不同的方向细化管理规则。对于各模块规则的细化,应当根据"放管服"不同的方向展开,明确政策与监管的方向。对于涉及重大公共利益、民航正常市场秩序的维护、消费者权益保护等,需要加强监管,相反,则要加大"放与服"的步骤与力度,着重培养企业的自主精神和主体责任,更多将监管之手转向行业监管与企业自治。

通航"两个重构",标志我国走出了具有中国特色通航管理模式,从通航内涵到外延、分类标准与管理思路都极具特色。[1] 通过通航法律体系重构,审查修订通航法规和政策性文件,形成通航模块立法转化。构建独立的通航法规体系是进一步松绑通用航空,为通用航空创造良好的发展环境的法律层面的顶层设计,真正实现通用航空"飞起来"。

五、完善旅客权益保护立法

随着我国航空运输的发展,乘坐飞机旅行的人越来越多,我国已经发展为全球第二大航空运输市场,因此,航班延误、超售、拒载、行李货物损毁等问题也频繁发生。

我国 1996 年《民用航空法》颁布之时,正处于我国民航业市场化发展的初期,因此法律条文的设计多倾向于保护行业,以及从行业管理的角度进行规定,对于旅客权益保护较为模糊。并且《消费者权益保护法》也仅仅有含糊的几条涉及旅客权益保护,不具有可操作性。尽管我国有两部以"运输规则"形式出现的民航规章对航空旅客权利进行了特殊保护,但是这些民

---

[1] 綦琦:"中国民航通用航空法规体系重构思路及变革重点浅析",载《民航管理》2019 年第 7 期。

航规章位阶较低,并且有很多内容也已经不合时宜,包括承运人责任、赔偿标准等,已经严重滞后于旅客权益保护的现实需求。这就导致我国目前立法与执法大多将旅客权利保护作为平等主体之间的民事合同关系处理。

因此,传统观点认为,旅客与承运人的纠纷应当由承运人与旅客之间的运输合同解决,即属于私法问题,应由双方的运输合同调整。但是航空运输毕竟涉及公共利益,并且消费者与航空公司之间也存在着信息不对称的问题,仅仅依靠运输合同的形式公平无法实现旅客与承运人之间的实质公平。以航班超售为例,这种做法,旨在避免因旅客临时改变出行计划而导致的座位浪费,从而提高航空运输资源的使用效率,因此,在一定程度内允许超售,这是一种行业内通常做法。但是在超售后,如何挑选出由于超售机票而无法乘机的乘客,以及如何对其进行补偿等,我国均没有相关的立法进行规范。一旦出现机票超售,就意味着有些旅客可能无法成行,由于缺乏相关的法律规定,从而导致了众多争议。

事实上,当代法律已经更多从形式平等转向实质平等,更倾向于保护"较少受惠者",以实现实质平等。[1] 因此,由于旅客与航空公司之间信息、资源、能力的不对等,并且航空公司提供航班运输服务也属于公共服务的一部分,各国以及相关国际公约均倾向于对旅客权益进行特殊立法予以保护,从契约到身份,[2] 以实现实质平等。例如,欧盟261/2004条例,美

---

[1] 王立:"平等的双重维度:形式平等和实质平等",载《理论探讨》2011年第2期。

[2] 袁发强:"从契约到身份:航空旅客权益保护法律的演变",载《江西社会科学》2015年第4期。

国"旅客权利法案"等,这些法律均给予航空旅客特殊的消费者待遇,并提供了高于一般消费者的保护标准。

新时代我国面临着经济结构性转型,大众消费升级,航空运输已经从高端消费走入人民大众。因此,侧重于行业管理,而忽视旅客权益的民航立法已经不合时宜,为人民大众提供安全、高效、便捷的航空运输服务与促进民航行业发展同等重要。因此,民航立法应当贯彻实质平等理念,注意保护航空旅客的权益,针对目前的影响旅客权益保护的内容进行特别的规范,特别是常见的旅客黑名单制度、承运人责任、超售、延误、拒载或航班取消以及特殊人士(行动不便或特殊需求的人)的权利应当明确在民航立法中,并且以较高位阶的立法予以保护。

六、构建民航绿色发展立法

生态文明建设是"五位一体"战略布局重要的一环,党的二十大报告提出中国式现代化是人与自然和谐共生的现代化。坚持绿色可持续发展是现代化民航治理体系的必然要求。经过多年的发展,我国民航已经成长为全球第二大航空运输市场,大众对于绿色出行的要求也不断提高,但是我国以往的民航立法对绿色发展的认识不足,民航立法并未体现出绿色可持续发展的理念,缺乏相应的体制机制与标准。[1]

在实践中,民航绿色发展理念主要体现为减少航空碳排放的实现机制。一般来说,航空减排的机制包括市场措施与技术措施两个部分,市场措施主要体现为碳排放抵消和交易机制,而技术措施主要为提高航空器、机场等减少碳排放的技术标准,多体现在航空器适航、航空油料审批、机场建设审批等涉及碳

---

[1]《关于深入推进民航绿色发展的实施意见》第一(二)条。

排放的具体的技术标准。因此，此处主要论述航空减排的市场措施。

对于市场措施，我国已经初步建立航空碳排放核查机制，为建立民航碳排放交易机制奠定了基础。2018年，民航局曾向各民航各市场主体发出《关于开展飞行活动二氧化碳排放检测计划预填报工作的通知》，要求各单位邮件通报二氧化碳监测计划，民航局将对该检测计划进行评审，要求各单位根据评审意见完善检测计划，并最终申请民航局对检测计划的批准。与此同时，民航局颁布了《民用航空飞行活动二氧化碳排放检测、报告和核查管理暂行办法》，委托中国合格评定国家认可委员会对民航碳排放核查机构资格进行认证，经过认证的核查机构可以对航空运营人是否按照监测计划编制的碳排放报告进行核查，保证运营人按照经过民航局批准的检测计划对二氧化碳进行检测，确保其碳排放报告准确。[1] 尽管如此，我国民航立法层面尚未正式引入民航碳排放市场措施，尽管我国部分省市地区也开始将航空业纳入碳排放交易体制。

从国际航空碳排放市场机制角度看，国际民航组织第37届大会确立了建立基于市场措施的航空减排方案，并且成立了国际航空与气候变化高级别小组（HGCC）对市场措施作出探索，旨在建立一个全球统一的国际航空碳排放抵消和交易制度。2016年，国际民航组织第39届大会正式决定建立全球航空碳排

---

[1]《民航碳排放管理办法核查指南》第A.1.2条。

放市场机制——国际航空全球碳抵消和减排机制（COR-SIA）[1]，与此同时，我国已经正式加入了CORSIA机制自愿试验阶段（Pilot Phrase），开始受到CORSIA的约束，随着CORSIA的推进，我国民航碳排放市场措施立法也迫在眉睫。

  关于碳排放市场措施的具体机制，目前多采取"限额与交易（Cape and Trade）"模式。根据《京都议定书》"限额与贸易"内容为：在《联合国气候变化框架公约》及其《京都议定书》的总体框架下，各参加国须设置一个总排放量上限，纳入碳排放交易范围的企业可以获得一个碳排放许可，该许可规定了该企业的分配的碳排放配额，如果企业能够将其碳排放控制在配额内，那么允许其将未用完的配额放在碳排放交易市场进行交易，并允许其获得经济利益。相反，如果其碳排放超出了配额，则必须到碳排放交易市场上购买配额，否则不允许继续排放。通过市场的机制，一方面严格控制了总的碳排放量，另一方面也鼓励企业自主改善技术，减少碳排放。[2] 欧盟与美国也是采用相类似的机制。例如，欧盟2003年第83号指令规定，欧盟碳排放交易机制的内容包括：交易主体和交易客体的确定、配额的确定与分配、碳排放年度监测与核查制度以及碳排放交易市场统一注册与市场监管制度。另外，还规定了欧盟自身减

---

  [1] Resolution A40-19, Consolidated statement of continuing ICAO policies and practices related to environmental protection-Carbon Offsetting and Reduction Scheme for International Aviation（CORSSIA），载国际民航组织网站，https：//www.icao.int/environmental-protection/Documents/Assembly/Resolution_A40-19_CORSIA.pdf，最后访问日期：2020年7月19日。

  [2] 郝海青："欧美碳排放权交易法律制度研究——兼论我国碳排放权交易制度的构建"，中国海洋大学2013年博士学位论文。

排机制与《京都议定书》下减排机制的衔接问题。[1]

因此，我国应当通过立法明确民航发展应当坚持绿色、可持续原则，鼓励民航发展新技术减少民航活动对环境的影响。在绿色民航理念下，探索建立我国自己的航空碳排放交易制度。具体而言，在《民用航空法》中增加民航绿色发展理念，并以民航规章的形式，就民航碳排放市场机制的技术性问题进行全面的规定，就排放的限额、配额的分配方式，配额的交易、碳排放的监测等进行细致的制度设计，确保各交易主体公平参与交易，以市场化方式落实民航绿色发展理念。

第四节 推进民航法律体系的统一化

一、完善民航法律体系必须推进民航法律体系的统一化

法律的统一性，对于民航法治至关重要。上文所述，我国民航法律体系之间存在着一定的矛盾之处，并非和谐一致。从民航国内立法角度看，法律各层级的统一性是立法自身的追求，否则位于内部不统一的法律体系中的下位法将面临着合法性的危机。同时，法律的统一性，也是正确执法、守法的前提，否则将导致执法、守法无所适从与混乱。从民航国内立法与国际条约的关系来看，对于在我国直接适用的国际条约，条约与国内法规定不一致，将导致我国法律对于民航相关权利的保护内外有别，对于需要转化为国内法适用的国际条约，如果国内法

---

[1] "Ensuring the integrity of the European Carbon Market"，载https://ec.europa.eu/clima/policies/ets/oversight_en，最后访问日期：2020年7月19日。

与条约规定的不一致,可能导致我国无法履行条约义务。

因此,在民航立法现代化的前提下,应当推进民航立法体系的统一化,这种统一不仅仅限于国内法的统一,也包括国内法与国际条约的统一,不仅限于立法外在形式统一,立法的内在逻辑、价值也应当统一。

针对我国民航法律体系不统一的问题,推进民航立法的统一化需要按照立法条文与立法精神梳理民航法律体系,清除民航法律体系内部的立法矛盾。在此基础上,整体提升民航法律的位阶,解决目前大量民航行政规章的合法性危机。同时,也需要注意民航国内立法与国际条约的和谐统一,通过国内立法与国际条约的协调,履行我国涉及民航的条约义务,并且通过借鉴国际条约的成熟规则,丰富与完善我国民航法律体系。

二、解决民航立法矛盾

清除民航立法矛盾,解决法律冲突,同样需要对民航法律文件进行"立、改、废"的操作,实现民航法律体系内部和谐统一。这是一个系统的大工程,牵一发而动全身,需要注意以下几个方面:

首先,应当系统地对现存民航行政法规、民航规章以及规范性文件的条文,根据《立法法》的原则进行梳理与清理,确保同位法之间、上位法与下位法之间在内容与精神内涵上协调一致,实现民航法律体系内部和谐。

其次,处理好立法与改革的关系,民航立法应当具备整体思维与前瞻性。民航法律体系为民航治理体系的一部分,而民航治理体系又为整体国家治理体系的一个子系统,因此,民航法律体系始终面临着与整个国家治理体系相契合的任务。在我国目前全面推进的"五位一体"、"四个全面"的顶层设计下,民航立法应当主动契合国家重大战略部署，以顶层设计的内在逻辑与精神，贯彻问题导向立法，减少法律体系未来内部冲突的可能性。

最后，在具体立法机制上，必须改变我国目前民航立法的分工体系。我国目前民航立法分工中，法制部门承担的更多是被动的配合协调工作，而具体的职能部门处于立法的绝对主导地位。从民航局内部立法分工来看，民航局法制部门负责对民航规章的指导、汇总、审查监督等，以及负责与全国人大法制机构、国务院法制机构的对接、协调、备案工作，但是具体的民航立法的立项、起草、定稿等工作则由民航局职能部门负责。[1] 由职能部门具体负责民航日常的管理工作，可以有效提升民航立法的可操作性问题，使得民航立法更贴近实践。但是其弊端也是很明显的，首先，易导致民航立法内容失衡，职能部门天然倾向于从可操作性与管理的角度设置具体的条文，但是对于整体治理则关注不够，极易导致民航规章在操作层面与更加注重民航相对人利益保护的上位法出现冲突。其次，职能部门本身就是按照民航管理的内容纵向划分职能，这种纵向划分导致民航立法的统筹性不足，尤其是面对交叉、衔接问题时。

因此，在未来立法机制中，应提升民航法制部门在民航立法中的地位，将立法的主导权从职能部门处转移到民航法制部门，以便于民航法制部门从便于统筹角度进行民航立法，解决民航的立法冲突。

---

〔1〕 郝秀辉、杨惠、杨万柳："民航立法发展的回顾、反思与展望"，载《社会科学家》2010年第6期。

三、提升民航立法位阶

在我国四级民航法律体系中，部门规章与民航司局颁布的规范性文件是最重要的、最基础的规范性文件。根据我国《立法法》，国务院部门颁布的规章的位阶最低，司局颁布的规范性文件甚至不属于法律体系范围内。这就导致我国民航法律体系从整体上位阶非常低，而上位法要么规定的比较模糊，要么没有考虑到民航的特殊性，这就导致了大量的由民航部门规章规定或细化的许可或监管事项，无法援引上位法，缺乏合法性基础。

以民航行政许可为例，我国民航行政许可的上位法依据为《行政许可法》与《民用航空法》。《行政许可法》适用于普遍行政许可，对于行政许可规定的特殊条件，需要由法律或行政法规另行规定。[1] 但是在民航行政许可中，大量适用于民航行政许可适用的特殊原则、规则与程序均是由民航行政规章进行规定，并不涉及法律与行政法规，这就违背了《行政许可法》的规定。另外，《民用航空法》就大量的民航许可事宜规定的非常模糊，一般仅仅是授权条款，授予民航主管部门设立行政许可的权力，但是对于申请人的资格、许可程序、许可原则、听证等均不涉及，这就导致了民航规章在细化这些许可规则时，对于《行政许可法》中规定的普遍适用的行政许可原则之外的特殊规则，无法找到上位法依据，因此导致了这些行政许可整体上的合法性、合理性受到了挑战。除此之外，行政规章也存在着极大的不稳定性。

值得注意的是，尽管民航局负责了大部分涉及民航事项的

---

[1]《行政许可法》第54条。

管理职责，但是仍有大量的涉及民航的事项在民航局的职权范围之外，例如，对于航空器制造，除了民航局之外，工信部、发改委、中央军委装备发展部、甚至在被授权下的中航集团，也享有大量的审批与监管的权力。对于民航市场活动，国资委、商务部、工商行政管理总局也享有审批与监管的权力。因此，大量的民航事项，仅仅依据民航规章是无法调整的，也需要上一位阶的法律与行政法规进行调整。

因此，除了技术性操作规范保留行政规章的形式外，应当整体提高民航法律体系的位阶，使法律与行政法规构成民航法律体系的主体。

四、实现民航国内立法与国际条约的协调

我国目前已经签署了大量的民航国际公约以及一百多份双边运输协定。这些公约或条约，是我国民航法律体系重要的渊源，但是由于民航立法更新的滞后性，导致我国国内民航立法也存在着与这些条约或公约的协调与对接问题。

上文说到，民航具有天然的国际性，我国民航法律体系包括国内民航法律体系与国际民航法律体系两个部分，国际航空法律体系是我国民航法律体系的重要渊源。因此从广义上说，民航法律的统一化，也包含着国内立法与国际条约的统一。我国的民航治理体系应当适应国际民航法治的标准和要求，履行我国加入的国际民航条约与公约的义务，并且通过提升我国民航治理体系和治理能力，影响甚至引领国际民航法治体系，对全球民航治理体系提供中国的经验。关于我国民航国内立法与国际条约的协调的路径，根据我国加入的国际条约的性质不同，分析如下：

首先，《国际民用航空公约》体系。该公约全面规定了民航运输的基本制度，是国际航空运输的宪章性文件，包括正文96条以及19个标准与措施的附件，我国国内法中大量的涉及民航标准与措施的民航规章，其最终依据均为《国际民用航空公约》及其附件。

《国际民用航空公约》采用一种"软约束"的方式，旨在促进全球民航标准与措施的统一。根据《国际民用航空公约》第37条、第38条，授权国际民航组织随时制定并修改公约附件的技术标准，各国的国内法应当尽可能与公约附件的措施与标准保持一致，如果有国家认为不能达到上述标准和措施，应当在60天内通知国际民航组织理事会，理事会应当将这些差别通知其他各国。

对于这些差别的通报，我国目前关注不够，在制定相关的民航规章时，未做全面细致的梳理，因此也未向国际民航组织通报过这些差别。并且随着航空技术以及全球航空运输的发展，国际民航的飞行与管理制度也在经历着激烈的变革，现在处于频繁修订时期，这对我国民航规章的制定也提出了更高的要求。因此，在继续完善我国民航规章的过程中，需要关注国际民航组织在航行标准与措施的制定方面的主导权，持续与《国际民用航空公约》附件保持一致，为促进全球民航技术标准的统一化做出中国的贡献。

其次，民航的国内立法与双边航空运输协定的协调。由于《国际民用航空公约》不涉及国际航空运输经营问题，因此关于商业航权的交换引起的国际定期航班运营均由我国签署的双边与多边航空运输协议解决，包括授权航路、航线、运费、运力等。截至2019年，我国已经与126个国家或地区签署了双边航

第三章　完善新时代民航治理的法律体系

空运输协定。[1] 我国签署的不同阶段的航空运输协定,对于双边航空运输市场的开放程度是不同的。以《中美航空运输协定》为例,自从 1980 年首次签署《航空运输协议》至今共经历了五次修订,越来越呈现出自由化的趋势,例如,取消了双方指定航空公司数量的限制、纳入"第五航权"、不再限制航班航次、取消代码共享限制,目前实际上已经接近完全的天空开放。[2] 由此可见,随着我国对外交往的发展,我国双边航空运输规则越来越呈现出自由化趋势,因此,涉及国际运输规则的国内立法也面临着更新的问题,这就要求我国立法应当尽快推进对于国际航线、运费、运力以及航空公司之间合作的审批与监管改革,提高我国航空公司的竞争力,并且确立相关配套措施,包括《反垄断法》、《反不正当竞争法》对国际航空运输的适用细则,维护公平的国际航空运输市场竞争秩序。

再次,我国签署的大量民航国际公法公约。这一类公约主要涉及航空保安方面,包括民航保安传统三大公约,针对劫持航空器的《东京公约》,针对暴力危及飞行安全的《海牙公约》,针对侵害机场安全的《蒙特利尔公约》以及针对新形势下恐怖主义犯罪对民航保安制度进行现代化更新的《北京公约》、《北京议定书》,扩大对威胁航空安全行为的打击范围、将预备行为作为实行行为处罚、将帮助行为作为正犯处理。我国涉及航空保安的国内法主要散见于《刑法》、《治安管理处罚法》等刑法与行政管理法律的规定,国内相应立法内容仍然存在着欠缺、

---

[1] "共建'一带一路'倡议:进展、贡献与展望",载新华网,http://www.xinhuanet.com/world/2019-04/22/c_1124400071.htm,最后访问日期:2020 年 4 月 15 日。

[2] 董念清:"中美航空运输协议研究",载《中国民航大学学报》2008 年第 4 期。

重叠的现象，我国目前面临着较重的立法转化任务，尤其是欠缺《北京公约》、《北京议定书》下就打击涉及航空安全的威胁、共谋、企图犯罪、藏匿运输逃犯等内容的国内法规定，并且，对于《北京公约》《北京议定书》中明显高于国内刑法打击一般犯罪的标准内容，例如法益保护提前、预备行为实行化以及帮助行为正犯化，也需要我国刑法进行特殊立法。[1] 本书建议以单行法的形式，对航空刑法与危害航空安全的行政违法行为进行统一的规定，按照行为危害性程度与处罚力度，形成全面的、系统化的、阶梯式的航空安保法律体系，体系完整、罪名行为处罚得当。

最后，我国加入的民航国际私法公约。这一类公约主要承运人责任与航空器交易。承运人责任公约为"华沙公约体系"以及其继承者1999年《蒙特利尔公约》，《蒙特利尔公约》为前者发展与现代化更新，并且我国也已经加入了《蒙特利尔公约》，因此基于"华沙公约体系"而颁布的1997年《中国民航旅客、行李国际运输规则》已经完全落后于《蒙特利尔公约》对于旅客权益保护的标准，包括航空事故旅客伤亡、航班延误赔偿标准，先行偿付制度，改革电子运输凭证等。因此，我国的国内法也应当按照公约的规定提高旅客权益保护标准，实现国内法旅客同等保护。

对于有关航空器权利的公约。经过了二十多年改革开放的快速发展，无论是物权法的理论，还是航空器交易实践，均已经发生了巨大的变化。我国目前《民用航空法》中的航空器权利体系已经显得非常陈旧，急需进行全面的现代化革新。因此，

---

[1] 刘耀彬：《我国民用航空犯罪及立法研究——以国际民用航空安保公约为参照》，法律出版社2018年版，第2页。

第三章　完善新时代民航治理的法律体系

我国应当建立起鼓励航空器交易，按照相关国际公约的要求提升航空器权利的保护标准，构建现代化的航空器权利体系。

综上所述，新时代推进民航治理水平和治理能力现代化，需要全面落实与推进民航法治建设，建立健全民航治理的法律基础。在具体的路径选择上，需要树立民航立法先行的基本原则，实现我国民航立法的现代化与统一化，实现民航法律体系的前瞻性与先进性，确保我国民航法律体系能够满足民航发展现状，并且为民航进一步发展提供法律保障。

第四章 建设新时代民航高水平市场体系

第一节 市场化是民航治理现代化的灵魂

上文所述，我国民航治理改革起始于上世纪的改革开放，更准确地说始于 1980 年小平同志的"民航一定要走企业化道路"指示。在解放与发展民航社会生产力的目的与前提下，我国历次民航治理改革是逐步推进民航市场化进程，建立、培育与完善民航社会主义市场经济体系是民航治理改革的核心任务，并且在此后历次改革中一以贯之。党的二十大提出未来五年的主要目标任务之一就是社会主义市场经济体制更加完善，构建高水平社会主义市场经济体制。

在新时代，经济建设是"五位一体"建设的基础。我国传统政治经济学认为，我国的基本经济制度包括所有制制度与分配制度两个方面，社会主义市场制度仅仅为一种资源配置方式与经济运行方式，由所有制与分配制度所决定。党的十九届四中全会对我国基本经济制度进行了创新，将社会主义市场经济体制也上升到我国基本经济制度的地位，一方面确认社会主义市场经济是由我国所有制制度与分配制度所决定的，另一方面，也确认市场经济体制是所有制与分配制度得以实现的前提与保障。[1] 对于营利性行业来说，更是如此，提升资源配置的效率与水平、改革行业经济运行的基本方式始终是行业治理的灵魂。

我国民航经历数次纵向与横向市场重组，一直以民航市场化改革为方向，从事无巨细、层层审批管理到逐步放开市场要素，部分放开竞争，已初步形成了民航市场化格局。但是我国民航毕竟脱胎于计划经济，计划经济的惯性仍然部分存在，很多重要的市场要素的分配仍然直接掌握在政府手中，价格形成机制尚未完全市场化，这就导致企业的自主性与经济活力受到限制，市场在民航资源配置中的作用受到了削弱。同时，除了行政垄断外，民航又被认为属于传统意义上的具有自然垄断属性的行业，这种对于民航内部各环节不加区分的认识上的偏差，导致民航主管机关对行政配置民航资源与维护民航市场竞争秩序的职能发生严重的错位。民航行政垄断的深刻烙印与对民航自然垄断的认识偏差之间相互影响，共同作用于民航市场体系，最终导致市场无法充分发挥资源配置的决定性作用。

一般来说，运营模式的改革较为简单，但是在确立市场化运营模式之后，这就涉及整个行业规制模式的改革，建设高水平民航市场体系需要就行业规制模式进行深刻的变革，探索建立适应市场经济与行业发展特点的行业规制体系，这是新时代提升民航治理能力与治理体系现代化的主要抓手与重要途径。

---

[1] 白永秀：“中共十九届四中全会对社会主义市场经济体制理论的创新及其重大意义”，载《社会科学辑刊》2020年第4期。

第二节　我国民航市场的现状

尽管我国已经初步建立了较为完善的民航市场体系，但是我国民航市场体系离充分实现市场在资源配置中的决定性作用，实现民航市场主体充分竞争以及市场要素自由流动的高水平市场体系仍有差距。一方面民航市场也呈现出高度集中的情况，另一方面，仍然存在大量的行政管制，政府对于资源的配置管的过多。在新时代民航新的内外驱动力下，建立高水平的民航市场的更具有迫切性。

一、民航高度集中

上文所述，我国民航业目前的市场格局基本形成于2002年的民航业大规模重组，国有资本仍然在我国目前民航市场中占有绝对优势的主导地位。民航业对于民营资本的放开始于2005年《国内投资民用航空业规定》，此后逐步扩大允许民营资本的投资范围，根据2018年修改的《国内投资民用航空业规定》，除了在枢纽机场以及行业内交叉投资的比例限制外，民航对于民营资本已经基本无限制。同样，我国民航自2002年《外商投资民用航空业规定》开放外资以来，逐步放松了对外资的限制，随着《外商投资法》的颁布，我国民航外商投资也全面进入了负面清单管理时代。[1]

但是，尽管经过多轮市场化改革与开放，我国民航市场仍然在总体上呈现出高度集中格局。目前在航空运输市场上，呈

---

[1]《外商投资准入特别管理措施（负面清单）（2019年版）》。

现出三大梯队的现状，国航、东航、南航、海航作为第一梯队形成四大巨头垄断格局；第二梯队主要为地方大型国有航空公司，这一类航空公司虽然没有三大航以及海航的规模或前期的政策扶持，但是在本地区也能受到当地政府的扶持，享有一定的地缘优势；第三梯队为民营航空公司，所占市场份额非常小，既没有三大航的规模，也没有当地政策支持，处于市场的边缘化地位。以2019年的运输周转量为例，国航集团占比24.6%，东航集团占比19.5%，南航集团为25.2%，海航集团为15.6%，而其他航空公司总共占比仅仅15.1%。[1]对于机场，除了首都机场与拉萨机场外，我国机场由地方组建的机场管理公司进行属地化管理，属于行政权力配置的范畴，对于民航辅助行业，航信、航油与航材市场，则分别由中航信、中航油和中航材公司独占经营。

我国民航市场如此高的集中度，为维护民航正常市场竞争秩序带来严峻的挑战，同时这也是我国长期以来对民航反垄断规制漠视的结果，可以说，既是因，也是果。就目前的市场状况，我国航空运输市场在急速扩张之后，航空运输市场的规模效应已经达到了极限，如果继续维持现有的垄断和集中格局，我国民航市场将面临着严重的发展限制。

新时代我国民航必须具有危机意识，例如，在2018年，美国三大航空公司达美航空、西南航空、美国联合航空任何一家的净利润都超过了我国国有三大航空公司的总和。因此，建立我国高水平民航市场体系，提升我国民航的市场竞争力已经刻

---

〔1〕 中国民用航空局："2019年民航行业发展统计公报"，载中央人民政府网，http://www.gov.cn/xinwen/2020-06/13/content_5519220.htm，最后访问日期：2020年7月19日。

不容缓。

二、民航高度的经济管制

在我国民航市场高度集中的情况下,民航反而受制于密集的经济管制,可以说,由于大量行政管制的存在,目前我国民航市场并非一个充分竞争的市场,民航资源远远未能达到合理流动的程度。此处仅仅初步概括民航经济管制的制度,具体的内容将在下文详细论述,分析如下:

第一,民航市场准入层层审批,包括运行合格审定、民航市场主体运营许可、航线经营许可等,如果加上民航企业的设立登记,多达四级审批。审批内容非常复杂繁琐,更重要的是授予许可的标准以及行政许可做出的程序模糊,一直受到较大的政策性影响,未形成基于法律的透明准入规则,严重影响到市场主体的正当期望。

第二,航空运输价格审批与监管。我国民航目前大部分运量的价格均实行政府指导价,而这些航线恰恰最需要充分竞争,大规模的航空运价审批严重影响到了市场竞争,严重削弱市场在民航资源配置中作用。

第三,航线与时刻进入的审批与监管。对于航线,我国实行登记为主,核准为辅的管理制度。但是对于涉及北京、上海、广州三地的航线客源稳定充足的"黄金航线",这些优质航线目前仍然受制于行政审批与严格的监管。对于航班时刻,更是实行严格的行政配置制度,仅仅有个别机场开始允许进行市场化航线配置的试点。行政化配置航线时刻既造成航空公司不能很好适应市场的变化,又可能导致航线资源的浪费,甚至产生利益交换或腐败现象。

第四,航空油料市场、航信产品等存在着隐形审批壁垒问题。我国历次的民航体制改革，主要集中于运输领域的重组，但是对于运输的上游环节，包括机场、航油、航材、航信等均继续保持绝对垄断特性，这导致了在这些领域中，竞争性不足，效率不高，服务质量有待改善。

民航高度经济监管对民航市场带来的伤害是巨大的。一方面，行政权力为对民航企业运营自主权的过多干涉，影响了民航企业正常的运营与商业活动，包括对航空公司合并、重组的审批，对航线公司业务调整，包括航线、时刻、代码共享等审批等。另一方面，行政权力对民航资源直接配置过多过细，包括对运价、航线、时刻、机场建设等重要民航资源存在较为广泛的大规模审批与监管，对于民航资源自由流动增加人为阻碍。同时，由于审批监管程序繁琐、标准模糊、透明度不足也带来隐形壁垒问题，甚至民航管理中存在着腐败与灰色利益交换。可见，高度经济监管导致市场无法在民航资源配置中发挥决定性作用，可能导致民航资源无序流动，民航资源配置效率低下。

第三节　建设民航高水平市场体系的着眼点

根据新时代党的历次大会部署，构建高水平市场经济体系的关键是处理市场与政府的关系，充分放权于市场，并且维护市场的竞争秩序。党的十八届三中全会对于政府与市场的角色与功能进行了重新部署，要求充分发挥市场在资源配置中的决定作用以及更好地发挥政府的作用，这一新的方针构成了新时代对社会主义市场经济改革的总体要求，此后党的历次大会均继承该论述。党的二十大更是明确要求建构高水平社会主义市场经济体制，一方面充分发挥市场在资源配置中的决定性作用，另一方面，更好发挥政府作用。民航市场作为市场经济体制的一部分，民航建立高水平市场体系，同样也需要遵循这一原则。使市场在民航资源配置中起决定性作用与更好发挥政府的作用，两者辩证统一，"看不见的手"与"看得见的手"共同发挥作用，致力于建立一个商品要素自由流动、统一开放、平等交换、自由竞争的现代民航市场体系。

一、高水平市场体系的标准

高水平市场体系究竟包括哪些内容？只有确定了高水平市场的标准，才能知道民航未来改革的方向与力度。

按照党和国家的一系列文件部署，建立高水平市场体系具有以下标准。[1] 首先，实现产权有效激励。我国目前实行国有、集体、法人、公民等多元产权结构，要求实现各种产权平等保护。其次，实现市场要素自由流动。包括，建立完善的民航市场主体制度，尊重民航市场主体的自主性，消除市场准入的隐性壁垒，消除政府对民航资源的直接配置。再次，尊重价格规律。包括，民航市场公平竞争制度，推动生产资料自由流动，让民航市场主体更多依据市场做出经营决策，从而实现资源优化配置。最后，建设开放型民航市场体制，民航业是一个全球化行业，充分发展我国民航业需要利用全球资源，以全球民航市场为舞台，进行全球范围内民航资源的配置，促进大范围、宽领域、高层次全面开放与交流。另外，将民航对外开放与自由贸易试验区等一系列国家进一步深化对外开放战略结合

---

〔1〕参见"中共中央国务院关于新时代加快完善社会主义市场经济体制的意见"，载中央人民政府网，http://www.gov.cn/zhengce/2020-05/18/content_5512696.htm，最后访问日期：2020年7月28日。

第四章　建设新时代民航高水平市场体系

起来，促进民航市场更高层次发展。民航业为国家高新战略性行业，在进行民航高层次对外开放的同时，也需要进一步完善国家安全审查、产业安全审查制度等。新时代建设高水平市场体系目标，为民航下一步改革指明了新的方向与路径。

二、实现市场在资源配置中的决定性作用

市场在资源配置中的决定性作用是新时代深化社会主义市场经济体制改革的第一原则。理论上，市场通过价格、供求与竞争三方面进行资源配置，其中价格是指挥棒，供求是杠杆，竞争是催化剂，三者相互联系、相互制约。[1] 由此可见，市场的决定性作用要求充分实现价格、供求和竞争的功能，表现为充分发挥市场配置资源的作用与市场激励主体的作用。在理想情况下，市场通过价格与供求来配置资源，通过竞争激励市场主体，改革技术，优胜劣汰，引导生产要素流动。[2]

但是，民航业作为传统意义上的自然垄断行业，受到计划经济的惯性影响，存在着大量的经济管制。民航资源的分配很大程序上并不完全由市场进行配置，包括市场准入、航线、时刻的配置均很大程度上由政府直接配置，即便在放开竞争的领域，由于大量隐形壁垒的存在以及民航市场集中度高，存在寡头甚至独占经营情况，民航市场的公平竞争环境堪忧，这都导致了市场在民航资源配置中的决定性作用无法充分发挥。

民航强调市场在资源配置中的决定性作用，意味着更加尊

---

[1] 黄铁苗："如何使市场在资源配置中起决定性作用"，载《党政干部参考》2014年第8期。

[2] 于立、刘玉斌："中国市场经济体制的二维推论：竞争政策基础性与市场决定性"，载《改革》2017年第1期。

重市场对民航资源配置的绝对主导地位,强调市场自主进行民航资源配置,[1] 凡依靠市场能够有效调节的,都应当交由市场进行配置。价值规律一方面通过市场交换引导社会经济的分工和协作,另一方面,也通过竞争激励先进、淘汰落后,只有竞争充分,才能使市场有效发挥资源配置作用,确保资源按照价值规律自由流转。[2] 简而言之,实现市场在民航资源配置中的决定性作用,要求确保民航市场主体根据价格信号安排民航运输与生产,通过努力提高产品质量和服务水平,降低成本,从而提高劳动生产率,并最终实现市场的优胜劣汰与升级。[3]

三、更好发挥政府的作用

建设高水平市场体系,除了实现市场在资源配置中的决定作用之外,还要求更好发挥政府的作用。

我国从计划经济逐步建立起市场经济的过程中,一直强调政府逐步弱化对资源的直接配置。但是,我国当前民航治理仍侧重于行业管理,政府对于民航市场资源直接配置管的过多。相反,政府对于正常职责下的维护正常市场竞争秩序却关注不够。因此,更好发挥政府的作用不仅仅限于弱化政府对资源的直接配置,还要求政府积极履行维护正常市场竞争秩序的职责,这涉及政府职能的根本转变。

---

[1] 周佑勇:"法治视野下政府与市场、社会的关系定位——以'市场在资源配置中起决定性作用'为中心的考察",载《吉林大学社会科学学报》2016 年第 2 期。

[2] 黄文川:"怎样理解使市场在资源配置中起决定性作用和更好发挥政府作用——访国务院研究室副主任韩文秀",载《求是》2013 年第 24 期。

[3] 周文宣:"论市场在资源配置中的决定性作用",载《理论与当代》2014 年第 2 期。

目前，政府作用的缺陷主要体现为三个方面：缺位、越位与错位。所谓越位，简言之"不该管的也去管"，主要体现为行政垄断与政府管制以及由此导致的资源配置低效与不公平，在民航领域，体现为政府对民航资源配置的过度干预；缺位，简言之"该管的不去管"，主要是指忽略了维护正当市场竞争秩序、保证市场公平竞争的职责以及由此导致的资源配置低效与不公平，在民航领域，体现为对民航竞争政策的忽略以及民航反垄断职责的疏忽；而错位则是指"该管的没管好"，体现为管理手段落后，宏观调控政策存在偏差，产业政策不合理等。

因此，在高水平市场经济的建构中更好发挥政府的作用，需要就政府存在的缺位、越位与错位问题进行根本改革，具体而言：首先，划清政府的职责范围是关键，实现"上帝归上帝，凯撒归凯撒"。其次，政府自觉退出市场作用的行业，对于可用市场机制调节的领域与环节，政府一律退出直接配置，进一步释放空域、航线、时刻等民航资源，放开民航市场准入与价格竞争；最后，将政府工作重点转向建立与规范市场秩序、建立公平竞争环境、加强民航反垄断工作、优化民航营商环境上来；最后，对于不能完全交由市场配置的公共资源，应提高政府对公共资源与公共产品配置的能力与水平。[1]

四、优化民航营商环境

高水平市场体系建设的重要抓手为优化营商环境，更好地发挥政府作用的集中部署，体现了政府对于建立高水平市场体系的职责与部署。

---

[1] 洪银兴："关于市场决定资源配置和更好发挥政府作用的理论说明"，载《经济理论与经济管理》2014年第10期。

作为新时代党中央、国务院提出的新的发展策略，营商环境概念借鉴了世界银行营商环境指标体系，是指市场主体在相关领域的准入、经营、竞争、退出等各个环节所面临的市场、法治、政府、人文环境等，是一个系统的工程。[1] 从路径选择上看，通过政府优化我国营商环境，以实现高水平市场经济为最终目标。

2019年10月22日李克强总理签署了国务院《优化营商环境条例》。该条例从立法层面明确了我国优化营商环境的工作方向与任务。该条例针对短板、痛点、难点、堵点，从整体上对完善体制机制作出规定，以建立高水平的市场体系。该条例的核心是转变政府职能，优化营商环境。根据该条例，首先优化营商环境要求坚持市场化、法治化、国际化；其次，优化营商环境要求以市场主体需求为导向，从制度层面入手提供对市场主体最优解决方案；最后，优化营商环境要求创新体制机制，强化机制联动，构建一种稳定、公平的营商环境。[2] 为了在民航领域执行《优化营商环境条例》，2020年5月9日，民航局下发《民航局关于印发〈民航优化营商环境实施细则〉的通知》，就民航主管机关对民航优化营商环境做出具体部署与规定，包括市场环境、政务服务与法治环境三个方面，要求完善民航市场准入制度、放松民航经济管制、保障市场配置交换民航资源

---

[1] 宋林霖、何成祥："优化营商环境视阈下放管服改革的逻辑与推进路径——基于世界银行营商环境指标体系的分析"，载《中国行政管理》2018年第4期。

[2]《优化营商环境条例》第4条。

机制、保障市场主体平等获得公共服务等。[1] 旨在通过综合性措施，为民航市场主体消除在市场准入、生产经营等方面的制度性制约因素。

第四节 放松民航经济管制

充分发挥市场在资源配置中的决定性作用，关键是放松民航经济管制。从根本上说，放松民航市场管制，建立充分竞争的市场秩序，是尊重价格规律的必然要求。在一个高水平的市场环境下，商品的真实价格由价值决定，并真实反映商品供求关系。具体到民航领域，体现为民航产品的价格应当由价值决定，并且真实反映民航的供求关系。民航影响价格规律的市场要素主要包括航线、时刻、运价、飞机与基础设施投入等，因此，民航建立充分竞争的市场体系，旨在通过价格规律，对这些资源进行更有效配置，提升民航的社会生产力。

一、高水平民航市场体系必须放松民航经济管制

民航放松管制的理论基础源于对民航自然垄断行业属性认识的深化与转变。自然垄断理论产生于西方古典经济学，经过不断的理论修正，已经发展为现代经济学重要组成部分。总体而言，自然垄断行业可以概括为必须具有一定规模经济特征的行业，并且，该行业在一定产出范围内，其产出呈现出成本弱

---

[1] 中国民航局："民航优化营商环境实施细则"，载中央人民政府网，http://www.gov.cn/zhengce/zhengceku/2020-05/15/5511931/files/1792f690f36043efbbe94427475ff53d.pdf，最后访问日期：2020年7月19日。

增性特征。[1]所谓规模经济理论,是指一个行业产品增加,产品和服务的平均成本不断下降的现象,最终的后果是如果一种产品和服务由单个厂商完成,成本最低,本质上,这是一种必要的垄断,能够节约社会资源,提升生产效率。所谓成本弱增性是指在一定的市场需求内,相对于多个企业,单个企业能够以更低的成本提供相同的产品与服务。[2]

传统上,对自然垄断行业的担忧始于市场失灵,而解决市场失灵的基本途径包括国有化与管制两种方式,其中管制是最主要的方式。但是,对于自然垄断行业,根据对监管的态度不同,各国一般均经历了监管迷信、监管质疑以及监管重构三个阶段。[3]具体而言,为了克服市场失灵,自然垄断行业需要政府进行规制,但是自然垄断行业的政府规制并未给行业降低成本与增加活力,反而导致了产品供给不足,价高质低的现象,这同样引起对监管失灵的反思,这就为放松管制提供了理论基础,以希望通过放松管制、促进市场主体有效竞争的方式变革自然垄断行业的低效情况。可以看出,对政府失灵与市场失灵的双重担忧与克服,一直是贯穿自然垄断行业管制制度的主线。

由于交通运输业自身的行业特点与门槛满足自然垄断行业的传统界定。因此,在传统上,交通运输业尤其是铁路与民航,被认为与是电力、供水相类似的一种自然垄断行业。从民航角

---

[1] Willian J. Baumol: On the Proper Cost Tests for Natural Monopoly in a Multi-product Industry, the American Economic Review, Vol. 67, No. 5 (Dec. 1977), pp. 809-822.

[2] 林木西、和军:"自然垄断行业所有制改革研究",载《经济社会体制比较》2004年第2期。

[3] 刘佳丽:"自然垄断行业政府监管机制、体制、制度功能耦合研究",吉林大学2013年博士学位论文。

度看，首先，民航业从经济学角度符合自然垄断行业的规模经济与成本弱增性的基本特点，民航的产出必须建立在规模经济的基础上，随着民航运输量的增加，运输单位数量旅客或货物的平均成本递减。其次，民航的资金沉淀与专用性也符合自然垄断行业属性，以主要运营工具航空器为例，动辄几千万甚至上亿人民币，并且其设计、制造、使用、运营都需要经历严格的适航管理，因此，一般投资者对于民航望而却步。并且这些资金、技术一旦投入便具有专用性，不能转投入其他行业。最后，民航的市场准入的高门槛也符合自然垄断行业属性。由于民航资源的有限性，包括航线、航路、起降、时刻等均受制于政府管理与分配，并且为了民航资源利用的持续性，避免空置，因此，"祖父权利"与"有效利用"是民航分配资源的基础，这就导致新进入者也很难立即获得相应民航资源。[1]

尽管如此，绝对的自然垄断是不存在的，行业本身、行业的组成部分以及自然垄断行业垂直产业链上的某些环节的特征也是不断变动的，尤其在市场需求与技术进步导致一个产业能够容纳更多的经营者进入时，必然导致原先自然垄断行业的特点发生的变化，因此对自然垄断行业放松管制理念开始出现。对于民航来说，上文所述，由于行业的经济特征以及资源配置的广泛性，传统上认为民航属于自然垄断行业，但是随着民航的发展，民航在经济技术特征方面体现出的自然垄断性越来越受到质疑，民航在进入壁垒与沉淀成本方面已经有所降低，并且随着公路、铁路，尤其是高速铁路的替代性竞争，民航的自然垄断性正在减弱，甚至有些理论开始将民航归属于正常的可

---

〔1〕 方敏："中国民航业放松进入管制的经济学思考"，载《现代经济探讨》2008年第7期。

竞争性市场。这样就消除了民航继续维持自然垄断的理论根基。

无论国内经验,还是国外经验,对于民航自然垄断属性的认识均存在着不断深化的现象,尤其是对民航绝对自然垄断理念的摒弃。上文说到,美国在20世纪70年代之前,基于航空安全、公共服务因素,将航空运输业界定为自然垄断行业,出于对监管的迷信,政府对整个航空运输业进行比较严密的经济性规制,包括航空运价,航空公司数量、航空器数量等均进行严厉的控制,但是这种严密僵硬的经济监管却导致航空运输服务质量下滑、行业普遍的利润下降,美国民航运输业发展困难重重。因此,自1978年美国《航空公司放松管制法》出台,美国从1978年至2000年短短二十年,一共进行了三轮大规模民航管理体制改革,其中心内容就是放松民航经济管制,政府从对民航市场进行全面管制,转向重点对民航市场公平竞争的维护,这种对民航监管职能的重构为美国国内航空运输业带来新的生机,并且随着美国"天空开放协议"的签署逐步影响到了其他国家。日本民航也是如此,在美国放松管制的浪潮中,日本于20世纪80年代开始逐步推进民航市场化,放松准入、航线、价格规制。更难为可贵的是,日本国内航线的运价已经实现了完全的市场化,行业竞争使得运量与服务都得到了长足的进步。英国也是如此,自撒切尔夫人上台后,英国的民航放松管制是伴随着航空公司民营化改革的历程进行的。在20世纪80年代民航全面实现私有化后,英国开始在运价与航线方面放松管制,实现自由定价以及航线进入的市场化运作。[1]

我国的民航也体现出类似的情况,在经历了彻底的"军转

---

[1] 刘佳丽:"自然垄断行业政府监管机制、体制、制度功能耦合研究",吉林大学2013年博士学位论文。

民"、"政企分开"改革之后,随着2002年开始的进一步市场化改革,推进"政资分离",民航企业在经营、产品、销售、采购、资产处置等都获得了很大的自主权。尽管如此,本书认为我国民航仍存在着不合理的行政垄断,同时政府对于市场公平竞争的维护力度仍然不足,距离党的十八届三中全会以及党的十九届四中全会建立高水平市场体系仍有较大差距,民航的经济规制面临着重构的急迫性。2020年5月11日,中共中央、国务院联合下发的《中共中央国务院关于新时代加快完善社会主义市场经济体制的意见》对于自然垄断行业改革,明确要求内涵化区分竞争环节与非竞争环节,加快进行竞争性环节市场化改革,打破行政垄断与市场垄断。[1]

综上,民航计划经济的管制痕迹以及对民航自然垄断属性管制理念的惯性,是影响民航充分竞争、实现民航市场要素有效流动的最大障碍。因此,建立充分竞争的民航市场秩序,首先需要梳理与废除目前对民航竞争环节不合理的管制,以实现市场要素的充分流动,确保市场在资源配置中的决定性地位。

二、完善民航市场准入制度

建立高水平民航市场体系的首要因素是构建民航公平透明的市场准入制度。航空业的发展规模和速度,取决于政府在市场准入时门槛的高低、门口的大小以及航空运输运行所含所有要素实际上能否一并入市,任何一个要素在审批中受阻,或者任何一个审批事项在某个环节上不顺,都会影响航空市场的运

---

[1] "中共中央国务院关于新时代加快完善社会主义市场经济体制的意见",载中央人民政府网,http://www.gov.cn/zhengce/2020-05/18/content_5512696.htm?wm=2223_0001,最后访问日期:2020年7月19日。

营。为了彻底解决我国民航市场准入制度，民航业也需要进一步扩大证照分离改革的范围，对民航市场准入制度从理念和具体的制度设计上进行深刻的转变。

(一) 民航市场准入制度概述

作为一种特殊行业，出于对民航安全保障以及民航自然垄断属性的管制，民航市场准入存在层层密集审批的现状，并且民航市场准入的经营性审批与安全审批往往混合在一起，包括以下内容：

1. 民航市场主体的设立登记。民航企业的设立登记是指一个作为商事主体的民航企业设立、变更或终止商事主体资格而向工商登记机关进行的登记活动，如果民航企业未经登记，则不得以商事主体的身份进行市场活动。[1] 与其他行业一样，民航市场主体需经过设立登记，在获得商事主体资格并获得营业执照后，其市场主体身份才产生。一般来说，可登记的市场主体包括企业法人、公司法人、合伙企业、个人独资企业等。民航市场主体的登记与民航投资体制息息相关。在民航企业化改革过程中，通过扩展民间资本投资民航业的渠道与空间，逐步放松各类投资主体投资、参股、合并民航企业的限制，提升了民航投资的活力，解决了民航发展的资金问题，并且逐步通过企业改制，帮助民航企业建立了现代企业治理结构。

民航业具有特殊的投资需求与属性，对于投资的专业化要求较高。因此，在2014年，由九家民航与知名投资公司共同出资成立了民航投资管理有限公司，成为第一家全国范围内专职投资民航基础设施的企业。此后，2015年，由民航投资管理公

---

[1] 刘沛佩：《从准统一到分离：商事主体资格的回归路径——对商事登记行为的公私法性质解构》，载《中共杭州市委党校党报》2009年第3期。

第四章　建设新时代民航高水平市场体系

司进一步发起成立第一个民航股权投资基金，这标志着民航投资体制改革的深化。

我国对于民航投资的门槛是逐步降低的，根据2005年民航总局出台的《国内投资民用航空业规定》，民营资本可以投资民航业，但是附有一定的限制。这种限制来源于两个方面，从原则上看，应当有利于巩固和发展公有制经济、有利于促进公平、防止垄断和不正当竞争。[1] 具体来说对于国航、东航、南航三家航空公司必须保持国有或国有控股；对于省会所在地以及九个大型城市机场必须保持国有或国有控股；民航辅助行业不得投资航空运输行业；公共航空运输企业及其关联企业，民用机场投资特定的机场于航站楼，投资比例不超过25%，且不得相对控股。[2] 2018年，民航局在允许民营资本投资民航基本原则的前提下，对《国内投资民用航空业规定》进行了大修，强调对各类民航企业进行同等待遇管理，并且放宽了投资限制，但是对于民航横向或纵向的集中仍然有所限制，包括民航辅助行业投资公共航空运输业投资比例不得超过5%，公共航空运输企业投资国际枢纽或区域枢纽的机场，投资比例不得超过25%，民用机场投资民航辅助行业，投资比例不超过25%。[3] 在未来可以预测，民航投资的门槛将会继续放开，尤其是面临着疫情的冲击，民航迫切需要投资的多元化，扩展投资来源。

可见，进一步简化民航市场主体登记，顺应民航投资多样化趋势，有助于进一步扩展国内资本投资民航的途径，激活民航资本市场，鼓励民航股权投资、贷款、担保、融资租赁、PPP

---

[1]　2005年《国内投资民用航空业规定》第2条。
[2]　2005年《国内投资民用航空业规定》第5至11条。
[3]　2017年《国内投资民用航空业规定》第5至13条。

模式等多种融资方式,鼓励航空器的购入与置换以及民航基础设施的建设与更新,为民航的发展注入新的活力。

2. 民航主体运行合格审定。运行合格审定为民航市场主体向民航行政机关证明其能够满足相关民航规章及运行规范实施安全运行的程序,这是民航市场主体获得经营许可的前提,也是民航行政主体进行安全监管的起点与依据。民航主体在获得合格审定后,才能在合格审定的范围内,从事相关的营业活动。民航主体运行合格审定既涉及市场准入,又在更大程度上涉及航空安全管理,因此,本书将放在第五章深化民航行政管理体制部分详细论述。

3. 民航市场主体运营许可。我国民航经营许可分为公共运输航空经营许可与通用航空经营许可,后者又可以进一步划分为经营性通用航空经营许可、非经营性通用航空经营许可。另外,对于民航辅助行业,也需要获得相关的经营许可,包括民航维修单位经营许可、机场运行许可等。在民航市场主体获得经营许可证后,该市场主体可以从事经营许可的范围内民航业务,但是这种许可是一种不完全的许可,取得经营许可证的申请人,还应当继续完成运行合格审定,在其获得运行合格审定之前,申请人仅可从事与民航安全运营无关的业务,比如训练、转场等。民航市场主体运营许可,包括以下内容:

(1) 公共航空运输许可证。在中国境内从事公共航空运输需要取得公共航空运输许可证。[1] 一般而言,航空公司的设立程序非常复杂,各项前置许可较多,因此申请公共航空运输许可包括以下两步:筹建阶段与经营许可办理阶段。[2] 对于筹建

---

[1]《公共航空运输企业经营许可规定》第3条。
[2]《公共航空运输企业经营许可规定》第4条。

申请，申请人需向民航局提交正式筹建申请报告、投资人的资信证明以及设立公共航空运输企业协议、筹建负责人条件、资格等。[1] 筹建申请的有效期为2年，申请人需在提交筹建申请后2年内，完成航空公司的筹建工作，并正式向民航局提交公共航空运输企业经营许可申请，否则筹建认可失效，申请程序终止。

民航主管机关就是否授予公共航空运输经营许可具有一定的自由裁量权，申请审查的原则包括：航空运输市场的发展与完善，国家航空运输与宏观政策以及促进航空运输安全与运输服务、保护乘客合法权益。为此，拟申请设立公共航空器运输企业应当满足以下条件：至少3架自购或租赁的航空器，经营管理人员与专业技术人员具有相关资质，满足最低注册资本要求，满足运营所需的基地机场以及其他固定场所与设施。[2]

（2）经营性通用航空经营许可证。在中国境内从事营利性通用航空业务的，需要获得民航主管部门的颁发的通用航空经营许可。根据通用飞行的任务，除抢险救灾之外，我国经营性通用航空经营执照根据经营规模分为三类，不同的类型执照，具备不同的经营范围。[3] 从事通用航空经营许可，应当具备法律规定的基本条件，包括人员、航空器、航空人员、企业高级管理人员。[4] 民航地区管理局在审查后，认为满足上述基本条件时，依法授予航空经营许可。

（3）非经营性通用航空登记证。在中国境内使用民用航空

---

[1] 《公共航空运输企业经营许可规定》第10条。
[2] 《公共航空运输企业经营许可规定》第6条。
[3] 《通用航空经营许可管理规定》第7条。
[4] 《通用航空经营许可管理规定》第10条。

器开展不以营利为目的的通用航空飞行活动,尽管不需要审批,但是需要办理登记。民航地区管理局经审查符合登记条件的,则允许申请人进行非经营性通用航空器登记。该登记证的有效期为三年,有效期满,如果需要继续进行非经营性通用航空活动的,需要申请换证或延期。当登记内容发生变更时,申请人需要向民航地区管理局办理变更登记。[1]

上文所述,对于民航经营许可,除了非经营性通用航空登记证外,其他两种经营的许可受到政策的影响较大,尤其是公共航空运输经营许可,主管机关对于经营许可的授予尺度处于模糊的状态,可能影响到申请人的合理正当期望。

除此之外,民航运营许可在具体的设置类别、审批的程序与内容、事中事后监管等方面,仍面临着迫切的改革需求,最先取得突破的是经营性通用航空许可。根据2020年8月4日交通运输部颁布的《通用航空经营许可管理规定》,[2] 对此前通用航空经营许可进行了大规模修改,这些修改体现了通用航空"两个重构"战略的最大发展,包括以下几个方面:首先,重新划分通航类别,将注册资本规模划分执照类型,修改为按照飞行活动"载客""载人"和"其他"进行重新分类。其次,按照新的分类实行加减法。减法包括降低运营要求,将非载客通航企业航空器数量由两架降为一架,取消除驾驶员外的其他人员资质要求,取消通航企业分公司备案要求,取消年检制度;加法,包括增加了诚信经营监管内容,增加了持续监管内容,要求通航企业报送经营数据。最后,改革登记备案内容,从按照航空器、经营活动逐次登记,改为一揽子登记作业期限、地

---

[1]《非经营性通用航空登记证管理规定》第17条、18条。
[2]《通用航空经营许可管理规定》。

点、航空器等关键信息；全面实行告知承诺制度。该规定将于2021年1月1日生效。

4.民航航线经营许可。民航市场主体设立登记，获得经营许可与运行合格审定后，航空运输企业经营航线的，还需取得相关的航线经营许可。根据经营航线的不同，包括中国航空公司经营国内航线许可、中国航空运输企业国际航线经营许可、外国航空运输企业航线经营许可。根据《国际民用航空公约》，我国尚未开放外国航空公司经营国内航线的许可。

（1）中国航空公司经营国内航线许可。中国航空公司经营定期国内旅客、行李、货物、邮件业务，需要申请国内航线经营许可。[1] 国内航线分为区际航线与区内航线，前者受理和决定机构为民航局，后者受理与决定机构为民航地区管理局。[2] 民航主管部门审查国内航线经营许可时，主要审查航空公司的业绩，以确定航空公司是否满足民航局安全管理的规定、是否符合国家宏观调控政策、是否满足航班正常、服务质量管理有关规定。[3]

（2）中国航空运输企业国际航线经营许可。中国航空公司经营国际航线需要经过许可，由于涉及国际航线，因此，行政许可的依据为双边航空运输协定、协议以及为执行该双边协议颁布的民航规章。民航局根据已有的双边航空运输协定，制定航权开放的国家和航线目录，并向市场公布，申请人根据该目录向民航局提出申请，民航局在审批同意后，根据双边航空运输协议，向缔约另一国指定由申请人经营该协议航班，申请人

---

[1]《民用航空法》第96条。
[2]《中国民用航空国内航线经营许可规定》第5条、第6条。
[3]《中国民用航空国内航线经营许可规定》第8条。

据此可以获得该另一缔约方颁发的航线经营许可。在获得经营许可后，申请人可以根据双边航空运输协定，在协定规定的运价、运力、航班时刻范围内经营该条国际航线。

（3）外国航空运输企业航线经营许可。对于外国航空公司经营该外国地点与中国地点间的航线，需要获得中国的外国航空运输企业航线经营许可。与中国航空公司申请国际航线的路径正好相反，外国航空公司也需要在其被本国政府指定经营该航线时，由本国政府通过正式外交途径向民航局提出申请。对于这一类的审批，其主要依据是双边航空运输协议以及互惠对等原则，民航局一般不会对外国政府依据双方航空运输协议提交的申请进行实质审查，如果外国政府对我国航空公司经营国际航线进行限制，民航局也会根据互惠对等原则，采取对等的限制措施。

可以看出，除了外国航空运输企业航线经营许可外，在模糊的审批标准前提下，主管机关事实上对其他两种航线的经营许可享有绝对的决定权。我国民航航线的市场化配置机制不够，导致民航利用效率不足，且航线审批也一直是民航腐败的高发领域。航线属于市场准入的一部分，更属于最重要的民航资源之一，因此，将在下文就市场化配置航线进行重点论述。

5. 定期或不定期飞行计划审批。该种审批针对已经取得上述全部审批的民航市场主体具体的飞行活动审批，对于已经设立市场主体、获得民航经营许可、航线经营许可以及运行合格审定的运营人，在中国领空以及由中国提供交通管制服务的定期航班飞行、加班飞行、包机、调机、公务等不定期飞行，经营者还需要提交定期或不定期飞行计划审批。该种审批既涉及民航营业活动的审批，更涉及民航局对民航安全的管理。因此在决定是否授予审批时，民航局也是基于安全因素的考虑。本书将在第五章深化民航行政管理体制部分对其论述。

(二) 我国民航市场准入存在的问题

自改革开放以来，我国民航业经历了数次行政体制改革，一直朝着市场化、企业化的方向进行。[1] 但是我们离高水平的市场化运行仍然存在距离。在市场准入方面，民航自然垄断与行政垄断的阴影一直存在。分析如下：

首先，在整体上，审批层级太多，有些内容重复审批，且过于繁琐。上文提及，从成立市场主体到最终能够"飞起来"竟然需要多达五级审批。并且，民航市场准入，包括民航经营许可、运行合格审定、航线经营许可中大量存在重复提交、重复审批事项。例如，申请人在审定运行合格审定时，需要向行政主管机关提交文件证明其具备了足够的合格人员、设施、设备、资料等，满足民航相关的运行规章要求。在申请经营许可的时候，申请人同样需要提交这些资料，包括购买或租赁飞机证明、机坪租赁协议、经营管理人员与专业技术人员资质、最终注册资本等。

其次，民航市场主体资格与营业资格相混淆，导致上述审批之间的关系不明确，仍停留在传统"证照合一"模式。比如，申请人在民航经营许可时，首先需要向民航地区管理局提交筹建申请，在筹建申请中也审查了民航市场主体登记材料，包括拟申请经营范围、企业名称预核准、验资证明。这就导致在这些申请中，出现了互相证明，甚至前审批提交的材料，需要后审批证明的尴尬现象。例如，在企业进行商事主体设立登记时，需要提交在企业申请经营许可时提交的经营范围、企业名称预

---

[1] 宋世明、黄小勇、刘小康："我国历次民航行政体制管理体制改革成效研究"，载《国家行政学院学报》2012年第5期。

核准、验资证明等审批。

最后，市场准入标准模糊，可预测性较差。例如，新设航空公司市场准入一直受到政策性较大的影响，未形成基于法律的准入规则，严重影响到市场主体的正当期望。自民航总局2002年颁布《外商投资民用航空业规定》、2005年颁布《国内投资民用航空业规定（试行）》放开设立航空器公司的市场准入以来，我国对于新设航空公司的审批尺度一直在变化，一度收紧甚至暂停对新设航空公司的审批，导致市场主体对进入市场的预判能力降低。[1] 又如，其他市场主体，包括航空油料市场、航信产品等存在着隐形审批壁垒问题。我国历次的民航体制改革，主要集中于运输领域的重组，但是对于运输的上游环节，包括机场、航油、航材、航信等均继续保持绝对垄断地位，这导致了在这些领域中，竞争性不足，效率不高，服务质量有待改善。例如，对于我国航油市场，由于中航油基本控制了我国航油冶炼、储存、运输等各个环节，我国国内航油成本通常高于国际航油成本，进而增加了航空运输企业的成本。对于航信市场也是如此，中航信对于包括航空公司供应控制系统、计算机订座系统和机场旅客处理系统的垄断，也影响了航空公司产品的个性化、网络化。

以通用航空市场准入为例，在理论上，第一步先向工商部门申请营业执照；第二步是申请各类合格审定，以保证企业运行满足安全运行水平，并满足局方的持续监督检查的要求；第三步是申请各类营业许可，例如经营性或非经营性通用航空经

---

[1] 中国民航局："关于加强新设航空公司市场准入管理的通知"，载中国民用航空局网，http://www.caac.gov.cn/XXGK/XXGK/ZFGW/201701/t20170113_41713.html，最后访问日期：2020年7月19日。

第四章　建设新时代民航高水平市场体系

营许可、民用航空器维修单位许可；第四步为在执行具体飞行任务时申请的飞行计划或飞行任务审批。公共运输航空还需要申请航线审批，获得航线经营权。在具体的取证过程中，除了第一项外，上述流程可能交互进行，同时由于还涉及航空器与航空人员资质审查问题，其程序更加复杂。从实践操作角度看，每一种证照的获得，需要包括以下步骤：①前期筹建，包括航空器的选购、登记，适航取证，获得相关资质的公司核心人员的引进，拟使用的航空器、与公司拟任命的核心人员必须满足获得相应许可的条件；②政策咨询，考虑到民航各种证照申请与材料的组织非常专业，因此申请人一般会提前与民航主管部门沟通交流，介绍拟成立的企业、拟运营范围、公司人员组成等，由民航主管部门介绍相关的法规、规章、政策；③按照适航审定规则，编写运营手册；④正式向民航主管部门申请上述证照；⑤现场检查验证，民航主管部门或民航委托的相关技术委员会进行书面审查后，也会进行实际现场验证检查，检验申请人满足了安全运营，获得上述相关证照的条件；⑥获得相应的证照。

（三）我国民航市场准入制度的完善

由上可知，民航市场准入既涉及运营，也涉及民航安全，准入层层设卡，层层审批，各层级的审批也存在模糊、交叉、互相证明的情况，任何一个层级的审批中的模糊性、重复性审批事项都会导致民航市场主体的经营活动受到限制。因此，民航市场准入改革面临的挑战更为严峻。仅仅从市场准入优化流程、提高市场准入透明度的角度出发，其改革触及的广度、深度不够，仍然无法解决民航领域繁琐的市场准入问题，还需要从民航安全、创新监管、优化服务角度统筹处理。由于民航市场准入属于民航行政审批的一种，因此，彻底解决民航市场准入的弊端，需要从行政审批的更高维度，以一种全面、系统的视角推动改革，这就是证照分离改革。本书将在第五部分详细讨论。

三、完善航线市场化配置机制

民航市场是由一条条航线组成的，而航线的进出也受制于政府的管制，因此，航线进出管制也属于市场准入管制的一部分，获得航线的经营权意味着民航主体获得该部分的市场。事实上，航线既是一种市场准入资格，也是公共运输航空经营者最重要的稀缺资源，整个民航运输市场就是由一条条航线组成的市场，经营者获得航线准入既意味着获得这部分资源，因此，航线配置也属于民航资源配置的重要内容。

对航线进行配置的目的是为了避免航线资源浪费，保证航线资源有效供给，同时防止获得航线的经营者利用航线垄断地位损害旅客与社会公共利益。根据《民用航空法》，航线的经营、暂停、终止都需要经过国务院民用航空主管部门批准。[1]

对于国内航线，我国民航历次体制改革对于国内航线的进出管理是渐次放开的。根据现行有效的《国内航线经营许可规定》，航线经营许可包括核准与登记两种方式，纳入核准的航线的考虑因素包括：机场的繁忙程度与飞行流量，对于机场保障能力与起降流量、对于飞行安全特殊要求的航线，这些航线由民航局确定并提前向社会公告。[2] 申请人在航线经营获得许可后，如果不在已核准的航线上经营时，应当按照原先申请的程序，向民航局或民航地区管理局重新交回许可核准书。如果申

---

[1]《民用航空法》第96条。
[2]《中国民用航空国内航线经营许可规定》第16条。

第四章　建设新时代民航高水平市场体系

请人对于一条航线执行率不足一半，则民航主管机关可以撤销经营许可，且申请人两年内不得再提交申请同一条航线。[1] 对于申请人经营核准之外的航线实行登记制，申请人按照民航局与地区管理各自职权范围向民航局与地区管理局分别报送航线登记表，民航局与地区管理局经过形式审核，如果航线申请属于登记范畴的，则颁发国内航线经营许可证。同样，如果申请人决定不再经营已登记的航线，需要按照原先申请的程序，办理登记证注销手续。如果在登记后60天，航班执行率不足50%的，则强制注销登记，且申请人两年内不得重新申请登记。[2]

在具体航线管理过程中，对于涉及北京、上海、广州三大城市四个机场的航线经营许可和航班为核准制，其他航线经营以及货运航空的许可和航班为登记管理。[3] 但实质上，对于涉及北京、上海、广州三地的航线历来属于客源稳定充足的"黄金航线"，这些优质航线目前仍然受制于行政审批。行政化配置航线存在着比较大的弊端，既造成航空公司不能很好适应市场的变化，又可能导致航线资源的浪费，甚至产生利益交换或腐败现象，民航腐败案中大多是与航线时刻审批有关。[4] 并且，目前运输航空市场的"黄金航线"主要为国有三大航所垄断，而对于其他进入者，只能通过改善运用成本、降低票价的方式吸引旅客，但是其一方面很难进入"黄金航线"，即便其进入

---

[1]《中国民用航空国内航线经营许可规定》第18条。

[2]《中国民用航空国内航线经营许可规定》第19条、20条、21条。

[3] 中国民航局："民航局进一步改革国内航线经营许可和航班管理办法"，载中国民用航空局网，http://www.caac.gov.cn/XWZX/MHYW/201002/t20100204_12540.html，最后访问日期：2020年7月19日。

[4] 李春玲、曹继忠："民航腐败案与航线资源分配权交易"，载《产权导刊》2010年第9期。

"黄金航线"，由于这些航线实行政府指导价，因此也无法有效参与竞争，导致这些新入航空公司的处境非常困难。

对于国际航线，我国全部采用核准模式。在我国与相关国家签署的双边航权协议规定的航线、运价、运力、时刻的范围内，民航主管机关将这些资源在国内航空公司之间的分配。根据《定期国际航空运输管理规定》，是否授予国际航线经营权的审批考量的因素包括：①申请人的运营能力，要求申请人具有一定运输量的国内航班运输经验，具有良好的飞行安全记录，具备相应的专业人员、管理人员、管理制度以及必要的资产。②国家发展战略与国际航线总体规划。申请人据此提交相关的申请材料。在局方经过审批同意后，向申请人颁发国际航线经营许可证。另外，经营港澳台航线也是遵循着类似的条件与程序。如此模糊的标准，导致国际航线的审批存在着较高隐形壁垒，相当于民航主管机关直接分配国际航线。

优质航线直接决定了航空公司的收益，因此对于优质航线的追逐历来是航空公司的工作重点。为了更有效利用国内与国际航线资源，可以考虑放开更多的登记航线，并且考虑引入市场竞争机制分配登记航线，例如，采用航线招投标或航班时刻拍卖等代替行政审批，建立合理的流转制度，包括在一定比例内允许有偿使用或转让，及时收回闲置航线重新分配，通过建构航线经营权自由流动的制度，促进航空公司的自由竞争，彰显航线的资源价值属性，最大限度发挥航线资源的使用效率。对于仍需保留核准的航线，主要是公益航线与国际航线，在达到资源配置的最优化的前提下，应当着力解决审批的透明度与隐形壁垒问题，完善行政配置航线的程序，引入政府、机场、航空公司等多方参与的机制，在航线执行率、航班正点率、旅客上座率因素的基础上建立科学完善的航线分配评估体系，以

四、完善航班时刻配置机制

航班时刻（slot），又称为机场起降时刻，是在容量有限的机场，一架航空器在特定日期可以获得的固定起降时刻。[1] 航班时刻决定了航线资源能否真正获得实现，如果航班时刻没有得到有效配置，就可能导致航线资源无法得到有效利用。我国民航业的快速发展，在有限空域与航线资源的情况下，机场的使用越来越拥挤，最终导致航班时刻成为一种稀有资源，直接决定了航空公司的盈利情况。与航线一样，航班时刻也成为航空公司的最重要资产之一，其配置与管理越来越受到民航主管部门的重视。我国航班时刻配置以直接行政配置为主，配置的效率与公平均出现了危机，目前仅在例外的几个机场进行了初步的改革试点，完善航班时刻配置机制迫在眉睫。

（一）航班时刻的管理制度不健全

我国航班时刻资源配置机制的问题在于机制僵化，缺乏配套机制，无法有效配置航班时刻资源。

与航线管理相同，我国航班时刻资源遵循"祖父权利"与"有效利用"的基础上，以行政直接分配方式进行配置。所谓"祖父权利"，是指航班时刻分配遵循着"先到先得"原则，一个运营主体在上一年的持有与使用的起降时刻为决定该运营主体下一年持有与使用起降时刻的依据；而"有效使用"原则是指起降时刻应当分配给频繁使用该时刻的运营主体，不分配给

---

[1] 余英："机场起降时刻分配政策及其改革方案"，载《外国经济与管理》2003年第3期。

偶尔或仅在高峰期使用的运营主体,[1] 以保障航班时刻资源得到有效利用。

作为航班资源的配置的基本原则,"祖父权利"与"有效利用"存在着一定的弊端,这种方式从本质上是反竞争性的,直接通过行政手段配置,并且遵循着"祖父权利"原则,事实上将导致新进入者处于绝对劣势地位,对于飞行频率较少的低成本运营商,则更是很难获得时刻。另外,航班时刻一旦批准,则很难调整,对于已经获得航班时刻的运营者,在面对变化复杂的航空运输市场,或者进行运营策略调整时,可能导致时刻空置,或者航空公司之间私自交换时刻的现象。这不仅达不到有效利用时刻的目的,反而可能导致一些持有优良航线时刻的运营者利用"祖父权利"获得的时刻私自获利的情况,因此,如果在分配中体现出效率与公平,是航班时刻下一步改革的主题。

(二) 完善航班时刻多样化配置机制

完善航班时刻资源配置机制,需要在坚持航班时刻分配基本的原则的基础上,综合运用多种分配方式,完善相关辅助机制,以达到兼顾公平与效率的目的。

关于航班时刻分配的原则,结合国际航协关于航班时刻分配的指导性意见[2]以及我国航班时刻分配的实践,应当包含以下内容:第一,航班时刻资源属于国家资源,航空公司只有在获得分配时,才会拥有时刻的使用权;第二,由于航班时刻资

---

[1] 余英:"机场起降时刻分配政策及其改革方案",载《外国经济与管理》2003年第3期。

[2] "全球时刻指南"(Worldwide Slot Guidelines),载https://www.iata.org/contentassets/4ede2aabfcc14a55919e468054d714fe/wsg-edition-10-english-version.pdf,最后访问日期:2020年7月19日。

源的特点，一方面具有稀有性，另一方面其利用也需要长期的辅助配套投入，因此为了保证航址时刻的有效利用，"祖父权利"应当得到遵守；第三，对于非拥挤机场，可以实行"先到先得"原则；第四，被获准使用航班时刻的航空公司，必须至少使用时刻资源的一定比例，否则，将收回该时刻重新进行分配；第五，允许航空公司之间在一定限度内进行时刻的交换，以满足运营的实际需求。

对于航班时刻具体分配方式，总体上包括行政分配、拍卖、抽签三种方式，这三种分配方式在航班时刻分配上都有体现。上文说到，对于行政分配，为了充分利用航线资源与起降时刻，避免空域资源的浪费，国际航空运输协会建议在"祖父权利"与"有效利用"的基础上，通过行政手段进行配给。但是这一方式最大的问题是与市场经济的竞争性相冲突，因此在具体分配时，也需要兼顾公平原则进行改良。[1] 对于拍卖模式，根据最高的竞价确定时刻的分配，看似最有效率，但是在具体操作中，拍卖模式导致具有资金的实力运营者能够获得优质航线，但是运营者参与拍卖而支出的成本会反映到运价中，因此最终的成本是由乘客承担。因此，拍卖也应当限制在一定的范围内并且考虑到公平原则。即便进行时刻拍卖的美国，这种拍卖也仅限于航班时刻的二级市场。我国广州白云机场在进行的航班时刻分配试点改革中，也同样将拍卖限制在一定范围内，仅仅拿出一定比例的新增时刻，按照基地航空公司、在位航空公司与新加入航空公司三个档次进行市场化拍卖模式。对于抽签，则更是看似公平，实际完全由运气决定，例如美国采取的盲人

---

[1] 参见：EC95/93，EC793/2004。

市场机制,[1] 上海浦东机场开始以抽签模式的航班时刻分配试点。[2]

可以看出,考虑航班时刻的分配的复杂性,上述三种方法均各有优势与弊端,无法单独运用于航班时刻分配。因此,各国均是综合运用上述三种方法。事实上,航班时刻分配最基础的问题是在时刻分配中体现公平与效率,形成一种混合机制进行航线与时刻资源的分配。例如美国设立的航班与航线资源的两级市场分配机制,在一级市场,实行抽签制度,在二级市场,则实行拍卖制度。[3]

我国在进一步完善航班时刻分配改革中,也应当综合运用拍卖、抽签、行政分配等三种不同分配方式,同时建立相关的辅助机制,提升航线与时刻资源使用效率。但是需要把握以下基本内容,包括:①根据机场的使用容量合理划分机场的种类,只有确需进行时刻分配的机场,才需要运用行政之手进行配置,如果机场容量能够满足需求的,则可直接申请无需审批。例如,国际航空运输协会将机场划分为三类,分别为:level 1 机场,机场容量能够满足需求的情况;level 2 机场,机场容量在某些时段存在拥挤的情况,但是这种拥挤能够通过机场与航空公司之间以协商形式解决,实现航班时刻的充分利用;level 3 机场,机场容量无法满足需求,并且短期内机场本身也无法扩建,以及通过航空公司自愿调整航班计划也无法解决,需要进行航班

---

〔1〕 刘光才、庄文武、李章萍:"美国航班时刻抽签分配机制研究及启示",载《交通企业管理》2008 年第 6 期。

〔2〕 贾红辉:"航班时刻与稀缺资源分配",载《品质》2016 年第 2 期。

〔3〕 刘光才、庄文武、李章萍:"美国航班时刻抽签分配机制研究及启示",载《交通企业管理》2008 年第 6 期。

时刻分配的机场；[1] 只有第三类机场才需要进行时刻的配置。②确定明确的航线与时刻资源归还机制，这是为了防止获得时刻资源的航空公司"躺在权利上睡觉"，造成航线资源的浪费，确立"use or lose"机制，通过立法明确当航空公司使用时刻没有达到一定比例时，应当收回或归还该时刻，并重新进行分配，比如美国采用2个月内必须达到85%的比例。[2] 并且，由于航班资源的占用影响到其他航空公司的利益，应当允许航空公司就航线资源的分配与归还提起行政诉讼，要求民航主管机关收回被浪费时刻，将其放入"时刻池"重新进行分配。③扩大新进入航空公司参与分配的时刻资源比例，这是为了兼顾新进入的利益，应当通过立法明确必须拿出一定比例的时刻分配给新加入或新进入某条航线的航空公司，例如，欧盟采取的"五五原则"，既拿出一半的可供分配的时刻分配给新进入者。④单独设立航线与时刻资源分配的二级市场，允许航空公司之间在遵守一级市场规则的基础上，以临时性运营调整为目的，临时进行航线与时刻的交换与买卖，以便于航空公司应对临时运营计划的调整。

除此之外，在完善航班时刻的分配机制后，也需要注意对航空时刻的监管，强化对航班时刻的执行率、航班时刻的正常率的监管，以维护正常的航空运输市场秩序与旅客权益。

---

〔1〕 "全球时刻指南"（Worldwide Slot Guidelines），载 https：//www.iata.org/contentassets/4ede2aabfcc14a55919e468054d714fe/wsg-edition-10-english-version.pdf，最后访问日期：2020年7月19日。

〔2〕 余英："机场起降时刻分配政策及其改革方案"，载《外国经济与管理》2003年第3期。

五、完善航空运价市场化形成机制

航空运价监管属于价格监管,表现为民航主管机关对民航产品和服务的价格形成进行监管和控制。航空运输市场是由一条条航线组成的网络化市场,每一条航线执行的航空运价均不相同。如果对运价不加监管,那么占据自然垄断地位的民航经营者可能会以利润最大化原则进行定价,损害旅客与社会公共利益,同时,对于执行政府补贴的航线,政府进行合理的价格监管更是无可非议。但是,我国目前的航空运输价格存在着过度监管的现象,严重影响了市场的正常竞争。

(一) 航空运输价格过度监管

在建立与完善民航市场经济中,我国对民航运输价格的管制是逐步放开的。在我国民航开始市场化改革之初,国内航线的票价,按照统一标准由国家物价局与民航总局联合制定并公布。在1992年之后,我国开始允许部分航线的票价上下浮动不超过10%。因此,在1995年制定《民用航空法》时,对于国内运输价格,《民用航空法》规定国内航空运输价格由民航主管部门会同物价管理部门制定,并报国务院批准。对于国际航空运输运价,属于我国与相关国家签署的双方航权协议调整范畴,按照我国与相关外国政府签署的条约执行。[1] 1997年《价格法》对此进行了明确,由于民航运输被视为与国民经济和人民生活密切相关、资源稀缺的、并且具有公用事业属性与公益性质的自然垄断经营商品,因此,政府可以直接定价或实行政府指导价。在《价格法》、《民用航空法》的基础上,1997年民航总局确定尽管国内航线实行政府固定价格,但是航空公司可以

---

[1]《民用航空法》第97条。

推出折扣票价,以迎合市场竞争的需要。但是由于对折扣票价规定不明,导致大量低折扣票价,影响了市场的正常竞争,随后民航总局又发文要求航空公司禁止滥用折扣票价进行不正当的民航市场竞争。[1] 可见,航空运价的监管政策一直处于反复调整中。

自2004年民航第四轮改革起,我国开始了正式的航空运价改革。根据各航线实行民航基准运价,在民航基准运价的基础上,航空公司可以自行做一定的上浮(25%)或下浮(45%)。本次改革标志着民航从政府定价开始转向市场化定价。2017年的民航票价改革进一步放宽了航空运价的规制,目前对于头等舱、公务舱、货物运价实行市场调节价。对于经济舱旅客根据不同的航线分别实行市场调节价、政府指导价,实行市场调节价的具体航线按照民航局商同发改委的目录执行。从表面看,对于经济舱,除了民航局颁布的国内航线目录以外,其他的都实行政府指导价。[2] 但是关键问题是,大部多热点、重点航线都不在该目录内,尤其是涉及北京、上海、广州、深圳等热点、重点航线,这导致大部分运量其实都是实行政府指导价,而这些航线恰恰最需要充分竞争。因此,大规模的航空运价审批与监管严重影响到了航空运输市场的资源配置作用。

(二)完善运价市场化形成机制

在市场经济中,价格是最具灵敏性的市场调节手段,有效影响市场供求与资源有效配置。有研究表明,放松价格管制、

---

[1] 徐舒、李涵、甘犁:"市场竞争与中国民航机票定价",载《经济学》2011年第2期。

[2] 中国民航局:"关于印发实行市场调节价的国内航线目录的通知",载中国民用航空局网,http://www.caac.gov.cn/XXGK/XXGK/ZCFBJD/201804/t20180413_56320.html,最后访问日期:2020年7月19日。

允许民航市场进行充分的竞争能够有效降低票价，提高公共福利。而在排除竞争，实行价格管制的航线，则普遍存在溢价问题。[1] 相对于服务，旅客其实更加关注票价，航空运价是体现航空公司竞争力的重要方面，也是民航放松管制，建立高水平民航市场体制的重要内容。因此，我国应进一步放开价格管制，尤其针对大量的热点、重点航线。

完善票价形成机制的原则方向为更多的尊重企业自主定价、尊重消费者自主选择、激发市场活力。[2] 我国目前以航线的繁忙程度区分实行政府指导价与市场调节价，这本身就违背了市场经济的基本原则，越繁忙的航线，反而越需要开放竞争，竞争越充分，资源配置使用效率就会越高。事实上，真正需要实行政府指导价的航线为实行政府补贴的航线，即如果实行市场调节价将会无法弥补航空公司运营成本，可能导致航线关闭，但是考虑到公共利益与政策的需要，不得不进行政府补贴的所谓公益航线，例如，我国西部广袤的偏远地区的航线，以及，为了进一步对外开放，鼓励一些二线城市开通的国际航线。[3] 因此，对于这些航线，可以仍然执行政府定价，而其他航线，均应当放开价格管制。

对于执行政府定价的公益航线，也需要建立科学的政府定价机制。传统上，政府定价机制的基础包括成本+回报率与价格

---

[1] 徐舒、李涵、甘犁："市场竞争与中国民航机票定价"，载《经济学》2011年第2期。

[2] 中国民用航空局："中国民航局关于推进民航运输价格和收费机制改革的实施意见"，载中国民用航空网 http://www.ccaonline.cn/zhengfu/zcfg-zhengfu/389272.html，最后访问日期：2020年7月19日。

[3] 李小群："如何评价地方政府航线补贴政策的有效性"，载《国际航空》2018年第5期。

上限两种类型，其中成本+回报率由于更具灵活性，因此更受政府定价机制的青睐。《中共中央国务院关于推进价格机制改革的若干意见》要求政府定价做好成本监审和成本信息公开，[1]可见我国目前对于政府定价也更倾向于执行成本+回报率模式。

综上，对于航空运价机制的完善，建议除了少数有必要保留的公益航线执行政府指导价外，其他航线的运价均应当价格放开竞争，对于政府指导价，也需要逐步提升透明度，基于成本与回报模式进行合理定价，充分发挥民航运价对民航资源配置的"指挥棒"作用。

六、完善民航行政补贴机制

民航补贴为民航主管机关对特殊的民航市场主体、特殊的航线运营提供资金支持的行为。民航行政补贴机制是在民航放松管制，促进竞争的前提下，为了保证特殊地区与人们能够享受基本的民航服务而制订的配套措施，有其合理性与必要性。但是民航行政补贴毕竟体现为政府对特定航空运营活动最直接的资金支持，因此，不科学的民航行政补贴制度，将会直接影响到市场在资源配置中的作用与政府作用的发挥。

（一）民航补贴的理论基础

由于民航也属于基本的公共设施，在放松民航管制、追求资源配置效率的同时，出于公共利益的考虑，也应确保特殊的航线不至于因为竞争而无法维持正常的商业运营，从而保证所有的社会大众均能享受便捷的航空服务。因此民航补贴不仅没

---

[1] "中共中央国务院关于推进价格机制改革的若干意见"，载中央人民政府网 http://www.gov.cn/xinwen/2015-10/15/content_2947548.htm，最后访问日期：2020年7月19日。

有废除，其存在的价值反而得到了进一步的肯定。可见，出于民航的公益性质，民航行政补贴也是必要的。例如，上世纪七十年代，美国《航空公司放松管制法》颁布的同时，作为配套措施，美国也开始执行基本航空服务计划（Essential Air Service），对连接交通不便的航线执行政府补贴，补贴对象为执行基本航空服务计划的航空公司，保障这些地区人们基本的航空出行需求。类似的政策还有欧洲公共服务义务计划（Public Service Obligation Scheme），澳大利亚偏远地区航空服务补贴政策。[1] 采用政府补贴的方式旨在避免民航市场化给特殊地区、偏远地区民航基本服务的造成影响。我国也是如此。

我国民航补贴包括三类：对支线航线的补贴、对中小机场的补贴以及通航企业补贴。但是这三种补贴在维持必要航线、提升补贴的效率存在着不足，并且，补贴的制度与运行机制的不合理也对民航正常的市场竞争产生消极的影响。

（二）完善支线航线补贴

我国支线航线补贴的目的在于鼓励航空运输企业开通或维持支线运输，完善航线网络，保证基本航空服务。[2] 我国目前按照三类经济效益差、运营困难的支线，根据三档客座率，分别执行不同的补贴标准。另外，对于以下四类特殊航线，补贴标准再上浮20%，包括：连接西藏外的藏区，新疆内机场支线，连接高原机场的支线，使用支线飞机运营的支线，通勤、短途公共运输业务。对于西藏内部以及西藏的跨区航线，对于运营

---

[1] 林志军："美国基本航空服务计划与我国支线航空补贴政策的比较"，载《民航管理》2012第10期。

[2] 《支线航空补贴管理暂行办法》第2、3条。

第四章 建设新时代民航高水平市场体系

亏损全额补贴。[1] 航线补贴每年申请一次，由航空运输企业向支线所在区域民航地区管理局申请。该申请由民航地区管理局初审后报送民航局，经民航局审核批准后，纳入下一年度民航发展基金预算。[2]

我国航线补贴政府在实际运行中，也出现了很多问题。首先，受补贴航线不固定。受补贴航线根据民航运营企业申请而定，而民航企业作为营利主体，其决定是否开通或维持支线航线完全基于补贴与收益，如果补贴达不到其经营正常航线的收益，那么民航企业就不会开通或继续维持航线运营，如果补贴超出了其经营正常航线的收益，那么会导致众多企业同时一拥而上进行申报，从而冷却无利可图的支线航线。其次，民航企业对于航线进出不规范。对于补贴航线的准入与退出也没有限制，且一年申报一次，如果一个承运人基于市场、自己的需求撤出航线，很可能直接导致该段航线无人经营。再次，我国目前只以上座率作为补贴依据，不涉及补贴航线的服务水平。我国目前补贴政策对于航空服务的基本要素比如航班频率、时刻、经停地点等均不涉及，导致难以保证基本的航空服务水平。最后，关于补贴的内容以及资金的划拨，支线航线补贴仅以上座率为准，并不涉及承运人的利润、航线距离、机型、运输市场、运输价格等因素，因此，补贴对于民航企业的财务影响千差万别，限制了补贴对于支线运输的作用；并且对于资金的划拨周期，也是比较长，一般在第二年才能将第一年的补贴列入预算，

---

[1] 《支线航空补贴管理暂行办法》第9~13条。
[2] 《支线航空补贴管理暂行办法》第15~17条。

第三年才能划拨出第一年的民航局审核的补贴。[1]

因此,我国需要进一步完善航线补贴政策,明确与改善补贴航线与承运人的选择、航线的服务水平、激励机制以及资金的划拨等。具体来说,包括以下内容:首先,明确民航补贴的法律依据,设立专项资金进行保障。我国目前航线补贴的法律依据仅仅为民航规章,这就导致补贴资金的性质也存在着广泛的质疑,因此,应当从法律层面就民航补贴进行规定,并且简化资金划拨流程。其次,明确航线服务水平与范围,包括航线目录、航线的服务水平等,明确就航班频率、机型、票价等内容,确保补贴具有针对性。再次,规范航线的进入,可以考虑与承运人采用公开竞价方式签署合同,并且明确规定航线进出的期限、条件、程序。最后,考虑补贴标准的灵活性,改革目前仅以上座率为唯一依据的补贴标准,综合考虑服务标准、航线距离、机型、国家政策等诸多因素,在公开竞价的模式下,确立补贴标准。

(三)完善中小机场补贴

所谓中小机场是指年旅客吞吐量在 200 万人次及以下的机场。我国目前根据三类地区以及六类机场吞吐量,分为 18 类机场进行补贴,并且向深度贫困与边疆边境地区机场、小机场等倾斜,分情况允许一定比例的补贴上浮。[2] 至于具体能够获得补贴的中小机场名单,补贴原则、范围、标准、方案,由民航局每年确定一次并公示。如果 10 天内无异议,则编入下一年

---

[1] 林志军:"美国基本航空服务计划与我国支线航空补贴政策的比较",载《民航管理》2012 年第 10 期。

[2]《关于修订民航中小机场补贴管理暂行办法的通知》第 2~8 条。

度民航发展基金预算。[1]

　　中小机场作为重要的交通基础设施，对于发展地方经济具有重要意义，尤其是贫困、边疆边境、中小城市，如果没有相应的补贴，那么受制于市场环境与经济发展水平，这些机场的运营将会难以持续。但是在补贴的实际运行中，仍然存在以下问题：首先，补贴范围不合理，可能出现人为限制旅客流量的情况。按照目前的规定，可以享受补贴的机场为年旅客吞吐量为200万人次的机场，如果一个机场的旅客吞吐量低于200万人次，获得的补贴就越高，而一旦超越了200万人次的旅客吞吐量，则补贴立即取消。这种一刀切的模式，导致了获得补贴的机场可能出现人为控制流量的情况，以便继续留在200万人次的补贴范围内。因此，由于一些机场人为控制流量，或者数据造假，被民航局处罚的情况也数次发生。[2] 其次，关于补贴资金的划拨问题，根据现行的划拨程序，与航线补贴相同，通过上报申请、列入预算、正式划拨，需要三年的时间，这种滞后性，导致了机场运营无法及时享受到补贴。

　　中小机场补贴的是为了确保中小机场的可持续运营，以带动当地社会经济的发展。因此，对于当前中小机场补贴，应当以及时解决中小机场资金运营问题为着力点进行改革。首先，与支线补贴一样，中小机场补贴涉及政府财政预算与支出，因此应当从法律层面进行规定。其次，建议修改补贴的标准，可以采取弹性的均衡补贴模式。例如，超过200万人次，可以逐步减少补贴数额，使机场旅客吞吐量达到200万人次后，获得

---

〔1〕《关于修订民航中小机场补贴管理暂行办法的通知》第12条、第14条。

〔2〕黄存安等："浅析中小机场运营现状及补贴政策"，载《民航管理》2019年第2期。

一个自然的过渡期，确保机场不会因为意图继续享受补贴，而对旅客流量进行人为控制或者进行数据造假。再次，解决补贴资金划拨的滞后性问题，建立专项的补贴资金，专款专用，并且精简划拨流程，确保机场的正常运营不会受到影响。对于新建中小机场，在运营的初期正处于资金最困难的时刻，因此对于新建机场可以结合民航发展规划，在投入运营之前就允许其申请补贴，提前纳入补贴范围。[1]

(四)完善通用航空企业运营补贴

通用航空企业运营补贴以通航发展专项资金进行的补贴，用以支持通航企业进行通航作业、培训、购置设备设施等。通用航空企业补贴按照飞行小时，针对以下四种通航飞行按照不同的补贴标准进行补贴，但是如果为关联方提供飞行服务，则下降补贴标准。[2] 具体的申请程序与支线补贴、中小型机场补贴基本相似。

通用航空一般是指公共运输航空之外的民用航空活动，可进一步划分为传统通航，公共服务通航与消费通航，第一种包括农林牧副渔以及工业通航飞行等，第二种涉及消防、应急救援等公共服务，第三种主要用于消费目的，包括公务飞行、游览飞行、体验飞行等。可以看出，通航对于经济结构转型、大众消费模式的升级、扩大就业等均有巨大的推动作用。因此，考虑到我国通航发展状况远远满足不了经济社会的需求，给予通航合适的运营补贴是有必要的，通航补贴甚至成为一些中小型通航企业生存的关键。2019年，民航局针对162家通航企业，

---

[1] 黄存安等:"浅析中小机场运营现状及补贴政策"，载《民航管理》2019年第2期。

[2] 《通用航空发展专项资金管理暂行办法》第4~9条。

发放了 4.2 亿元补贴，这些补贴有力支持了这些通航企业运营。[1]

但是，目前我国《通用航空发展专项资金管理暂行办法》较为简单，对于补贴的性质、补贴的范围与资金的划拨都存在着严重的问题。因此与支线补贴、中小机场机场补贴相同，通用航空企业运营补贴首先仍需从法律层面进行规定，解决财政补贴的合法性问题。其次，需要进一步完善通航普惠式补贴的细则，更加注重通航市场培育与公平机制，促进通航企业早日走出补贴的"孵育"阶段。最后，简化资金划拨流程，尽快让通航企业获得补贴，尤其对于新设通航企业，以满足经营的需要。

第五节　建立健全民航反垄断机制

从性质上说，垄断包括经济垄断与行政垄断，前者属于经营者利用经济优势进行排除与限制竞争的垄断的行为，而后者主要是利用行政权力排除与限制竞争的行为。行政性垄断的分析与解决主要体现为对民航的放松管制，关于该部分内容已在前文论述，因此，如无特殊说明，此处仅指经济垄断。竞争是市场经济的灵魂，民航高水平市场体系，需要在民航放松管制的前提与基础之上，进一步完善和维护公平竞争机制，其中最

---

[1] "民航局对162家企业进行2019年通航发展专项资金补贴，总额超4亿"，载中国民用航空网，http://www.ccaonline.cn/tongyong/tytop/470418.html，最后访问日期：2020年7月19日。

重要的是建立与完善民航反垄断机制。[1]

一、高水平民航市场体系必须建立完善的民航反垄断机制

反垄断法堪称市场经济的小宪法，对垄断行为进行规制，是政府维护正常竞争秩序职能的重要组成部分，建立健全民航反垄断机制对于建立高水平的民航市场体系至关重要。因此，建立高水平的民航市场体系，需要对民航管理机制进行重构与再造，一方面放松行政管制，建立充分竞争的市场体系，另一方面，也需要建立与完善民航反垄断规制机制，维护民航公平竞争秩序。

上文所述，传统上民航被视为一种自然垄断行业，对于自然垄断行业的监管不需要反垄断机制。但是随着人们对自然垄断行业认识的深化，自然垄断行业本身的规制模式也在发生着变化，政府规制模式根据行业本身的可竞争状态始终处于动态演进之中。一般而言，对于自然垄断行业，政府规制模式包括以下几种类型：[2]

1. 彻底排除反垄断法的适用。在这种模式下，对于自然垄断行业适用特别的行业法，政府对市场准入、价格、产品与服务内容实行统一的监管与规制。在这种模式下，政府对行业进行全面的管制，同时也将垄断经营的成本与收益全部归于社会与国家，彻底排除竞争。前文所述，民航发展的早期，各国对民航的治理均采用这种模式，但是政府对民航的严格监管，不

---

[1] Jonathan M. Jacobson, Antitrust Law Development (Sixth), ABA Section of Antitrust Law, 2007, p. 1478.

[2] 张占江、徐士英："自然垄断行业反垄断规制模式构建"，载《比较法研究》2010年第3期。

仅没有促进技术、经济的进步，反而导致了效率与服务低下，民航企业长期亏损，并且由于巨额的补贴，给国家和社会也带来了巨大的财政压力，引起人们对监管失灵的反思。在这种模式下，反垄断与政府监管处于对立的地位。

2. 反垄断法与政府规制并存。在这种模式下，自然垄断行业的监管，仅仅是有限的监管，同时，允许行业引入竞争，并且适用反垄断法。所谓有限监管，是指在行业内部单独区分出可竞争领域与环节，对于可竞争领域与环节的准入、价格、产品和服务等放松监管，允许引入竞争，注意发挥市场资源配置的作用，同时政府监管模式从普遍监管模式转向促进竞争、维护公平竞争的市场环境。在这种模式下，监管的作用在于消除垄断行业对竞争的消极影响，一方面避免限制或排除竞争，另一方面也避免过度竞争，此时政府规制与反垄断法在维护公平的竞争秩序上产生共鸣，服务于相同的目标。这种模式是目前民航采取的最主要的规制模式。

3. 反垄断法统一规制，彻底排除政府监管。在这种模式下，自然垄断行业被视为彻底竞争性行业，彻底排除政府监管，而是交由反垄断法统一规制。在这种模式下，除非该自然垄断行业彻底消除了自然垄断属性，全面承认行业的竞争性，才可彻底排除政府监管，因此这种模式并不多见。

由此可见，随着民航技术、民航融资的发展，民航的规模经济属性是不断减弱的，很多理论已经开始将民航归属于弱垄断行业。由于自然垄断行业竞争性的发展程度不同，政府规制与反垄断规制其实呈现出一种此消彼长的关系，随着自然垄断行业竞争性的提高，政府直接规制慢慢消退，反垄断法则慢慢走向前台。这种趋势在民航业体现的最为明显。例如，早期美国反垄断法的触角并不涉及民航业。随着1978年《航空运输放松管制法》的出台，美国反垄断才正式被纳入民航业，反垄断部门才开始针对一系列航空公司之间的代码共享、航空联盟等进行主动执法与干涉。[1] 欧盟也是如此，欧盟民航反垄断机制的完善伴随着欧盟一体化与航空自由化的进程。[2] 通过对 1957 年《罗马条约》中的第 85 条限制性商业行为与第 86 条滥用优势地位的解释与扩展，在民航放松管制的背景下，通过在 1987 年第 3975/87 号条例等被引入航空运输领域。[3] 可以说，民航反垄断机制是民航高水平市场体系的组成部分，高水平民航市场体系体现为两个方面：一是民航放松管制，二是建立健全民航反垄断机制，两者体现为"一放一管"，对立统一于高水平民航市场体系的建构。在民航高度管制的经济中，并不需要建立民航反垄断机制，反而自由竞争的越充分，反垄断规制的地位越高。

但是我国民航反垄断制度性供给无法满足建立高水平民航市场体系的需求，表现为以下两个方面：

一方面，民航反垄断机制无法应对我国高度集中的市场格局。我国民航改革的目的之一就是建立起充分竞争的民航市场体系，早在 2005 年，我国就放开了民营资本投资民航的限制，因此，奥凯、春秋等多家民营航空公司得以相继成立，这在一定程度上促进了航空运输的市场化进程。但是发展至今，曾经风光无限的新设航空公司的发展并不顺利，目前仍处于艰难的发展阶段，这不仅仅与民航业与民营航空自身的特点有关，更是与民航反垄断机制不健全有关。监管机构对于占垄断地位的

---

[1] Jonathan M. Jacobson, Antitrust Law Development (Sixth), ABA Section of Antitrust Law, 2007, p. 1479.

[2] 陈卫："欧盟民航业政策法规体系及其借鉴意义（二）"，载《中国民用航空》2006 年第 2 期。

[3] 丁春宇："全球航空联盟"，载《中国民用航空》2003 年第 3 期。

大型国有或者地方航空公司普遍存在的垄断行为的漠视，更是导致新设航空公司举步维艰的重要原因。

另一方面，就我国民航反垄断监管与执法的现状来看，我国目前针对民航反垄断行为的规制，明显欠缺应有的意愿与手段。多数情况下，主管部门通过"和稀泥"的协调行为，处理民航主体存在的限制与妨碍竞争的垄断行为，这种做法既无合法性依据，也根本无法解决限制与排除竞争的垄断行为，甚至在多数情况下，为垄断行为提供了政府背书。因此，民航转变政府职能，建立健全民航反垄断机制更加迫切。

综上，在我国民航高度集中的市场格局背景下，面临我国民航市场进一步开放以及民航混合所有制改革的现实需求，我国目前民航反垄断机制的响应与规制极其疲软，我国完善民航反垄断机制的具有现实性与必要性。我国市场经济的完善历程其实就是一个逐步从产业政策主导过渡到尊重竞争政策基础性作用的过程。所谓竞争政策是指在市场经济条件下，国家保障市场竞争秩序不会受到扭曲的基本政策。[1] 2020年5月11日，中共中央、国务院联合下发《关于新时代加快完善社会主义市场经济体制的意见》明确指出社会主义市场经济有效运行的体制基础为：产权制度、市场准入以及公平竞争制度。[2] 可见，作为新时代完善社会主义市场经济体制总的指导方针，该意见回答了长期困扰我国社会主义市场经济的建设的基本问题，明确肯定竞争政策在新时代完善我国社会主义市场经济中处于基础性

---

〔1〕 孙晋："新时代确立竞争政策基础性地位的现实意义及其法律实现——兼议《反垄断法》的修改"，载《政法论坛》2019年第2期。

〔2〕 "中共中央、国务院关于新时代加快完善社会主义市场经济体制的意见"，载中央人民政府网，http：//www.gov.cn/zhengce/2020-05/18/content_5512696.htm?wm=2223_0001，最后访问日期：2020年7月19日。

地位，这对下一步完善我国民航反垄断机制奠定了理论基础。

二、民航商业合作对竞争的影响

相比于其他行业，民航反垄断机制在建立健全民航市场机制中处于一个更加重要的地位，甚至成为一国国内航空法律制度的核心之一。这种重要性来源于民航企业广泛的商业合作模式对竞争的影响。民航资源投入与配置远比其他行业复杂，尤其是公共航空运输，航空公司需要进行航线、时刻、机队规模、航线网络、品牌、销售渠道等全面的布局，投入非常巨大，因此，航空公司之间形成了多种多样的合作方式，包括联运电子客票、航班代码共享、航空联盟、甚至最近出现的股权联盟。而目前航空运输已经进入精细化运营阶段，民航市场主体为节省航空运输成本，扩大航空运输的辐射范围，形成了多种多样的合作方式，这种合作方式本身属于市场主体自主权运营的一部分，但是如果达到了排除或限制竞争的程度，就构成了民航垄断行为。具体分析如下：

（一）航空联运电子客票

联运电子客票是指航空公司之间可以互相销售针对某一特定航段的客票，并且可以进行机票改签与换开的操作。一个客票由相互合作的两个或两个以上航空公司承运运输。[1] 联运电子客票相比单独购买机票，价格比较便宜，并且可以直接在始发站办理完毕后续的登记手续，例如，从北京经东京转机飞美国西雅图，从北京飞东京乘坐国航航班，从东京飞西雅图乘坐全日空航班，如果国航与全日空签署了联运电子客票协议，那

---

[1] 杨铁铮："国内民航实施简化联运（SIS）的展望"，载《民航管理》2013年第6期。

么乘客可以直接在国航售票处即可购买全部航段机票,并且在北京即可办理全部航班的手续,对于旅客非常便捷。这是航空公司进行的最初级的合作,我国绝大多数国内航空公司可以实现联运电子客票,并且根据运输战略与相关国外航空公司进行联运电子客票合作。

(二)代码共享

代码共享是相对于联运电子客票更高级的合作方式,是指一家航空公司通过代码共享协议在其航班上使用其他航空公司代码,或者两家航空公司协议在同一航班上使用同一家航空公司代码。[1]前者的目的主要在于把各自相互独立的航线连接起来,形成互补的航线网络,称为互补性代码共享,后者是代码共享双方在同一个航线上运营,提高运输效率与频率,称为平行性代码共享。[2]代码共享可以使航空公司在无须投入航班运力的情况下,相互之间利用品牌与销售渠道,完善航线网络,对于国际航空运输来说,承运人之间也可以利用航班代码共享规避双方航空运输协定对于航班运力的限制。对于旅客,也可以使其在机票、中转等方面享受无缝服务。

代码共享可能会引起竞争格局的改变,航空公司之间通过代码共享,形成了代码共享的合作方与非代码共享合作方两种模式。对于合作方,代码共享的航空公司之间可能就市场分割、运力投入、票价等的存在协调一致的行为,限制或排除了竞争。对于非合作方,则可能产生限制其进入相关市场,或者被联合

---

[1] 郝秀辉:"国际航空代码共享运输的承运人责任——以1999年《蒙特利尔公约》为中心",载《华东政法大学学报》2016年第1期。

[2] 王新安、杨秀云:"航空公司之间的代码共享及其对民航业的影响",载《兰州大学学报(社会科学版)》2005年第1期。

抵制的情况。因此，代码共享也可能遭受到反垄断主管部门的反对与规制。例如，1999年，欧盟委员会在荷兰皇家航空公司与意大利航空公司同意放弃一定时刻与航班后，同意其代码共享协议。[1] 以及美国交通部对于数次欧美航空公司代码共享的否决与最终有条件接受。[2]

(三) 航空联盟

航空联盟是航空公司之间更高层级的合作，除了联运客票、代码共享外，还包括旅客订座信息、公用基础设施、公用旅客积分等其他方面的共享。目前全球存在三个航空联盟，呈现三足鼎立的局面，包括：星空联盟（Star Alliance），成立于1997年；天合联盟（SkyTeam），成立于2000年与寰宇一家（One World），总部位于纽约。各个联盟的加入条件不同，但是基本上在一个航空联盟内部，各参与的航空公司之间均可以进行信息、服务、旅客的共享。我国的很多航空公司也均选择性加入了三大航空公司联盟，目前三大航空联盟所占的国际航空市场份额已经超过了60%。[3]

航空公司之间通过航空联盟，可以为旅客提供更便捷的服务，也降低了票价，航空联盟的成员也可以通过联盟之间的安排，互相扩展航线网络与资源，增加收入与市场份额。但是航空联盟对于市场竞争格局的影响也是显而易见的，加速了市场的集中，可能导致联盟的主要成员能够对相关市场的航班、运

---

[1] 王新安、杨秀云："航空公司之间的代码共享及其对民航业的影响"，载《兰州大学学报（社会科学版）》2005年第1期。

[2] Jonathan M. Jacobson, Antitrust Law Development (Sixth), ABA Section of Antitrust Law, 2007, p. 1486.

[3] 刘江山："论国际航空联盟的反垄断豁免——对美国航空联盟反垄断豁免制度的解读与借鉴"，载《价格理论与实践》2019年第4期。

价、服务等产生决定性影响,从而将竞争对手逐出市场。[1] 因此,作为比代码共享更密切的合作形式,航空联盟自产生之初就受到了各国反垄断监管机构的密切关注与监管。

(四) 股权联盟

股权联盟是比航空联盟更为密切的合作方式,通常指同一个航空联盟内部一家航空公司购买另一家航空公司的股权,包括单向持股或者交叉持股,例如天合联盟内部的达美、法航-荷航与东航相互交叉持股。航空公司之间进行股权投资行为,能够进一步提升双方的合作紧密度。

股权联盟除了面临航空联盟同样的反垄断规制外,最主要是面临着实质所有权和有效控制权规制问题,即航空器国籍的规制问题,本质上这属于跨境航空投资壁垒问题。一方面,这是各国的双边航空运输协定中互相交换航权的前提,如果缔约国认为一家航空公司尽管在另一个缔约国登记成立,但是其被第三国国民实质所有或有效控制,那么该缔约国有权扣留、撤销该航空公司的运营许可;另一方面,这也体现为各国国内法对外国人在本国航空公司中持股比例或控制权进行的限制,确保本国航空公司只能被本国人享有实质所有权和有效控制权。例如,美国规定外资在美国航空公司的表决权不超过49%。[2]

可见,由于民航资源配置的特点,民航广泛的商业合作在市场经济活动中的触及的领域极广,对市场竞争的影响极为深远。在民航放松经济管制的前提下,竞争政策应当进一步凸显其在市场正常运作中的基础性作用,而民航反垄断法属于执行

---

〔1〕 丁春宇:"全球航空联盟",载《中国民用航空》2003年第3期。

〔2〕 高乐鑫:"跨境航空投资壁垒的变相规避及适用边界——以国际航线联营为例",载《国际经贸探索》2018年第8期。

竞争政策、规范市场竞争行为的基本法。因此，在建立健全新时代高水平的市场经济框架下，构建完善的民航反垄断规范与体制机制具有必要性。

三、民航垄断行为的类型化分析

完善民航反垄断机制首先需要辨识民航企业的哪些行为属于垄断行为。上文提及，航空公司之间的合作，具有一定的合理性，但是如果这种合作改变了竞争格局，导致了限制或排除竞争的后果，那么这种合作就越过了正当性的前提，需要运用反垄断法进行规制。联运电子客票，作为相对松散的卡特尔价格协议，对于市场竞争的限制与排除效果有限，但是代码共享、航空联盟、股权联盟等很容易引起市场竞争格局的变化，所以成为监管部门关注的重点。根据我国《反垄断法》，排除或限制竞争的垄断行为包括三类，分别为：经营者达成垄断协议，经营者滥用市场支配地方以及排除、限制竞争的经营者集中。[1]民航也是如此，分析如下：

（一）民航垄断协议

民航垄断协议包括价格联盟、共同抵制、划分市场等行为。[2]具体如下：

航空票价价格联盟是指有关航空承运人之间达成的统一价格的商业协议，属于垄断协议的一种。价格联盟是各航空运输企业最初级也是最有效的竞争手段，尤其是考虑到我国民航服务的产品差异化程度不足的情况下，但是如果航空运输企业之间达成了价格联盟，则会严重破坏民航市场竞争的状态。我国

---

[1]《反垄断法》第3条。
[2]《禁止垄断协议暂行规定》第5条。

航空价格联盟现象始于2004年民航运价改革之后，在此之前航空票价实行政府固定价，但是在2004年民航实行航线基准价加上下浮动价之后，在面临着激烈的市场竞争以及航空油料价格的上涨的形势，导致民航运输成本不断上升，利润大幅缩减的情况下，某些大型航空公司之间开始通过内部协商的方式，针对具体的航线制定最低票价方案，共同执行价格上的"攻守同盟"，从而达成价格联盟。这种价格联盟保证了各参与方可以维持一定的利润，但是却起到了实质阻碍竞争，破坏了正常市场竞争秩序的后果。

所谓共同抵制，表现为具有垄断地位的经营者对于特定对象的联合抵制，也属于垄断协议的一种。联合抵制行为是破坏民航正常市场竞争秩序最为普遍与严重的垄断行为之一，往往某条航线的一家经营者以低价售票，可能就会立即遭受到同一航线上的其他航空公司的联合抵制，通常联合抵制的方式为通过限制机票销售代理机构销售被抵制者的机票。例如2006年位于武汉的几家航空公司针对东星航空进行的联合抵制，甚至一些国有大型航空公司在某些不占优势的航线上也曾经享受过被其他航空公司联合抵制的"待遇"，包括东航、海航等。

（二）民航滥用市场支配地位

所谓市场支配地位是指一个经营者能够在特定的市场内，影响交易条件，或者能够排除、影响其他经营者进入相关市场。[1] 市场支配地位的认定包括多种标准，其中经营者在相关市场上的份额由于更具有操作性，因此被各国反垄断部门作为

---

[1]《反垄断法》第17条；《工商行政管理机关禁止滥用市场支配地位行为的规定》第3条。

存在市场支配地位最重要的标志。[1] 我国《反垄断法》第24条规定了三种从市场份额认定市场支配地位的情况：一个经营者在相关市场份额达到二分之一；两个经营者在相关市场份额合计达三分之二，三个经营者在相关市场份额合计达四分之三。[2]

  经营者具有支配地位并不违法，尤其考虑到我国民航目前高度集中的市场结构，但是如果经营者利用其支配地位的企业，对其他主体进行不合理的对待、排除或限制竞争，这就构成了滥用市场支配地位的行为。[3] 具体到民航，民航滥用市场支配地位限制或排除竞争的行为也是比较普遍，包括：①不正当价格竞争，表现为经营者为排除竞争对手，以低于正常价格的水平销售产品。例如，航空公司对于其占有支配地位的航线以低于正常价格的方式进行不正当的价格竞争。②差别对待，表现为经营者针对不同的对象，在没有合理的理由的情况下，提供明显差别的交易条件，从而影响公平竞争的行为。例如，机场对特定的航空运输企业进行限制，或者附加不合理的收费标准，以及对于基地航空公司特殊的优惠待遇等。又如，民用航空维修、油料等辅助性行业，利用市场优势地位，对航空公司进行歧视性对待。③搭售或附加不合理的交易条件。例如，航空公司或机票代理商强行搭售某种航空意外险。④独占交易或者拒绝交易。表现为经营者排斥其特定的交易方与其他经营者交易，或者无理由拒绝与特定的交易方进行交易。

---

  [1] 叶明："互联网行业市场支配地位的认定困境及其破解路径"，载《法商研究》2014年第1期。
  [2] 《反垄断法》第24条。
  [3] 《工商行政管理机关禁止滥用市场支配地位行为的规定》第5、6、7条。

(三) 民航限制或排除竞争的经营者集中

经营者集中是反垄断立法和执法的重点,包括合并、取得对其他经营者的控制权或者能够对其他经营者施加决定性影响。[1] 这种集中能够迅速集中有关企业的人员、资源、资金、经营活动等,因此,民航企业集中是民航企业面对危机,抱团生存的重要方式。同时,由于民航资源的获得,包括航线、时刻、品牌等都需要长期积累,因此,对新市场原有经营者的集中也是经营者开拓新市场的重要手段。经营者集中能够迅速改变市场结构,从而改变原有的竞争状态。

我国民航运输市场的现有格局,源于航空公司之间的数次合并与重组,主要为2002年三大航空集团成立,以及随后几次合并,包括2010年东航对上海航空、国航对深圳航空的合并,这几次合并奠定了我国民航运输市场国航、东航、南航三大航鼎立的局面。由于我国航空公司的上述合并重组为政府推动,由民航局与国资委主导,因此,上述合并与重组均未受到障碍。在未来建立高水平民航市场过程中,应当加强对经营者集中的审查,尤其应当避免行政主导的经营者集中。

四、建立民航反垄断机制的基本要求

相对于一般行业,我国民航的反垄断具有自身的特点,建立民航反垄断机制需要准确认识民航反垄断的特点。在民航本身的自然垄断属性下,民航反垄断相对于其他行业具有复杂性、专业性、域外性,要求主管机关更加具有积极性。具体分析如下:

第一,民航反垄断应当考虑到民航的自然垄断属性。上文

---

[1]《反垄断法》第25条。

分析到，民航具有自然垄断属性，换句话说，这种垄断具有一定的合理性，并且在面临着激烈的国外航空公司竞争时，这种"做大做强"的趋势更有一定的必要性。但是在承认其具有一定合理性的同时，如何防止这种垄断出现排除、限制竞争的后果，确保这种经营者之间的协作行为能够促进社会公共利益是民航反垄断的重心。例如，从国外经验来看，民航业的合并、重组等行为其实很容易获得反垄断豁免，关键的问题是如何确保合并、重组不会扭曲市场竞争，例如，美国在2008年金融危机后，为了应对民航业的萧条，美国司法部同意了一系列航空公司的合并，包括达美航空公司与西北航空公司、联合航空公司与大陆航空公司，西南航空公司与穿越航空公司等等，但是这种同意附加了监管者与被监管者经过长期谈判达成的很多限制性条件，例如分散航线与时刻，承诺运价等，以确保这种合并不会限制与排除竞争。[1] 在后疫情时代，各航空公司之间为了抱团取暖，从而在严峻的营业环境下生存下去，它们之间商业的合作将会越来越密切，因此在面对航空公司的实际需求时，需要谨慎处理，尤其是当前"六稳六保"任务仍然严峻的情况下。

第二，民航反垄断应当具有较强的专业性。民航反垄断认定的因素是建立在专业的分析基础上的。例如，相关市场的界定，对于市场界定的不同直接影响到市场集中度以及对于限制与排除竞争效果的分析。又如，对于限制与排除竞争的分析，需要对一系列民航运输市场的要素进行综合分析，包括旅客、起飞地、目的地、航线、时刻、运价等涉及竞争的因素，不同

---

[1] Daniel Gifford, Robert T. Kudrle, U.S Airlines and Antitrust: The Struggle for Defensible Policy Towards a Unique Industry, 50 IND. L. Rev. 539 (2017).

的分析角度与方式将会影响到垄断的认定,以及对于反垄断豁免条件的制定。需要提升执法者对民航反垄断执法的专业性。

第三,民航反垄断应当注意民航反垄断的域外性。民航反垄断具有较强的域外效力,这种域外效力一方面源于反垄断行为自身的域外效力,表现为一国的反垄断执法部门对发生在国外的,但是对国内的竞争产生消极影响的垄断行为,进行执法管辖。这种基于垄断行为的效果行使管辖权具有合理性,并且随着民航企业在国内市场的竞争与集中越来越转向国际市场的竞争与集中,反垄断行为的域外效力的行使将越来越普遍。[1]另一方面,民航市场作为一个全球性行业,这种由于民航垄断行为导致的溢外效力更加显著,因此,民航是各国反垄断主管机关针对域外垄断进行执法的重点领域。例如,2007年起,美国纽约东区联邦法院针对国航、印度航空、新西兰航空、英国航空、大韩航空、日本航空等28家航空公司发出航空货运反垄断传票,在进行了十年的诉讼后,以这28个被告支付近12亿美元和解费终结。[2]

第四,民航反垄断应当具有更强的主动性。相对于其他行业,我国目前民航反垄断执法疲软。我国民航直到2002年随着民航局资产管理职责划归国资委,我国民航才真正意义上脱离计划经济体制,开始初步建立民航市场经济体制。因此,在短短的十几年里,我国建立起完善的民航反垄断机制的背景与经验均欠缺,这导致在我国民航排除、限制竞争的垄断或独占行

---

〔1〕 陈丽华、陈晖:"反垄断法域外适用的效果原则",载《当代法学》2003年第1期。

〔2〕 "持续了10年的航空货运反垄断案将终结,国航等25家公司被罚12亿美元",载搜狐网,https://www.sohu.com/a/77721533_168370,最后访问日期:2020年6月11日。

为的规制中,主管机关往往处于一种弱势地位,其执法意愿与能力都受到质疑,甚至可能存在着对民航垄断行为进行政府的背书情况。例如,2009年各主要航空公司之间就机票涨价达成一致,并获得民航局背书;2010年东航、国航分别合并上海航空与深圳航空时,反垄断主管部门选择性失声。[1] 这与美国、欧盟等民航反垄断机制健全的国家与地区在面对经营者集中时主动积极干预呈现出显著的对比。

五、建立我国民航反垄断执法的具体程序设计

上文提及,民航反垄断执法具有较强的专业性,但是我国长期受制于较为严格的民航管制经济,即便在经历数次改革,已经初步建立民航市场体系的前提下,反垄断部门在对民航反垄断规制中一直处于弱势地位。在实践中,除了在航空公司之间进行过数次协调行为外,并未有系统的民航反垄断的执法经验。因此,本书只能借鉴国外民航反垄断经验以及一般行业反垄断执法规则,对于民航反垄断执法的具体程序,分析如下:

(一)程序的启动

从管辖意义上说,所有涉及民航垄断行为的垄断协议、经营者集中、滥用市场支配地位均应当受到反垄断法的规制。与一般类型的违法行为执法相同,民航反垄断执法程序的启动同样包括两类:执法部门依职权启动与执法部门依据有关公民、法人或其他组织的申请启动。对于经营者集中,建议按照商务部2014年《关于经营者集中申报的指导意见》,制定民航进行经营者集中的申报指南,鼓励民航经营者进行主动申报,并且

---

[1] 段宏磊:"民航业反垄断执法的管制障碍及改革",载《北京理工大学学报(社会科学版)》2015年第1期。

鼓励进行反垄断合规体系建设。值得注意的是，需要清晰区分出民航正常商业合作与垄断行为的界限，否则民航经营者之间的任何协作与协议都有可能被视为垄断行为而受到法律的禁止或制裁。

（二）垄断行为的分析

对于明显具有限制或排除竞争效果的民航垄断行为，例如不正当价格竞争、共同抵制、划分市场等，从实践经验看，根本不可能具有正面效果，因此，立法往往直接做出禁止性规定，反垄断执法部门可以据此直接进行处理。但是对于代码共享、航空联盟、合并等行为，其本身并不被法律禁止，因此在确定反垄断管辖之后，反垄断执法部门仍须就民航经营者的行为是否构成排除或限制竞争的效果而应当受到法律的禁止或制裁进行分析，即对经营者垄断行为对竞争状态进行正负面效果分析。[1]

一般而言，对正负面效果进行分析，包括以下步骤。

1. 相关市场的界定。相关市场界定是指在一定时间与地域内特定商品或服务竞争的范围。[2] 无论何种垄断行为，对竞争的影响均发生在一定的市场中，市场的范围界定直接影响到垄断行为对竞争影响的判断。例如，在实践中，对于民航市场集中度的指标，存在两种评判标准：承运人市场占有率与城市对式航线占有率（City-Pair），采用这两种不同的途径，评估结果是截然不同的。

---

[1] 许光耀："反垄断分析基本框架及其对相关经济学的基本需求"，载《价格理论与实践》2015年第11期。

[2] "国务院反垄断委员会关于相关市场界定的指南"，载中央人民政府网，http://www.gov.cn/zwhd/2009-07/07/content_1355288.htm，最后访问日期：2020年7月19日。

具体来说，尽管对民航相关市场的界定多采用个案分析，但是通常的考虑的因素包括：①特定旅客群体，借鉴国外的经验，一般可以划分为时间敏感型旅客、时间不敏感旅客，例如，在美国与欧盟进行滥用市场支配地位执法中，通常将这两类不同的旅客划分不同的市场。②直航市场与非直航市场，前者为起飞地到目的地直飞的市场，后者为从起始地经停中间地飞往目的地的市场。③地域的划分，民航地域的划分包括三种：O&D方法、航线网络分析以及机场的可替代性分析。O&D方法为从起始地（Origin）到目的地（Destination）界定市场，通常一个起始地至一个目的地为一组进行划分，例如，北京至旧金山，与北京至西雅图就是两个不同的市场；航线网络分析通过不同的航线网络界定不同的地域市场，这种界定方法多用于需要对O&D进行扩展分析，用于对多个航空公司合作或航空联盟的竞争性分析上；对于机场的可替代性分析，这种方法主要在于分析不同机场的可替代性，包括旅行时间、旅行成本、航班、服务质量、载客区域等。[1]上述三种划分方法均有合理性，进行反垄断执法时，在具体适用中需要进行个案分析。例如，法航与荷航的合并中，由于这两大航空公司遍布全球网络，并且与其他航空公司也存在着错综复杂的合作关系，因此，欧盟委员会在进行反垄断审查时，将调查范围扩展到全球，综合运用这三种界定方法进行枢纽轮辐射网状分析（hub-spoke），划分相关市场。[2]

---

〔1〕 金美蓉、韩伟："航空运输业相关市场界定的理论与方法"，载《中国物价》2015年第2期。

〔2〕 Oliver Stechmann, Javier Raya Aguado, The Air Franch-KLM merger: a first step towards the consolidation of European Aviation Industry, European Competition Law Review, 2005, 26 (5), 4.

第四章 建设新时代民航高水平市场体系

2. 对于竞争性影响的分析。同样,对于竞争性的分析也需要结合具体个案进行。例如,在审查航空公司合并时,需要从这种合并对其他经营者市场准入的障碍角度进行竞争性影响分析,这样的分析比较复杂,其是对航空枢纽之间存在重合的城市对式航线的分析。需要分析该合并是否会导致合并后的主体在相关市场内占据支配地位,从而给其他竞争者进入相关市场带来巨大的障碍。在审查市场准入的障碍时,需要区分清楚这种障碍究竟是来源于航线时刻、运营投入或者正当政府价格管制等正当因素的限制,还是由于垄断行为带来的市场准入限制。

本质上,这种分析需要穿透民航经营者的外在行为,分析经营者真实的意图以及对竞争的影响。例如,在日耳曼航空与汉莎航空反垄断案中,德国反卡特尔局认为尽管汉莎航空的票价高于其竞争对手日耳曼航空,但是综合考虑汉莎航空的定价行为,仍然认定汉莎航空存在掠夺性定价的行为。具体理由如下:对于柏林-法兰克福航线,汉莎航空一直处于垄断地位。2001年,日耳曼航空作为一个新进入者开始以99欧元单程票价加入到柏林-法兰克福航线的经营中。此后,汉莎航空也立即调整了票价,将柏林-法兰克福航线的单程票价调整为100欧元,并且提供更多例如诸多报纸、软饮料以及里程积分等额外服务。经过事实认定,汉莎航空在该航线的价格条款与日耳曼航空相类似,该票价明显低于汉莎航空的成本价以及其经营的其他航线的票价,并且这种低价仅仅适用于汉莎航空经营的柏林-法兰克福这一条航线,考虑到汉莎航空在该航线上的垄断地位,德国反卡特尔局认为汉莎航空具有明显吓退其他竞争者的意图,因此裁定其存在掠夺性定价的行为，违反了德国的反垄断法。[1]

(三) 补救措施与反垄断豁免

与其他行业一样，民航反垄断也并非一味强调反垄断执法机关对民航垄断行为的单方面规制与处罚，同时也强调主管机关与经营者良性互动。通过经营者的某种让步，消除主管机关对排除或限制竞争的担忧，达到一种"和解"。通常情况下，在反垄断执法机关已经确认或者怀疑民航经营者的垄断行为将会给竞争带来消极影响的前提下，民航经营者主动或者承诺采取一定补救措施，并得到了执法机关的认可，执法机构因此有条件同意反垄断豁免。

补救措施一般由经营者自己提出，这种补救措施包括：要求经营者确保航线存在竞争；要求经营者放弃部分航线、航班时刻、减少航班频率，对于运价条款附加特别限制，承诺与竞争对手展开合作等。例如，1996年，欧盟委员会主动发起对星空联盟的反垄断调查，发现从法兰克福至芝加哥、华盛顿、洛杉矶、旧金山四条航线中，作为星空联盟的汉莎航空、北欧航空与美国联合航空占据了绝对的优势地位，并且受制于法兰克福机场流量以及德国政府对于旅客中转服务的限制，在这四条航线中，这三家航空公司基本无可能遭遇其他竞争者。为了消除欧盟反垄断执法机构疑虑，这三家航空公司主动放弃法兰克福机场的部分航班时刻，从而消除了欧盟委员会对竞争的疑虑，

---

[1] Rakesh V. Bohra & Lakshman Krishnamurthi, Principles of Pricing: an Analytical Approach, Cambridge University Press, 2012, p.177.

欧盟委员会据此终止了该调查。[1]

（四）民航反垄断执法机构的协作

经过了数轮政府职能调整，目前我国承担反垄断职能的为市场监督管理总局下设的反垄断局，但是作为民航行政主管机关的民航局在民航反垄断中承担的职责并不清楚。

我国反垄断执法机构本身权力混乱、分散，并且也存在着职能重合的情况，尤其是发改委与国家工商总局之间。[2] 2018年《深化党和国家机构改革方案》将上述三个机构中反垄断职责以及国务院反垄断委员会职责统一整合到新组建的国家市场监督管理局，以负责反垄断统一执法工作。具体而言，由市场监督管理总局内设的反垄断局统一承担所有与反垄断相关的工作，包括拟定反垄断措施和指南、执行反垄断执法、指导企业在国外反垄断应诉、组织公平竞争审查、进行国际合作与交流等。[3] 通过机构的整合，有利于完善我国反垄断的顶层设计，优化反垄断执法力量与资源，提升监管效能，促进反垄断执法的可预见性与统一性。

从法律角度看，由于《民用航空法》在反垄断法中的缺位，导致民航管理部门并无民航反垄断职责。事实上，反垄断与行业监管是密不可分的，民航反垄断中涉及的因素，同样也是行业监管的内容，例如对市场准入的监管，航线时刻、价格监管，

---

[1] "Monique Negenman, Commission closes investigation into Lufthansa/SAS/United Airlines and KLM/Northwest Alliances"，载 https://ec.europa.eu/competition/publications/cpn/2003_1_70.pdf，最后访问日期：2020年7月19日。

[2] 于立：“垄断行业改革与反垄断执法体制的构建”，载《改革》2014年第5期。

[3] 反垄断局网站，http://www.samr.gov.cn/fldj/，最后访问日期：2020年7月19日。

经营者集中、合并的监管等,并且行业反垄断极易受到专业性与政策性的影响,可见,在民航反垄断中,民航主管机关同样不可或缺。因此,关键的问题是如何在反垄断局与民航主管部门在民航反垄断工作中建立协作,构建协同高效的民航反垄断执法体系。

关于未来反垄断局与民航局在民航执法中的协作问题,本书认为,反垄断局作为统一的反垄断部分应当具有主导地位,有权独立做出民航反垄断的执法、惩罚以及和解措施的权力,而作为民航主管机关的民航局,应当承担相应的信息提供、技术分析等配合工作。作为民航主管机关的民航局,首先承担着民航管理的职能,如果继续承担民航反垄断职能,那么可能导致反垄断执法无法突破民航管理行为,甚至仅仅在于确认其民航管理行为的效果,这可能导致其反垄断执法行为的公平公正性受到质疑。因此,在民航反垄断执法中,由民航部门承担主导地位是不合适的。但是上文所述,民航反垄断毕竟具有专业性与政策性,彻底排除民航局在民航反垄断中的职责也是不现实的。因此,这种以反垄断局为主导,民航局为配合的民航反垄断执法体系是比较符合我国现状的。在确立两者在民航反垄断中的地位后,还需要建立两个机关执法信息的共享与协调机制,充分实现信息共享,内部顺畅,无缝对接的执法体系。

第五章 深化新时代民航行政管理体制改革

第一节 行政管理体制是民航治理现代化的载体

行政管理体制是国家治理的载体。党的十九届四中全会指出，行政机关承担着按照党和国家的部署进行经济建设、社会管理、服务人民的重大职责。[1] 行政管理体制改革渗透到国家治理的各个领域，因此，国家治理的现代化极度依赖行政管理体制的现代化。[2] 而对于行业来说，行业治理对于行业行政管理的依赖更甚。

因此，提升民航治理迫切需要深化民航行政管理体制改革，建立满足民航治理现代化需求的民航行政管理体制。分析如下：

首先，完善的民航法律体系需要现代化、高效的行政管理

---

[1]"中共中央关于坚持和完善中国特色社会主义制度、推进国家治理体系和治理能力现代化若干重大问题的决定"，载中央人民政府网，http://www.gov.cn/zhengce/2019-11/05/content_5449023.htm，最后访问日期：2020年7月19日。

[2]"中共中央关于坚持和完善中国特色社会主义制度、推进国家治理体系和治理能力现代化若干重大问题的决定"，载中央人民政府网，http://www.gov.cn/zhengce/2019-11/05/content_5449023.htm，最后访问日期：2020年7月19日。

体制进行执行,立法的价值、理念、具体的规范需要行政管理行为作用于行业本身,否则就会陷入"有法而不行"、法律被束之高阁的状况。

其次,现代化的行政管理体制也是建设高水平市场体系的要求。上文所述,民航治理改革的灵魂是提升资源配置的效率与水平,因此建设高水平的民航市场体系是民航治理改革的核心,但是本质上,建立高水平的民航市场体系的关键又是正确处理好政府与市场的关系。因此,高水平的行业市场体系的建设同样离不开行政管理改革。

最后,行政管理体制改革也有其自身的价值,体现为我国从旧的行政管理模式全面转向新的公共治理模式。传统的行政管理具有"四强四轻"的特点,表现如下:强调对行政相对人的管制性,轻服务性;强调对行政相对人的强制性,轻指导性;强调行政主体的单方性与行政相对人的服从性,轻互动性;强调行政行为的封闭性,轻透明性。而在依法行政、建设法治政府的背景下,行政管理体制需要进行根本性的变化,突破狭隘的行政管理,实现公共治理,改变上述"四强四轻"的格局。在内容上从管制性转变为服务性,在手段上从强制性转向指导性,在方式上从单方强制为主转向互动协商,行政信息从保密为主转向公开为主。[1]并且,在提升民航治理改革过程中,更是要求民航行政管理体制针对民航的特点与发展需求,在国家治理体系和治理能力现代化的大政方针下,转变政府职能,对于民航职能与机构改革,固根基、扬优势、补短板,致力于建立健全内涵式、精细化、集约化的民航服务型政府。

---

〔1〕 姜明安:"在国家治理现代化中翻开行政法学新篇章",载《人民日报》2018年1月22日,第16版。

从广义上说，民航行政管理体制改革的核心为处理好政府与市场的关系，而这一问题同样涉及民航法律体系的完善以及建立民航现代化市场经济的核心问题，就相关内容，本书已经放在第三章、第四章进行讨论。因此，本章将主要行政管理体制本身的价值入手，着重从简政放权，创新民航监管方式，打造民航服务性政府角度进行论述。

第二节　我国民航行政管理现状

民航不同于一般行业，本身具备一个内部闭合式的行政管理制度体系，这些制度本身无不体现出民航自身治理的独特需求与属性，因此，深入了解这些制度的规定以及其背后的原理是进一步讨论具体改革措施的前提。根据2009年民航局"三定方案"，我国民航行政职能包括，包括航空器管理、空域管理和飞行规则、航空人员执照管理、航空经营活动管理、机场和航空辅助行业管理、航空安全管理以及服务监督和指导检查，民航宏观调控，民航政策指导，民航对外交往等等。[1] 一般来说，民航管理从管理对象上，可以分为对航空器以及相关设备的管理、对航空人员资质的管理、对民航运行行为的管理、对民航经营行为管理以及对机场与相关辅助行业的管理五部分，这五个部分在具体深化民航行政管理体制改革中，由于各自的不同内涵，各具特殊要求，具体分析如下：

---

〔1〕 中国民用航空局："关于印发民航局机关各部门主要职责的通知"，载中国民用航空局网，http://www.caac.gov.cn/XXGK/XXGK/JGZN/201511/t20151123_14745.html，最后访问日期：2020年7月29日。

一、民用航空器适航管理制度

(一) 航空器适航管理理论

适航管理是民航主管部门职责的主要内容,主要是为了保障航空产品和零部件的适航性。所谓适航性,是指在允许的限制条件内,航空器或航空器部件满足了安全状态下飞行的必要要求。

适航管理制度源于《芝加哥公约》附件八《航空器适航》,根据附件八:为了安全,航空器必须以该航空器登记国的适航标准进行设计、生产与运营;为了便于航空器进出口以及租赁、互换,如果另一缔约国颁布的适航证书所依据的适航标准不低公约规定的标准时,则缔约国有义务承认并核准该另一缔约国颁布的适航证书。[1]为了执行《芝加哥公约》以及附件八,我国在国内法层面为《民用航空法》与《行政许可法》,在行政法规层面包括《适航管理条例》、《国籍登记条例》以及《无人机条例》中的适航审定内容以及民航局颁布的 CCAR-21、CCAR-45、CCAR-92 部等大量技术性行政规章。

一般而言,航空器适航认证与管理主要围绕三个内容:①对航空器允许的限制条件进行认证,这些限制条件包括航空器的飞行包线、最大重量、运行条件等,民航主管机关通过对航空器允许的限制性条件进行认证,要求未来航空器运行必须在限制条件内,因为一旦超出航空器的允许限制条件,就可能会导致事故。②对航空器的安全状态进行认证与管理,安全状态是指经过审查后,主管部门主观上认为不会出现事故的状态,民

---

[1] Airworthiness of Aircraft: Annex 8 to the Convention on International Civil Aviation.

航主管机关通过对航空器安全状态进行认证，要求航空器在未来始终保持这种状态。③确保航空器的设计、制造、运行、维修满足航空器适航的必要条件，这些必要条件是指航空器或任何零部件必须依据验证过的标准进行设计和制造，以便在允许的条件范围内，满足安全状态。[1] 通常而言，这些必要条件包含在国内的适航取证规章与标准中。

（二）我国航空器适航管理的具体内容

航空器适航管理涵盖一架航空器从设计、生产、维修、运行的全部流程，包括以下内容：

1. 民用航空器（发动机、螺旋桨）型号合格证/型号认可证（TC/VTC）。该项许可是指民航当局对民用航空器、发动机、螺旋桨以及民航航空器上的设备进行设计批准的许可，确保航空产品的设计满足"设计符合性"。

型号认可证是指我国对其他国家型号合格证的认可，获得我国型号认可证的航空器，视为获得了我国的型号合格证。型号认可证的程序与型号合格证的申请程序相同，但是对于美国民航产品的认可适用我国与美国签署的更为便捷的《中美双边适航协议》。

2. 民用航空器补充型号合格证（STC）/补充型号认可（VSTC）。如果对航空产品进行大改时，必须向局方申请航空器补充型号合格证或补充型号认可证书，以确保航空产品经过大改后，仍然符合适航标准，或具有原型号设计的同等安全水平。一般认为，在航空器维修或改装中，除对于重量、结构、可靠性、噪音、环保、使用特征以及适航性没有显著影响的小改之

---

[1] [意] 菲利普·德·弗洛里奥：《适航性：航空器合格审定导论》，赵越让等译，上海交通大学出版社2013年版，第3~4页。

外,其他均属于大改的范畴,申请人需要获得补充型号合格证或补充型号认可证书。其审核手续、流程与型号合格证/型号认可证一致。[1]

3. 民用航空器(发动机、螺旋桨)生产许可(PC)。航空器的制造商必须获得局方颁发的生产许可,才能根据已经获得型号合格证生产航空器或航空产品。该种许可针对已经获得型号合格证或型号设计合格证,补充型号合格证或补充型号认可证的申请人,或者持有上述证书的受让方。局方通过对其生产技术和工程保证能力、质量控制能力等方面进行审核,允许申请人将航空产品投入生产。局方经审查后认为,如果申请人已经建立且能保持完善的质量控制系统,确保其航空产品的生产符合经批准的型号设计要求后,将向申请人颁布《生产许可证》。

4. 民用航空器适航证(A/C)核发和外国民用航空器适航认可。一架航空器只有获得最终的适航证,才能投入运行。适航证是指适航当局根据相关的合格审定规则,对民用航空器颁发的证明该航空器处于安全可用状态的证件。根据航空器的类型不同,适航证又可以分为普通适航证与特殊适航证,后者仅仅适用于初级类和限用类航空器,除此之外,航空器在运行之前均需要获得普通适航证。对于合法占有、使用具有外国国籍的航空器的中国申请人,可以申请外国民用航空器适航证的认可,但是该架航空器必须具有有效的外国国籍登记证和适航证,且型号也已经得到了适航审定司认可。

---

[1] "民用航空器补充型号合格证(STC)/补充型号认可(VSTC)",载中国民用航空局网,http://www.caac.gov.cn/website/old/E1/E2/SHSDL/200707/t20070720_ 6653.html,最后访问日期:2020年7月19日。

5. 出口适航证。对于从中国出口的航空器，为了证明该架航空器处于适航状态，出口人需要办理出口适航证。由于航空器在出口后，不会在国内运营，不涉及国内民航安全，因此目前航空器出口时并非一定要取得出口适航证，出口人可以自主选择是否办理。如果在进口国当局不要求提供出口适航的情况下，当事人也可以选择不申请出口适航证。

上述五种适航认证的申请具体程序类似，民航主管机关受理申请后将进行形式审查，经形式审查合格后交给独立的适航委员会进行实质审查，实质审查的核心就是民航设计、生产、维修、运行符合安全标准，民航主管机关在实质审查结果的基础上，做出行政许可决定。[1]

可以看出，一方面，航空器适航取证是保障民航安全的第一关口，强调对于技术特征与安全运营的全过程的技术把关，以及获得适航后的持续性监管。另一方面，航空器适航取证最终决定了航空器新设计、新技术能否适用于航空器上，对于航空器技术的促进具有推波助澜的作用。从域外经验上看，美国与欧盟航空技术的发展无不建立在其成熟的适航取证制度上。因此，在航空器适航取证中，优化行政服务，培育新的航空科技也是航空器适航取证的任务之一。

二、民用航空器国籍管理制度

国籍原则是民航法的基本原则之一，航空器国籍是登记国与该架航空器相互联系的"纽带"，包括登记国对该架航空器的

---

〔1〕"航空器（发动机、螺旋桨）型号合格证/型号认可证（TC/VTC）核发"，载中国民用航空局网站，http：//www.caac.gov.cn/FWDT/WSBS/SHSDL/54002/201705/t20170531_44370.html，最后访问日期：2020年7月19日。

管辖权、保护权、管理权。根据《国际民用航空公约》，航空必须且只能有一个国籍。航空器具有登记国家的国籍。[1] 由于我国将民用航空器国籍登记事项放在民航局适航司，因此，我国通常将航空器国籍登记作为适航登记的一部分，《航空器国籍登记条例》以及相关的规章也作为适航条例与规章的一部分。但是本书认为，航空器国籍登记不同于适航登记，适航登记与国籍登记，无论从登记审查内容，还是登记的性质与意义，都是不同的。因此，此处将国籍登记单独讨论。民用航空器国籍登记还包括民用航空器国籍证的变更、补发、注销、民用航空器未注册声明的核发。

根据国务院《民用航空器国籍登记条例》第2条[2]，可以登记为中国国籍航空器为中国国家机构，中国企业或中国公民享有实质所有权与有效控制的企业（中国资本比例超过65%，在董事会、股东会表决权超过65%，企业董事长为中国公民）以及中国公民所享有或租赁的航空器。[3] 可以看出，我国国籍登记采用属人原则，只有中国国家机构、中国籍公民或者中国公民、企业拥有实质所有权与有效控制的企业，所拥有或者租赁的航空器才能够登记为中国国籍。

航空器国籍登记比较简单，由符合上述条件的申请人直接在民航登记关系系统进行申请即可。民航主管机关认为符合我国航空器国籍登记条件的，将会向申请人颁发航空器国籍证书。

航空器国籍登记体现了我国民航业对外开放程度，尤其决

---

[1]《国际民用航空公约》第17至21条。
[2]《民用航空器国籍登记条例》第2条。
[3] "民用航空器已有经营许可证的申请人申请国籍登记证核发"，载中国民用航空局网，http://www.caac.gov.cn/FWDT/WSBS/SHSDL/54001/201705/t20170531_44367.html，最后访问日期：2020年7月19日。

定了外商投资民航企业拥有的航空器能否拥有中国国籍,从而在中国境内正常运行,因此,航空器国籍登记需要满足我国民航对外开放的水平与需求。

三、民航航空其他设备的管制制度

(一)民航航空器通信监视导航设备管理制度

航空器通信导航监视设备管理,包括航空器通信监视设备、导航设备、民航无线电台、频率及呼号、航空器电台执照核发与管理,以确保这些设备在被用于航空器或机场之前符合安全标准,并且在使用过程中,持续满足安全标准。

通信导航监视设备使用许可,包括临时使用许可、使用许可两类。临时使用许可是由设备厂家申请在设备正式移交之前申请,以确保设备的安全性与可靠性,该种许可的一般有效期为2年。获得临时使用许可证的通信导航设备如果完成了可靠性试验,并经审查合格的,可以获得正式的使用许可证,被正式用于航空器制造与改装维修。[1] 通信导航监视设备的审查与管理的内容既针对设备本身,也针对设备的制造商,确保通信导航设备满足安全性标准。[2]

民用航空导航设备开放许可核发适用于民用机场导航设备的生产与特殊开放。导航设备的生产许可适用于导航设备首次投入实际运行前,[3] 局方审查的内容包括设备的安装、飞行校验、试运行是否满足相应的技术标准,设备的台址、频率、呼

---

[1]《民用航空空中交通通信导航监视设备使用许可管理办法》第6条、第9条、第14条。

[2]《民用航空空中交通通信导航监视设备使用许可管理办法》第6条、第11条。

[3]《民用航空导航设备开放与运行管理规定》第6条。

号、型号是否得到了批准等。导航设备的特殊开放许可，适用于工程竣工验收、设备投入使用的前置程序。审查内容与民用航空导航设备开放许可类似。[1]

对于航空器而言，民用航空器正常运营除了获得国籍证和适航证外，还需要取得电台执照，一般称为航空器的"三证"。在无线电台址核发与管理中，局方审查与确保无线电导航台应当满足电磁环境、场地、飞行程序的要求。[2] 在申请时，需提交民用航空器国籍证和适航证、民用航空器无线频率批准文件以及其他文件。[3]

（二）民航安检设备管理制度

作为特种设备，民航安检设备实行使用许可制度，未经许可或者许可失效的，不得销售、购买民航安检设备。根据2012年民航局《民用航空安全检查设备管理规定》，我国安检设备管理包括使用许可、验收、定期检测管理模式，审查与管理的重点在于确保生产商的具备完整的质量管理体系。[4]

可见，民航设备的管理制度不仅涉及民航安全，还涉及国防安全，因此，对其实行严格的执照管理是一种惯例。但是从行政管理角度看，关键的问题是如何在颁发执照后，加强设备的事中事后监管与持续性监管，建立系统化监管体系，确保设备的安全性与可靠性。

---

[1] 《民用航空导航设备开放与运行管理规定》第8条、第12条。

[2] 《民用航空通信导航监视设备台（址）管理办法》第2条。

[3] "民用航空器电台执照办理"，载中国民用航空局网，http://www.caac.gov.cn/FWDT/WSBS/JTGLL/54013/201705/t20170531_44395.html，最后访问日期：2020年7月19日。

[4] 《民用航空安全检查设备使用许可程序规定》第7条。

四、航空人员资质管理制度

从广义来说，航空安全既包括航空器本身因素，也应包括人的因素，对于具体的航空人员，要求保证具体负责航空器运营的人经过专业的训练，有足够熟练的技术、心理与身理健康。[1] 为了保障民用航空器持续适航和安全，相关航空人员必须必备民航管理部门颁发的相关资质。

根据《国际民用航空公约》[2] 以及附件一《人员执照的颁发》，任何人员在未经授权的情况下应禁止从事航空活动。[3] 我国《民用航空法》、《民用航空器适航管理条例》以及民航局规章也都有类似的规定。由于我国这一类审批属于民航局飞行标准司负责，因此我国将其划归为飞行标准类，从性质上说，这一类属于航空安全管理范畴。航空人员执照包括民用航空维修人员执照、民用航空器驾驶员、飞行机械员执照、飞行签派员执照等，民用航空人员资质管理包括以下内容：

1. 民航驾驶员执照。驾驶中国航空器或者在中国境内驾驶航空器必须获得中国颁发的驾驶员执照，[4] 按照可驾驶航空器的类别，从易到难，我国驾驶员执照为六个级别，分别：学生执照、运动执照、私用执照、商业执照、多人制机组执照、航线运输执照，民航主管部门对于完成相应训练并符合各等级要求的申请人，颁发相应的执照。但是其中的运动执照由体育总局航管中心颁发。

---

〔1〕 [意]菲利普·德·弗洛里奥：《适航性：航空器合格审批导论》，赵越让等译，上海交通大学出版社 2013 年版，第 1 页。

〔2〕《国际民用航空公约》第 32 条。

〔3〕 Personnel Licensing, Annex 1 to the Convention on International Civil Aviation.

〔4〕《民用航空器驾驶员合格审定规则》（CCAR-61）

2. 民航维修人员执照。从事航空器维修的人员必须获得维修执照。该种执照分为基础部分执照与机型部分执照,后者又进一步分为机型Ⅰ类执照,机型Ⅱ类执照,不同的执照修理人员享有的权限是不同的。维修人员执照审批与管理的内容为审查申请人培训经历、维修经历等内容,以便确保申请人具有相应的航空器维修能力。

3. 民航飞行机械员执照。在航空器上操作管理航空装置和系统飞行工作状态的人员为飞行机械员。在中国航空器上或者在中国境内飞行的航空器上担任飞行机械员,必须获得中国颁发的飞行机械员执照。[1] 飞行机械员执照的审批流程、内容与飞行驾驶员基本相同。但是由于现代技术的发展,飞行机械员目前仅仅在很少的机型中存在。

4. 民航飞行签派员执照。飞行签派员负责飞行保障组织和运行管理工作,一般称为航班运行的"大管家"。从事飞行签派工作的人员必须获得签派员执照。民航行政管理部门需要根据申请人的健康、语言、理论、学历、经历和训练等要素,决定是否颁发飞行签派员执照。

5. 民航空中交通管制员执照。从事空中交通管制的人员必须获得执照,空中交通管制员执照的颁发与管理在于确定申请人具有相关的学历、能力、专业、理论、技能以及见习经历。[2]

6. 民航电信人员执照。民用航空电信人员实行执照管理,

---

[1]《民用航空器飞行机械员合格审定规则》第63.7条。
[2] "民用航空空中交通管制员执照办理",载中国民用航空局网,http://www.caac.gov.cn/FWDT/WSBS/JTGLL/54007/201705/t20170531_44390.html,最后访问日期:2020年7月19日。

必须获得电信人员执照，才可从事执照载明的通信导航监视服务保障工作。民用航空电信人员执照的颁发与管理在于确定申请人具有相关的学历、能力、专业、理论、技能以及见习经历。[1]

7. 民航情报员执照。民航情报员是指为了保障空中交通安全与顺畅，搜集、整理、编辑民航资料，设计、制作、发布民航情报产品，为民用提供情报服务的人员。从事民航情报工作，必须获得情报员执照。民航情报员执照的颁发与管理在于确定申请人具备非常广泛的知识储备，能够提供准确的民航情报产品。[2]

8. 民航气象人员执照。民航气象人员包括，气象观测员、气象预报员以及负责气象观测设备、雷达设备、信息系统保障的气象机务人员。民航气象人员也实行执照管理，只有获得执照后，才可以独立提供航空气象服务工作。在申请情报员执照前，申请人必须通过局方组织的专业培训、理论考试、技能考核。[3]

9. 民航安保人员执照。在民用航空器内执行安全保卫任务的人，包括空中警察与航空安全员，同样必须取得执照，未取得有效执照的人员不得担任航空安全员。[4] 航空安全员执照的颁发与管理在于确定申请人员的能力、培训状况，包括：年龄、身高、学历、政治、业务素质和品行、完成训练通过考试考核、

---

[1] "民用航空电信人员执照颁发程序"，载中国民用航空局网，http://www.caac.gov.cn/FWDT/WSBS/JTGLL/54046/201705/t20170531_44401.html，最后访问日期：2020年7月19日。

[2] 《民用航空情报员执照管理规则》第五（一）条。

[3] 参见《民用航空气象人员执照管理规则》第2章。

[4] 《航空安全员合格审定规则》第5条。

无严重失信行为记录[1]等。申请人在获得安全员执照后,需要在160天内完成不少于60个小时的实习飞行阶段,实习飞行考核合格的,地区管理局对该执照进行实习飞行考核签注。[2]

民航人员资质管理,一方面是保障民航安全的重要因素,相对于航空器适航,人的因素对于航空安全更是起到决定性作用,因此,需要强化培训与资质管理,同时将人的因素放置整体的民航安全管理系统中。另一方面,航空人员的数量与质量储备是民航发展程度的重要标志,也是国家重要的战略资源,因此,民航主管机关不能被动进行资质审查,需要结合航空人员培养的客观规律,优化行政服务,支持航空人员的培养。

五、民航运营主体的运行合格审定制度

民航合格审定既涉及市场准入,也涉及民航安全管理,是民航主管机关在民航市场主体进入市场之前,就其民航安全保障制度与能力进行审查的行为。运行合格审定要求运营主体根据民航规章的要求,建立自身的安全管理系统,制定相关程序、手册、规范,确保民航市场主体规范化、制度化运行,以保证航空安全的有效性与连续性。民航行政管理部门通过审查运营主体提交的文件、进行现场检查等,认为申请人能够严格按照其提交的手册、程序、规范等内部管理文件进行运营,则为其颁发运行合格证和运行规范。[3]

一方面,运行合格审定是航空运营人活动经营许可的前提,

---

[1]《航空安全员合格审定规则》第7条。
[2]《航空安全员合格审定规则》第13条、第14条。
[3] 韦王勇、曾小舟:"浅谈通用航空的运行合格审定",载《交通建设与管理》2013年第8期。

运营人仅能在合格审定的范围内进行运营，超出合格审定范围的，申请人需要扩大申请。另一方面，运行合格审定也是民航主体对运营人进行安全监管的起点，要求申请人在筹建之初就建立起完善、有效的航空安全运行体制。民航主管机关主要在后续检查运营人的安全保障体制是否正常运行，从申请人民航安全体系角度进行管理即可，后续的安全监管均是建立在合格审定的基础上的。从申请人角度看，申请不同的民航合格审定，意味着其不同的营业范围，以及为了满足运营安全，所要承担的不同的运营成本。因此，在实践中，有些运营主体为了节省成本，同时兼顾安全与效率，按照实际运营需求申请不同的运行合格审定，例如南航珠海直升机公司分别申请了两种不同的运行合格审定，以便在进行海上石油平台运输时，执行 135 部合格审定，但是在执行航拍与救灾等任务时，为了降低运营成本，可以执行 91 部合格审定。[1]

根据运行合格审定的标准不同，我国包括以下几种类型：中外公共航空运输承运人运行合格证（121 部、135 部、129 部）；商业非运输运营人运行合格证核发及私用大型航空器运营人和航空器代管人运行规范（91 部）；民用航空器维修单位许可证（145 部）三种类别。

民航市场主体运行合格审定一般包括以下程序：第一，预申请阶段。在该阶段，民航局与申请人进行充分沟通，辅导申请人了解相关的审定规章，协商确定审定的标准与流程，以便申请人准备审定的条件，同时也使民航局初步了解申请人的条

---

[1] 廖志文、马文莉："南航珠直获颁《小型航空器商业运输合格证》"，载民航资源网，http://news.carnoc.com/list/85/85476.html，最后访问日期：2020 年 7 月 14 日。

件与意图，以便在正式审定程序开始后中，民航局有针对性分配资源进行审定。在这一阶段中，申请人向民航局提交申请意向书，告知成立运营主体的一些基本情况，包括运营基地、拟使用的机型、业务范围与规模等，民航局在收到意向书后，按照审定的必要性分配人力与资源，成立合格审定小组。第二，正式申请阶段。在正式申请阶段，申请人根据预申请阶段的辅导，提交运行审定材料，包括工作计划表，人员资历，运行手册，航空器驾驶舱检查单，航空器检查大纲，豁免、偏离请求，符合性声明等。第三，文件审查阶段。通过民航局与申请人联合工作的模式，由民航局对上述的材料进行文件审查，如果发现问题，可以要求申请人修改与完善。第四，演示与检查。在进行文字审查后，为了验证各项手册的有效性与申请人的实际运行能力，民航局会要求进行现场演示与检查。第五，颁发运行合格证。在通过上述所有程序确认申请人能够满足运行合格标准时，民航局会向申请颁发运行合格证。[1] 第六，监督计划的执行。颁发运行合格证仅仅民航局对申请人进行安全检查的起点，运行合格审定中审查的内容为民航运营主体是否建立了完整有效的民航安全管理体系。民航局在事后会按照监督计划就该系统的持续性运营进行监督，确保该体系得到遵守与良好的运作。

六、机场建设项目管制制度

与民用航空器适航审定相类似，机场建设项目也属于全流程审批。机场建设管理类审批涉及机场的可行性、立项、施工、

---

[1] 韦王勇、曾小舟："浅谈通用航空的运行合格审定"，载《交通建设与管理》2013年第8期。

民用机场场址审批。该种审批适用于机场新建或迁建场址的审批，审查的主要内容是机场场址是否具有可行性、是否符合国家与民航规划的文件要求，提交的材料包括民航工程设计资质，地方政府及有关部门对预选场址的书面意见，选址报告等。[1] 民航主管部门在审查过程中需要征求城乡、交通、市政、环保、气象、地震、无线电管理等部门的意见，出具专家意见。最终民航主管机关根据专家意见做出批复意见，决定是否授予民用机场选址许可。

民用机场总体规划审批。该种审批适用于民用机场总体规划的审查，为民航主管部门与地方人民政府联合行使审批权。审查的主要内为机场总体规划是否符合批准的可行性研究报告和核准的项目申请报告进行审查。该总体规划必须由机场建设单位委托具有相应资质的单位编制，并且应征求地方政府环保、国土资源、城乡规划等相关单位的书面意见，涉及军航空域的，应当征求军事机关的意见。审批的流程与机场的场址审批相同，只是在民航管理部门做出准予许可的，应会同地方人民政府联合做出批复。[2]

规定权限内对新建、改建和扩建民用机场的审批。该种审批适用于新建、改建、扩建机场的项目建议书与可行性研究报告的审批与审核。对于需要国务院或发改委审批项目，由民航局对项目建议书与可行性研究报告进行审核后，向国务院或发

---

[1] 参见《民用机场管理条例》第2章。
[2] "民用机场场址及总体规划审批（总体规划）"，载中国民用航空局网，http://www.caac.gov.cn/FWDT/WSBS/JCGLL/54047/201705/t20170531_44407.html，最后访问日期：2020年7月19日。

改委报送项目审批的行业意见，供国务院或发改委作出最终的批复意见。该种审批的内容为：新建、改建和扩建民用机场项目是否符合国民经济和社会发展规划，是否符合民航发展规划；项目建议书、可行性研究报告等是否在内容与深度上达到有关要求；对于涉及规划、土地项目的，申请人还应提交规划书、国土部门的意见。其中项目建议书应当由地方政府先行出具审核文件。[1]

运输机场专业竣工验收审批。运输机场专业工程必须经过民用管理部门验收合格后，才可投入使用。[2] 在这种审批中，实行运输机场工程与空管工程分开验收，对于运输机场的验收包括：运输机场本身竣工验收合格、完成飞行校验、完成试飞、民航专业弱电系统等专项验收合格、竣工验收标出的全部问题已经整改完成、民航专业工程质量监督机构出具工程质量监督报告。对于空管系统，除了验收以上各项外，还需要验收相关工艺设备是否符合设计要求。作为机场建设竣工的最后一步，在提交申请文件时，还应提交前期已经经过批准的文件，包括可行性报告、总体规划、初步设计及概算、初设变更、概算调整、环评、水土保持方案、土地预审等等。[3]

民用机场使用许可审批。民用机场实行使用许可制度，民用机场只有取得机场使用证后，才可以开放使用，在机场使用

---

〔1〕"规定权限为对新建、改建和扩建民用机场的审批"，载中国民用航空局网，http://www.caac.gov.cn/FWDT/WSBS/JCGLL/54009/201705/t20170531_44403.html，最后访问日期：2020年7月19日。

〔2〕《民用机场管理条例》第13条。

〔3〕"运输机场的专业工程验收许可"，载中国民用航空局网，http://www.caac.gov.cn/FWDT/WSBS/JCGLL/54019/201705/t20170531_44405.html，最后访问日期：2020年7月19日。

许可证的范围内使用机场。[1] 审批的内容包括：机场建设本身经过通过竣工验收、获得通信导航监视、气象等设备开放使用许可、编写民用机场使用手册、所有必须具有相应资质的岗位应该具有相应的资格证书以及民航管理部门可能需要的其他要求。在民航局通过对上述事件的审查，决定是否颁发民用机场许可证。[2] 另外，如果运输机场作为国际机场使用的，应当设立口岸查验机构，并且经过国务院有关部门的验收。[3]

对于从事机场航油供应的企业还需要办理然后供应安全经营许可。审查的内容主要为影响燃油供应安全的因素，包括：是否获得成品油经营许可和危险化学品经营许可、是否为符合国家标准的航空燃油供应设施与设备、航空燃油供应安全管理、油品检测和监控体系是否健全以及是否具备必要的专业与管理人员。[4] 民航主管机关在收到上述资料后，将对内容进行实质审查与现场核查，并在三十个工作日内完成审查。[5]

可见，对于机场投资，虽然我国逐步取消了机场航站楼改造审批、机场绿化建设项目审批，但是一个机场从筹建到正式投入运营，至少要经过机场总体规划、施工图设计、初步设计、机场选址等诸多环节审批，在不停航的情况下进行机场施工还得取得不停航施工审批，审批程序繁琐、效率低下，可能导致

---

[1]《民用机场管理条例》第17条、第19条。

[2]"设立国际机场审批、民用机场使用许可证核发"，载中国民用航空局网，http：//www.caac.gov.cn/FWDT/WSBS/JCGLL/54010/201705/t20170531_44404.html，最后访问日期：2020年7月19日。

[3]《民用机场管理条例》第20条。

[4]《民用机场管理条例》第41条。

[5]"民用机场航空燃油供应安全经营许可"，载中国民用航空局网，http：//www.caac.gov.cn/FWDT/WSBS/JCGLL/54045/201705/t20170531_44406.html，最后访问日期：2020年7月19日。

民航建设项目拖延。另外，机场项目审批中也存在着大量的模糊标准，因此审批过程往往伴随着民航主管机关与地方政府的博弈。因此，如何优化民航机场审批流程，提高机场的审批效率，是机场项目审批改革的关键。

综上所述，民航是国内经济、国际交流、大众民生的动脉，其独特的运营要素、系统、环境，导致制约效率和安全的要素显现动态时空性、多维产业性、复杂技术性，同时也导致了民航的多维集约管理属性，包含了适航、空中交通管理、飞行标准、机场服务、运输市场等全方位管理以及航空运输领域、机场领域、空管领域、通用航空领域、航空保障领域等全行业管理，行政管理的触角触及民航事务的每一寸肌理。因此，相比一般行业行政管理体制，深化民航行政管理制度任务非常艰巨，并且修修补补的局部思维不足以彻底解决桎梏民航进一步发展的制度障碍，必须坚持正确理念、系统思维，步步为营推进。

第三节 深化民航行政管理体制改革的着眼点

按照新时代党的历次大会，特别是党的十九届四中全会部署，对于行政管理体制，需要界定清楚政府、社会与市场三者的界限与关系，深化行政审批制度改革，优化营商环境，加强市场、质量、安全监管，完善政府公共服务职能，建立普惠性的基本公共服务。[1] 党的二十大报告要求转变政府职能，优化

---

[1] 习近平："完善和发展中国特色社会主义制度，推进国家治理体系和治理能力现代化"，载人民网，http://cpc.people.com.cn/n/2014/0218/c64094-24387048.html，最后访问日期：2020年7月19日。

第五章　深化新时代民航行政管理体制改革

政府职责体系和组织结构。简言之,新时代行政管理体制改革的主线为简政放权、放管结合、优化服务,推动政府职能深刻转变。[1]

民航作为一个高科技行业,其资源配置涉及面非常宽广,并且复杂的供应链体系、广泛的互联网运用与数据信息、严格的旅客权益保护等对民航行政管理体制提出了很高的要求。因此,从具体路线上,新时代民航行政管理体制重点也在于深刻转变民航主管机关职能,针对民航行政管理体制以及审批、监管与服务三个方面职能存在的问题进行改革,[2]以建立符合民航特点的、高度集约、现代化的民航行政管理体制。

在新时代行政管理体制改革的主线下,结合民航行政管理的特点,就新时代民航行政管理制度深化改革的着眼点,本书进一步分析如下:

一、民航深化简政放权

简政放权关系到民航的活力与动力。新时代行政管理体制改革主线之一为"深化简政放权",但是由于我国民航密集的审批监管属性,民航简政放权所面临的挑战与困难比一般行业严峻。

脱胎于计划经济的密集监管属性与新时代简政放权体现出一种尖锐的矛盾关系。从我国民航的改革历程可知,我国民航治理改革中很大一部分内容就是简政放权,包括下放经营权、

---

[1] 李克强:"在全国深化'放管服'改革转变政府职能电视电话会议上的讲话",载《中国行政管理》2018年第8期。

[2] 石亚军:"深化党和国家机构改革是一场彰显四个着力的深刻变革",载《中国行政管理》2018年第5期。

彻底政企分开等，总体趋势是政府减少对所有的民航资源与收益进行直接配置，但是历次改革仍未从根本理念上触及民航简政放权的实质。新时代民航简政放权涉及目标、理念、方法论上的根本转变，分析如下：

首先，新时代民航简政放权强调建立"有限政府"模式。我国传统上"大政府"模式仍然对民航行政体制影响深远，政府大包大揽，包办一切，很难继续下放审批，在监管时事无巨细，采用保姆式监管，不重视市场机制的作用，乐于对民航资源的直接进行管理与配置。因此，随着我国民航市场体系的建立与完善，越来越强调尊重市场规律与价格规律，从全能型"大政府"模式转变为有限政府模式，减少经济性规制。可见，民航进一步简政放权任务繁重，需要根据有限政府理念，将简政放权减到位，放到实处。

其次，新时代民航简政放权涉及行政理念的根本转变，要求从传统审批型政府向服务型政府转变。本质上，审批型政府关注公权力本身，权力的界限、划分、行使、救济都是着眼于提升公权力行使的方式与效能，因此政府的权力始终处于扩张的状态，而服务型政府关注于市场与社会，政府充当"看门人"的角色，对市场与社会做好良性规划，创造公平的环境，保护公平正义。民航作为传统密集审批监管的行业，民航主管机关实行对于民航业全流程、全领域的审批监管，在民航领域要彻底实现行政理念的转变还具有很大的阻力，需要以系统性整体性思维推进。

最后，从方法论上，新时代简政放权更是强调通过在公共管理领域推进以权责体系战略调整为主攻方向的供给侧结构性改革，推进对各类公共权力机构及其权责的整体性、内涵式、有机化改革。[1]可见，新时代民航简政放权必须具有夯实的内涵，要求根据民航行政管理的具体权责属性，结合民航行政管理的实践困境与调整，以系统性思维推进民航简政放权。

二、民航创新监管

民航创新监管关系到民航的公平与秩序。民航监管是民航行政的主要内容，但是我国历次民航治理改革鲜有涉及创新监管的内容，对于监管方式、手段、效能关注不够。

民航的高科技性、资源配置复杂性以及对民航安全的极度重视，导致民航监管相对于其他行业更具复杂性。民航监管内部构成一个庞杂的体系，我国目前共有四类十一种监管，[2]并且，每一项监管种类的内容都非常繁复，工作量巨大。除此之外，民航监管还伴随着民航日益增长的体量，以及民航日益多样化的发展需求，这都给民航监管创新带来挑战。在进入新时代后，民航传统监管模式日益满足不了民航复杂的监管需求。

但是，我国民航监管体制脱胎于计划经济的大政府模式，存在着精细化、集约化不足，监管理念落后，监管手段匮乏等问题，因此，在有限的机构、编制条件下，民航监管体制只能进行创新。并且在持续简政放权的背景下，为进一步加强对民航市场、质量和安全的监管，并提供更好的行政服务，民航创新监管改革存在迫切的现实需求。

因此，新时代民航创新监管，着重体现在民航监管理念、手段、方式的创新，需要结合民航自身的特点，尤其是民航强

---

[1] 石亚军：“深化机构和行政体制改革　推动国家治理体系创新”，载《政法论坛》2018年第2期。

[2] 《中国民用航空监察员管理规定》第9、10条。

烈的安全管理属性，在民航监管实践的基础上，转变监管理念，创新监管方式，打通监管各环节，落实被监管对象自身的主体责任，提升监管效能，实现民航监管制度的现代化升级与制度再构。

三、民航优化行政服务

民航优化服务关系到民航行政供给的品质。提供优质的行政服务是现代行政理念的重要组成部分。十八届三中全会提出政府的职责转变任务之一就是加强与优化公共服务，此后也为党的历次大会所重视。在具体部署上，提升政务服务水平，也一直是国务院"放管服"改革和优化营商环境的重要内容之一。

上文所述，由于民航资源配置的复杂性，民航具有远比一般行业更强的行政服务需求。另外，作为一个高科技行业，民航科技的发展，也要求民航更高水平的行政服务能力，特别是民航主管机关对于民航产品的认证与管理上。但是源于我国民航管理体制的历史惯性以及民航自身的特点，我国民航行政管理体制具有强烈的审批型政府属性，对于民航行政服务的供给不足。与民航创新监管相同，我国历次民航治理体系改革也鲜有涉及民航优化服务的内容。

自党的十八大后，在行政管理体制改革的大背景下，民航也开始注重优化行政服务改革。根据2019年《民航优化营商环境事实细则》，民航提升行政服务的措施进一步细化为：推进网上办公平台建设；推进电子证照、电子印章、电子档案系统和制度建设；建设民航信息整合共享交换平台，并与全国一体化政府服务平台对接；提供一站式服务；民航审批的标准化、公开化建设；规范民航中介服务事项等。但是这些改革措施并未触及优化民航服务的本质问题。

事实上，民航优化服务更为关注行政理念的转变与路径的创新。第一，优化服务需要理清事权，清晰的职能是优化行政服务的前提，如果行政职能划分不清，必然导致行政服务不到位，或者缺位，理清职能的当务之急是为减少不必要的经济规制，充分放权于市场与社会，将政府职能转变到加强市场秩序监管与维护正常市场竞争秩序上。第二，优化服务需要简政放权，注重行政效率，只有较高的行政效率才能保障高效率的行政服务供给。第三，在具体措施上，优化需要建立科学的流程，优化服务需要融入民航具体的行政审批与监管的流程之中，要求民航行政主体在一切行政行为中融入行政服务理念，行政行为的出发点与落脚点真正从行业管理转变到服务企业与市场上来。可以说，民航行政服务需要民航审批、监管改革一体推动。第四，行政服务对于权力行使的透明度也有要求，通过提高透明度减少与防范腐败、黑箱等不公平情况。[1] 第五，对于民航来说，优化服务也有着本身的特殊价值，这就要求政府注重对民航市场主体安全运营能力与正常合规体系的建设。民航市场的成熟度与政府提供的民航行政服务水平密切相关，因此，政府优化服务的需要集中于政府对成熟民航市场主体的支持与培育上面，为民航企业成长保驾护航。

---

[1] 董克用："优化政府服务的五大要点"，载《国家行政学院学报》2015年第4期。

第四节 深化民航行政机构改革

一、民航行政机构改革必须实现横优纵顺

行政主体是最重要的治理主体，行政主体具体承担着行政职能与职责，每一项具体的行政行为以及其背后蕴含的价值、理念都均需要通过行政主体来实现。因此，行政体制改革首先是行政机构改革，而行政机构改革的主要内容是行政机构的设立与职能配置的优化。对于民航行政机构来说，民航局作为行业主管机关不存在机构的设立问题，因此，完善民航行政机构改革最主要是推进民航行政机构职能配置的优化。

上文提及，我国民航行政机构包括三类：民航主管机关，即民航局以及民航地区管理局；其他相关政府机关，包括发改委、工信部、科技部等；以及地方人民政府。总体而言，这些部门之间的职能划分存在着交叉模糊之处，除了职能的划分外，最关键的是由于部门设置有固有的编制、人员、资源和职能的限制，而民航行政管理事务又要求高效、专业、集成性，因此，这种资源供给的不足与民航行政管理实践需求之间激烈的冲突要求民航行政管理体制必须进行改革。

关于深化行政机构改革的任务，党的十九届四中全会对于行政体制改革要求优化政府职责体系与政府组织结构，简单概括为构建职责明确、依法行政的政府治理体系，并提出了四点具体部署，分别为：首先，完善国家行政体制，推进国家机构职能优化协同高效；其次，优化政府职责体系；再次，优化政府组织结构，政府组织、机构、权限、职责法定化、高效化，

形成高效率组织体系；最后，充分发挥中央和地方积极性体制机制。[1] 党的二十大报告要求扎实推进依法行政，转变政府职能，优化政府职责体系和组织结构，推进机构、职能、权限、程序、责任法定化。可见，完善民航行政主管机关权责体系在于统筹各部门民航行政管理的权责与资源，实现横优以及纵顺，建立科学合理、协调高效的民航行政机关权责与职能配置体系。[2]

关于行政职能配置的具体逻辑思路，本次行政机构改革强调行政任务决定行政组织的原则，以行政任务调整行政组织，要求行政组织必须与行政任务相匹配，而非相反仅仅在行政组织之间调整、划分行政任务。我国当前行政任务主要包括政治统治、经济保障、公共服务、生态保护等，仅仅从行业行政管理角度来说，后三个任务更为侧重。[3] 在基于行政任务配置职责、组织、人员的基础上，需要继续推进简政放权、创新监管等职能的优化工作。

民航行政机构由于民航的行业属性，在完善行政机构改革时有其自身的侧重点，具体分析如下：

二、合理配置民航主管机关内部权责与资源

民航的行业主管部门为民航局，因此需要完善民航主管机

---

〔1〕 "中共中央关于坚持和完善中国特色社会主义制度、推进国家治理体系和治理能力现代化若干重大问题的决定"，载中央人民政府网站，http：//www.gov.cn/zhengce/2019-11/05/content_ 5449023.htm，最后访问日期：2020 年 7 月 19 日。

〔2〕 石亚军："深化机构和行政体制改革　推动国家治理体系创新"，载《政法论坛》2018 年第 2 期。

〔3〕 戢浩飞："机构改革的理论逻辑与实践探讨——基于行政职能的分析视角"，载《学术论坛》2019 年第 1 期。

关内部权责体系，尤其需要完善民航局与民航局地区管理局的内部权责体系。自 2008 年大部制改革之后，民航局成为交通运输部的直属部管国家局。尽管从整体建制上看，民航局以及地方管理局均属于中央政府组成部门。但是从行业管理部门内部来说，民航局与地方管理局之间的关系，本书也视为民航中央与地方权责分配的一部分。

这种层级分明、自上而下的民航行政体系促进了民航政令的高效、统一。但是民航主管机关内部以行政地域划分进行属地管辖，这种划分方式对于民航这种具有广阔资源配置属性以及地域分配不均衡的行业来说，也存在着以下问题：首先，民航市场主体一般都会涉及跨区运营，这带来了监管重叠的问题。例如，一个跨区经营的航空公司可能需要面对多个地区管理局，和更多的监管办公室的监管，尽管这些机构均属于民航局下属机构，但是其监管标准与执法尺度、工作计划不可避免存在差异，导致监管对象面临着重复监管，疲于应对。其次，民航资源地域发展不均衡，这也导致了民航管理资源供给与需求之间矛盾尖锐。我国民航市场、空域资源使用最为集中的地方包括京津冀、长三角以及珠三角地区，并且这三个地区也是国际航班最为集中的地区，对于这些地区需要投入更多的管理资源。相反，在广大的中西部地区，民航资源的使用并不集中，但是现行体制下按照地域设置地区管理局时均等分配监管人员与资源，并未体现出这种差异性。

对于中央与地方的关系，党的十九届四中全会要求理顺中央和地方权责，加强中央宏观管理，赋予地方更多自主权与创造性工作。因此，在民航局与地区管理局未来权责体系调整中，仍须进一步将职权下沉，按照十八届四中全会的要求，减少中央对微观事务的管理，民航局需更加关注宏观调控与政策的职责,对于需要直接面向基层的、量大面广的事务,一律下放地方与基层。[1] 除此之外,对于需要集中管理的,例如民航跨区运营,应当收回民航局管理,减少重叠重复管理。另外,在民航局系统内部,需要统筹各类编制资源,将编制资源从以往的割裂状态中解决出来,控制总量、盘活存量,保障行政资源能够满足行政职能的需求。[2] 具体而言,需要坚持问题导向,以监管需求配置监管资源,将资源倾向于管理需求和任务较重的区域,实现管理资源的优化配置与协同高效。

三、加强民航局与其他政府部门的分权与协调

通常而言,我国行政体制大体按照行业分类为主,按照事项和项目为辅切割与分配政府职权。例如,民航主管机关负责航空安全以及《民用航空法》明确授予的市场管理职责,对于涉及民航商事登记、市场秩序、竞争秩序、消费者权益保护等则由国家市场监督管理总局主管,对于民航信息化与工业化产品的制造审批则由工信部主管,对于民航重要科技创新工作则由科技部主管。以部门划分的职权很难完全契合行业、事项和项目的分类,难免出现管理事权的重叠、交叉或者遗漏,导致管理过度、偏离或者不足。

因此,从制度层面看,在统筹民航事务的管理职责时,可以探索将部门为单位的管理转变为以政府为单位的管理,围绕

---

[1] "中共中央关于全面深化改革若干重大问题的决定",载中央人民政府网,http://www.gov.cn/jrzg/2013-11/15/content_2528179.htm,最后访问日期:2020年7月19日。

[2] 石亚军:"深化机构和行政体制改革 推动国家治理体系创新",载《政法论坛》2018年第2期。

立项、质量、安全三个关键着力点整合职权,[1] 在各部门责任和权力清单的基础上,通过综合梳理与分析,以简政放权、边界清晰、分工合理、协同高效为原则,找到深化民航行政改革的新的突破口。[2]

在合理分权的同时,也需要提升民航主管部门与其他相关部门权责与资源的协调,加强政府层面对民航发展的组织领导。仅仅依靠民航主管部门的行业监管并不足以促进民航转型高质量发展,需要更大范围内协调资源,在顶层设计上加强各部门政策协调与一致性。以我国"C919大飞机项目"为例,2006年国务院发布《国家中长期科学和技术发展规划纲要》,将大飞机确立为重大科技专项之一,同年国务院成立大型飞机重大专项领导小组,2008年经国务院批准正式成立中国商用飞机有限责任公司具体执行该项目,2010年,民航局开始受理C919适航审查与申请。在国务院的统一协调下,国内22个省份、200多家企业、36所院校,超过数十万人参与研制,经过了数年的论证、设计、制造、试验、适航程序,于2017年C919项目正式首飞成功,目前正在由多架原型机进行密集试飞工作,相信不久将正式投入商业运行,翱翔蓝天。[3] 可以看出,作为科技密集、资金密集、资源配置复杂的行业,民航业担负着实现国家重大战略的目标,加强组织领导是促进我国民航业腾飞的条件之一。因此,以问题导向为原则建立联席会议制度,甚至在国务院层

---

〔1〕 石亚军:"以简政放权放出活力和动力:重在应当放什么和怎样放",载《中国行政管理》2018年第12期。

〔2〕 黄文平:"深化行政管理体制改革推进政府治理能力现代化建设",载《中国机构改革与管理》2016年第11期。

〔3〕 "C919项目",载 https://baike.baidu.com/item/C919/2400615? fr = aladdin,最后访问日期:2020年7月19日。

面设立跨部级协调委员会，提升民航发展政策的权威性与执行的有效性，具有必要性。

四、完善中央政府与地方政府的民航事权的划分与协调

民航局以及下属的地方管理局与监管办公室，为中央政府主管民航事务的机关。因此，就中央政府与地方政府在民航领域的权责分工，体现为民航局以及下属机关与地方政府的权责分工。民航事务，一般由民航主管机关实行纵向的行业管理，基本不涉及地方政府职责。但是在实践中，随着民航对地方经济发展的重视以及民航本身发展的多样化，也开始涉及地方政府职责，当前主要体现在对机场的管理权责的交叉。

对于机场，在机场属地化改革后，为了鼓励地方政府对机场建设的积极性，中央与地方对机场事务管理进行分权，即民航主管部门依法对全国民用机场履行行业管理职能，而机场属地的地方政府依法对民用机场实施资产的管理职能。然而现实中，行业管理与资产管理职能其实并不容易区分，这就导致中央与地方就机场管理的事权仍然存在分割模糊的情况。在机场属地化改革后，机场承担着越来越重的发展地方经济的使命，相反原先的公益性属性逐渐减弱，反映到公共安全、价格改革、空域改革、航班时刻改革等方面，这种趋利性越来越明显。

因此，在未来改革中，中央与地方应就控制改革风险，保障航空安全的同时，一方面激活投资，另一方面避免投资过热资源浪费达成平衡。从改革的方向上看，机场作为一个地区的重要的基础设施，在充分发挥民航主管部门行业监管职能的同时，也需要充分调动地方的积极性，促进地方经济的协调发展。因此，民航主管部门多侧重于机场运行安全领域，而对于机场的可行性研究、施工、建设等可以授予地方政府更多的权限，从民航局审批事项上转移给地方政府。在当前，应当鼓励民航主管部门与地方政府就机场事物建立联席会议制度或者其他方式实行常态化沟通，作为央地协作的过渡机制。从长远看，需要进一步理清民航主管机关与地方政府的事权关系，就机场事务制定清晰的权责清单，内容涉及机场运行、公共服务、安全安保、财政税收、人事安排等，明确行业管理与资产管理职能各自的清单范围。

第五节　深化民航审批制度改革

一、民航审批制度改革必须走内涵化道路

（一）我国民航审批现状

民航审批是政府对民航业进行管理的起点与核心。行政审批为政府规制经济活动的一种手段，行政审批的目的，是在准入、准营两个关卡为市场把门，以合法性和合理性为界限，把适合与不适合的两类主体和项目挡在市场之外。经过数轮民航治理体系改革，特别是2014年"放管服"改革后，我国民航行政审批事项得到了大量的精简与下放。但是从本质上，民航业相对于其他行业，需要更大规模与更精细化的改革，传统以审批为核心的管理模式与方式已经无法满足民航治理的要求。

2015年3月15日，国务院取消和下放了7项涉及民航行政审批事项，包括将原属于中国民航局的民用航空器生产许可、民航企业及机场联合重组等这六项审批事项下放至民航地区管理局，取消了"改制审核和民用航空器地址编码指配"这一审

第五章 深化新时代民航行政管理体制改革

批事项。[1] 根据《国务院办公厅关于公开国务院各部门行政审批事项等相关工作的通知》的要求,2015年7月16日,民航局颁布民航局行政审批事项公开目录。[2] 经过清理和下放,目前民航局行政审批事项49项,其中民航局负责32项,地区管理局负责17项。大致内容包括:

1. 航空器设计、生产、适航认可或许可。这一类审批主要依据为《民用航空法》以及相关行政法规,行使主体为民航局; 2. 航空人员的资格审定。这一类审批主要依据为《民用航空法》以及相关行政法规,行使主体为民航局; 3. 涉及航空运营资格的审批。包括航空运输企业、机场、航空保障企业、外国投资的运营资格,这一类审批主要依据为《民用航空法》以及相关行政法规,行使主体为民航局;另外,还涉及与军方共同行使审批权的事项,这一类审批的主要集中在空域、无线电使用方面,依据主要是《民用航空法》以及国务院中央军委联合颁布的法规,行使主体为民航局与军队。

民航业是一个具有密集审批属性的行业,不仅包括经济型审批也包括安全审批。从横向来看,民航业审批包含了航空飞行标准、航空器适航、空中交通管理、机场建设、运输市场等全方位审批;从纵向来说,它又包含航空运输领域、机场领域、空管领域、通用航空领域、航空保障领域等全行业审批。除此之外,民航业还涉及一部分经济审批事项,例如,运输市场反

---

[1] 参见"国务院关于取消和调整一批行政审批项目等事项的决定",载中央人民政府网,http://www.gov.cn/zhengce/content/2015-03/13/content_9524.htm,最后访问日期:2020年7月19日。

[2] 参见"法律、法规、国务院决定设定的行政许可事项清单",载中国民用航空局网,http://www.caac.gov.cn/XXGK/XXGK/XZQL/XZXKMU/201511/t20151102_8908.html,最后访问日期:2020年7月19日。

垄断等等。可以说上述安全性审批与经济性审批自民航产生之初均已存在，并一直被保留持续至今。由于经济性审批更多涉及民航市场的准入与运营问题，因此，本书放在了第四章进行了论述，此处主要探讨民航行政审批运行机制问题。

（二）我国民航审批制度改革的问题

不同于一般行业的行政审批，民航行政审批改革无法继续简单地做加减法，包括简单的审批类型的削减与下放，这种物理性增减已经走到了尽头。一方面，民航目前的审批基本具备了合法性基础，无法继续基于审批是否合法进行删减。对于民航行政审批的类型，民航局多次颁布《民航局行政许可事项目录》，经过数次梳理，已经基本解决了行政审批的形式合法性问题。另一方面，由于对民航自然垄断属性以及建立在自然垄断属性上民航密集监管必要性的误解，以审批类型是否具有合理性进行删减也是非常困难的。在历次民航改革中，也曾经取消过一些无合理必要的民航审批，比如取消通用航空器引进审批，但是大体上，民航审批改革的阻力是非常大的。这种阻力主要源于对民航自然垄断行业属性的误解，以及由于长期误解带来的政策与体制惯性，对于民航可竞争领域与可竞争环节不做区分，统一作为垄断行业对待，对竞争的引入与放松管制畏手畏脚，无意愿进行大刀阔斧地改革。

而以往的民航审批改革自我束缚在这种物理学增减中，始终无法进一步触及我国民航审批制度的深层次结构性问题，导致民航业行政审批的公权力供给结构不仅无法满足我国民航业进一步发展的需求，反而可能成为其进一步发展的束缚。

（三）我国民航审批制度改革的出路

因此，针对我们民航面临着的深层次结构性问题，需要从根本上转变思路，从审批数量简单增减的外延式改革中脱离出

第五章　深化新时代民航行政管理体制改革

来，着眼于行业特点和发展规律，提高行业治理现代化，以解决行业面临的深层次、结构性问题，最终实现行政主体履行职能的出发点与落脚点转换到为行业创造良好的发展环境、提供优质的公共服务上来，为行业的进一步发展提供制度供给与保障，以进一步提升民航治理水平和治理能力现代化。

民航行政审批改革在具体的路径上，特别注意两个关键：一方面，民航审批制度改革关键是处理好政府与市场的关系。行政管理是政府规制社会经济活动的一种手段，以政府干预社会经济活动的方式提升社会公共利益。然而，行政管理毕竟属于政府直接对社会经济活动的干预，过度的、不合理的行政管理权限毫无疑问会对经济社会带来消极影响。因此在考虑行政管理权设置与行使时，最关键的问题是需要清晰划定政府与市场、社会的边界，以及权利与权力的边界，优化职责体系，通过行政手段与市场社会机制共同配置资源，实现相得益彰的促进关系。这也构成了我国民航业行政管理制度进一步改革的理论基础，即民航业行政审批制度应最大限度激发市场社会活力，增强内生动力，释放内需潜力。[1]

另一方面，相较于其他行业，民航业具有自身的特殊性，并且每一种民航审批也有着特殊的设置目的与任务使命，这些特殊性决定了每一种民航审批进一步改革的方向与内容。以航空人员资质审批为例。我国航空人才一直处于供不应求的状态，这已经成为我国民航进一步发展的瓶颈。航空人员的培养是一个系统的工程，仅仅依靠被动接受式的审批根本无法培训出足够的民航人才。因此，对于行政主管机关来说，需要以更加包

---

〔1〕 李克强：＂在全国深化'放管服'改革转变政府职能电视电话会议上的讲话＂，载《中国行政管理》2018年第8期。

容的态度,支持更多的社会院校培养航空人员,对于课程、专业的设置、人员的招生、培养、就业给予更多的支持与补贴,扩大教育与培训规模。在管理制度上,需要建立合理分类的模块化管理体系,真正落实航空人员管理制度的简政放权,释放飞行活动的动力与活力,满足类型化的航空活动需求,例如,对于私用、娱乐飞行的航空人员,可以在满足航空安全的前提下,执行较低的培训与训练标准,降低取得执照的难度与门槛。对于活塞类固定翼飞机的维修执照,在满足航空安全的前提下,可以进一步降低标准。对于军民航融合,可以进一步简化手续,明确退役航空人员进入民航系统的标准与程序,并提供特殊的便捷通道。除此之外,我国需要着力培育航空文化,让更多人喜欢上飞行,热爱上自由探索创新的精神,并且投身于民航发展的事业中去,为我国民航发展提供源源不断的人才储备。

可见,深化民航审批改革必须建立在对民航以及民航审批制度深刻的理解基础上,对民航发展的现实问题进行回应,本书称之为内涵化道路。换言之,民航审批制度改革需要关注民航自身的审批目的与价值,基于民航特有的属性,以阻碍民航进一步发展的制度性束缚为标靶,以促进民航治理水平和治理能力为目标,致力于建立高效率、模块化、集约化民航审批制度。

二、全面推行证照分离改革

前文所述,证照分离改革在于彻底解决我国市场准入的问题,其涉及行政审批理念与运行机制的根本改变,因此本书放在此处讨论。对于民航来说,针对我国民航市场准入存在的问题,建立公平透明的市场准入制度,是尊重市场规律,促进市场因素进入,建设要素市场,正确处理政府与市场的关系的首要条件,而全面推进证照分离改革是关键。

(一) 证照分离改革的内容

党的十九大将发挥市场在资源配置中的决定性作用对整个民航业市场化改革提出了更高的要求。因此,亟需进一步扫除不合理的审批制度对于民航市场的限制,简政放权,鼓励充分竞争,激发微观市场主体的活力。

经过全面深化改革下商事制度改革,目前商事主体的设立已经较为简便,包括取消实缴资本,降低设立门槛,但是很多行业仍然面临着市场准营的许可,导致"准入不准营"的情况。经过国务院批准,在国务院"放管服"大的改革背景下,由上海自贸区试点到全面推进证照分离改革,标志着深化商事制度改革进入攻坚阶段。为了进一步探索改革成果,2019年11月15日,国务院颁布《关于在自贸区开展"证照分离"改革全覆盖试点的通知》,在自贸区建立全面的清单管理制度,分级实施中央层面设定清单与地方层面设定清单。[1]

证照分离,简言之,是要求将工商部门颁发的营业执照与有关行业主管部门颁布的经营许可相分离,前者涉及商事主体的独立人格,后者涉及商事主体的营业资格。从概念上说证照分离,也蕴含着先证后照、照后减证、多证合一改革。可以说,证照分离改革,以工商登记市场准入为切入点,打破工商行政管理既有格局,主动放权,还权于企业与市场。[2] 在我国推进的证照分离改革的大背景下,民航也在积极推进证照分离改革。

---

〔1〕 国务院:"关于在自贸区开展'证照分离'改革全覆盖试点的通知",载中央人民政府网,http://www.gov.cn/zhengce/content/2019-11/15/content_5451900.htm,最后访问日期:2020年7月19日。

〔2〕 宋华琳:"加强事中事后监管,推动市场监管体系的改革与创新",载《中国工商管理研究》2015年第11期。

证照分离改革是对于商事登记制度的根本变革。关于商事登记，存在"统一主义"与"分离主义"两种立法模式，前者为商事主体资格与营业资格合二为一，而后者则意味着商事主体和营业资格分别获取，各自适用不同的申请程序与标准，获得商事主体资格是商事主体申请营业资格的前提。[1] 我国传统上采取证照合一的管理模式，营业执照既是商事主体资格的载体，也是商事主体营业能力的外在表现。[2] 但是，这种模式导致了商事主体资格与运营能力互为前提的悖论，并且商事主体资格和营业资格同步取得也是比较困难的，最终导致了商事主体登记与市场准入行业审批的混淆、市场监管与行业监管的混淆，以及公法性质的管理手段与私法领域商事自由的混淆等问题。并且从公法角度看，在"统一主义模式"下政府对商事主体的管理职责不清，容易导致政府干预主义盛行；从私法角度看，商事主体从事市场活动的主体资格也不完整，一旦丧失了营业资格，那么其主体资格也就荡然无存。因此，为了解决这一困境，理清市场与行业审批监管职责，我国开始从证照合一模式开始转向证照分离模式。

（二）民航证照分离改革具体路径

证照分离改革完全契合《行政许可法》内在的精神与逻辑，体现为行政许可设立的必要性、合理性原则。民航是一个审批密集型行业，民航市场主体面临着密集的准营行业审批，因此民航证照分离改革比其他行业更具挑战。为了执行国务院在自

---

[1] 刘沛佩："从准统一到分离：商事主体资格的回归路径——对商事登记行为的公私法性质解构"，载《中共杭州市委党校党报》2009 年第 3 期。

[2] 顾功耘等："证照分离改革相关法律问题研究"，载《政府法制研究》2017 年第 5 期。

贸区开展的证照分离改革，民航局于 2019 年 11 月 29 日颁布《民航局落实"证照分离"改革全覆盖试点实施方案》，在自贸区内就民航审批事项进行证照分离改革，主要试点内容包括：由审批改备案的事项包括：对非经营性通用航空活动、民航企业及机场联合、重组与改制审批，并加强事中事后监管；优化审批服务的事项包括：对于民航航空器生产许可、零部件制造人许可、维修单位许可等七项。[1] 在民航局实施方案下，民航局与地区管理局积极推行审批服务指导、网上审批、"最多跑一次"、就近领取证件等方式，提升审批效能。[2]

尽管民航市场准入改革的方向已经被确定为证照分离改革，但是截至目前，从地域上说，民航证照分离改革仅在自贸区范围内，从改革的范围上说，目前仍然偏狭窄，仅仅进行了试探性改革，尚未触及民航市场准入审批大规模证照分离改革，因此需要进一步从深度与广度上全面推进民航证照分离改革。

推行证照分离改革，包括以下措施：取消审批，审批改备案，告知承诺，简化办事流程、公开办事程序、提高透明度，以及负面清单等五项措施，[3] 结合民航审批的特有内容，具体分析如下：

1. 民航取消审批。取消审批是指对于市场能够有效调节、

---

〔1〕 民航局："关于印发民航局落实'证照分离'改革全覆盖试点实施方案的通知"，载中央人民政府网，http://www.gov.cn/xinwen/2019-12/01/content_5457351.htm，最后访问日期：2020 年 7 月 19 日。

〔2〕 例如："民航中南管理局部署落实民航局'证照分离'改革方案"，载中国民用航空局网，http://www.caac.gov.cn/local/ZNGLJ/ZN_DQYW/201912/t20191226_200024.html，最后访问日期：2020 年 7 月 19 日。

〔3〕 "国务院关于在全国推进'证照分离'改革的通知"，载中央人民政府网：http://www.gov.cn/zhengce/content/2018-10/10/content_5329182.htm，最后访问日期：2020 年 7 月 29 日。

行业组织或中介机构能够自律管理的事项，取消行政审批，直接允许民航进入相关的市场。

根据《行政许可法》，可以设置的行政许可事项包括：国家公共安全、生态环境保护；市场不能有效进行的资源配置；涉及公共服务者提供的信誉、资质；涉及公共安全、健康、财产安全的检测、检疫等。[1] 另外，行政许可的设立必须坚持谦抑、审慎原则，尽量对个人、行业、企业减少直接干预，对于下列事项可以不设行政许可，包括：相对人自己决定、市场机制自行调节、行业自律管理、事后监管能够有效解决的。[2] 因此，应当按照这一尺度，继续切除民航立法中不合理的民航行政许可，尤其针对民航行政主体对民航企业过分的干预以及对民航市场资源进行的不合理的直接配置。

原则上，对于可放开的竞争领域或环节，属于可以由相对人自己决定、市场自行调节的行业，业务管理部门应当转变职能，从事无巨细全部审批，转变为以构建维护公平竞争环境为主，对该审批的事项切实把好关，对不该审批的事项一律取消，不留尾巴。因此，对于民航可竞争领域，包括航材、航信等并不天然具有垄断属性的行业，需要打破行政垄断，取消审批政策性因素的考虑，引入竞争机制；对于民航领域可竞争环节，例如，航空油料的采购、运输与销售，也需要取消审批，引入竞争机制，提高产品的供给效率与水平。在可竞争领域与可竞争环节取消审批后，通过对产品质量事后的监管，在保证基本质量的同时，提升资源配置的效率。

2. 民航审批改备案。审批改备案意味着政府对于准入进一

---

[1]《行政许可法》第12条。
[2]《行政许可法》第13条。

第五章 深化新时代民航行政管理体制改革

步放开。审批与备案在法律行政上是不同的。从广义上说,审批包括备案,但是从狭义上说,审批是行政主体对行政相对人提出的申请,进行依法审查,准予其进行相关行为,认可其相关资质的行政行为,这是一种赋权或授权行为。[1] 而备案是指行政相对人向行政主体登记事项,以便行政机关知晓与进行事中事后管理。

值得注意的是,备案从性质上是行政相对人对行政主体进行一种程序性报告,行政主体仅需进行形式审查,但是绝不意味着行政主体就放手不管了,从审批改备案是为了使市场主体获得更为宽松的市场准入,也是促进政府进行行政体制改革,要求政府注重提升公共服务水平,更好进行行业指导与产业政策。并且,备案制度对于备案后的事中事后监管提出更高的要求,需要综合运用检查、信用管理、自我管理等手段,确保行政相对人遵守备案的信息,加大对虚假备案的处罚力度。

审批改备案制度仅仅是一个开始,从长期来看应当取消审批的领域与环节,在尚不具备取消审批的条件时,可以先采取备案制度,作为一种过渡机制。并且,从民航划分备案与登记两者的区别角度看,还应进一步扩大备案的范畴,通过简政放权,尽量减少政府对市场主体的过多干预,例如对于设立分公司或分支机构的审批,对民航企业在原有核准基础上,扩大经营范围的审批等。简而言之,应当坚持一种整体性思维,以系统、体系的视角执行审批改备案制度,完善备案制度。目前对于备案本身的执行问题,目前尚欠缺法律依据,没有专门的民航备案管理规章,因此需要继续完善具体的备案程序,解决备

---

[1] 王亚利:《社会变迁中的行政法问题研究》,中国社会出版社2013年版,第89页。

案后的监管以及不实备案处罚问题也是当务之急。

3. 民航"告知承诺"。此次民航市场准入审批制度改革并未涉及告知承诺这种方式,但是从证照分离改革的整体来看,未来民航市场准入审批制度改革应当纳入告知承诺这种方式。

告知承诺是对传统行政审批的改良,是指对于不宜取消的审批的事项,可以采取"先照后证",行政主体一次性告知相对人所有审批条件与需要提交的资料,如果相对人并未满足所有的条件,行政主体经过综合考量,在相对人承诺在规定时间内满足行政审批全部条件的前提下,可以先行授予行政许可,但是在相对人满足所有条件之前,不应从事行政许可授予的行政行为。[1] 该制度设立的目的通过告知承诺的方式,节省程序成本,提高审批效率。由此可见,告知承诺类似于附条件的法律行为,在实质条件成就前,行政许可不生效。

本质上,告知承诺是将行政审批的形式与实质相分离,将颁发许可前行政主体单方面审查部分转化为颁发许可证后行政核查与申请人自律的互动,有利于申请人及时准入,解决"准入不准营"的问题,同时,通过对申请人自律的强制要求,培育申请人满足准营的条件。但是,需要注意的是,在"告知承诺"模式下,主管机关对于许可证的颁发具有更大的裁量权,这也可能会产生滥用的操作空间,因此,民航在引入告知承诺时,必须建立与完善相应的配套措施,特别是颁发许可后的行政核查规定,包括核查的内容、方式、程序等,以及对相对人违反承诺时的惩罚机制。

目前对于除事关重大安全的经营活动外,通用航空经营性

---

[1] 顾功耘等:"证照分离改革相关法律问题研究",载《政府法制研究》2017年第5期。

第五章　深化新时代民航行政管理体制改革

许可已经全面推行告知承诺制度，民航主管部门一次性全部告知审批条件与程序，由申请人以书面的形式承诺满足审批条件，如果民航主管部门信赖该承诺，可以不再进行现场审验，而是直接依据该承诺，做出许可决定。[1]

4. 简化办事流程、公开办事程序、提高透明度。对于不适合采用告知承诺的审批事项，需要进一步简化办事流程、提高办事的程序与透明度。这种方式能够明显提高审批效率与透明度，因此也是目前民航在自贸区进行证照分离改革主要着力点，表现为两方面：一方面，民航行政主体就相关的申请办理程序、材料向申请人提供免费指导，另一方面实施网上材料提交与审批，减少申请人的负担，包括油料适航证审批等。

另外，这也是我国目前优化民航机场建设项目审批的主要路径。民航基础设施投资主要包括机场投资、空管投资、科教投资等，其中最主要的是机场投资。虽然我国逐步取消了机场航站楼改造审批、机场绿化建设项目审批，但是一个机场从筹建到正式投入运营，至少要经过机场总体规划、施工图设计、初步设计、机场选址等诸多环节审批，在不停航的情况下进行机场施工还需要取得不停航施工审批，审批程序繁琐、效率低下，可能导致民航建设项目拖延。在目前民航基础设施投资缺口较大，同时在国家大力推进"新基建"的背景下，简化民航建设投资项目监管势在必行。《优化营商环境条例》就简化基础设施项目监管进行了部署，要求优化工程项目审批流程，推行并联审批、多图联审、联合竣工验收等方式，简化审批手续，提高审批效能。[2] 为此，《民航优化营商环境实施细则》要求

---

[1]《通用航空经营许可管理规定》。
[2]《优化营商环境条例》第42条。

对民航建设项目和投资审批制度进行改革，精简审批流程，实行并联办理，整合审批前的评价评估环节，推进联合审批。对于民航工程项目，推进联合勘验、联合测绘、联合审图、联合验收预计区域评估。[1] 因此，优化民航建设投资项目应当合并审批流程，提高审批效能，从可研性研究、概算、项目管理、验收与决算等环节建立统一的、高效率的监管评估体系。[2]

尽管如此，这些改革仅仅停留在了简化审批流程层面，仍未触及证照分离改革的本质。从民航角度看，对于仍需保留的，不宜采用告知承诺式民航审批，最根本的是提高审批的透明度，避免市场准入审批隐形壁垒。作为行业审批，民航市场准入审批存在大量的技术性可行性评估，而这直接关系到民航审批标准是否公开透明。以民航经营许可审批为例，其审批的尺度与标准包括：航空运输市场未来发展、国家航空运输宏观政策、拟经营航线市场等，而这些因素很明显为政策性因素，属于行政主体自由裁量范畴，一方面为民航行政主体在审批阶段进行民航经济调控、避免恶性竞争提供了抓手，但是另一方面这也是民航市场准入隐形壁垒最集中的反映。航空业涉及的市场准入范围更广，不仅仅限于公共航空运输，也包括航空辅助行业等，这就要求在深化改革中，必须着力取消体现在局部和环节中的隐形审批壁垒。

具体而言，民航市场准入审批，需要进一步颁布准入细节，

---

[1] "民航优化营商环境实施细则"第28条，29条，载中央人民政府网，http://www.gov.cn/zhengce/zhengceku/2020-05/15/5511931/files/1792f690f36043efbbe94427475ff53d.pdf，最后访问日期：2020年7月19日。

[2] 刘敏等："民航政府投资基金项目监管及绩效评价研究——机场投资项目监管及绩效评价"，载2009年《第五届中国交通运输业财务与会计学术研讨会论文集》。

在对飞行、机务人员、航线等进行评估的基础上,实行统一、透明的航空公司准入制度,消除由于政策的不确定性带来的风险,鼓励各种形式、各种所有制、各类资本平等进入民航市场。

5. 负面清单制度。我国民航起始于军政合一、政企不分的模式,因此,民航历来是"红头文件"、法外审批、法外监管的重灾区。改革民航市场准入制度,彻底解决政府在市场准入中的不合理规制,从根本上需要建立民航市场准入的负面清单制度。因此,从长远看,证照分离改革的未来方向是全面建立负面清单制度。

所谓负面清单是指仅列举法律禁止的事项,对于法律没有明确禁止的事项,均属于法律允许的事项,简单来说,就是"非禁即入"。负面清单管理奉行"法无禁止皆自由"的理念,是对法无禁止的"法律沉默领域"进行的清晰界定,这是私法自治理念的回归与彰显。[1] 与负面清单相对应的是传统市场准入的正面清单制度,即只有法律明确可以进入的领域,市场主体才可以进入,其余情况下,均需要经过行政机关审批。在正面清单管理的理念下,法律明确授权是市场主体从事相应行为的前提,对于法律未涉及的事项,均需要经过政府特殊批准。这种模式最大的弊端是容易导致行政权力对市场的过度干预。众多周知,社会经济生活是纷繁多样,且不断发展的,即便正面清单本身具有合理性,法律也无法对正面清单进行穷举式列明,因此,大量的未被列入正面的清单的事项成为政府管制社会经济活动的标的,造成政府与市场的边界始终无法划界,政府对于理应由市场配置资源的侵入常常在无意中即可发生。并

---

〔1〕 王利明:"负面清单管理模式与私法自治",载《中国法学》2014年第5期。

且在市场准入正面清单模式下,与之息息相关的是政府的监管也同样处于模糊极易扩张状态,政府的权力难以得到有效规范与约束。

事实上,市场准入负面清单制度也真正体现了行政法治原则的要求。在市场准入问题上,存在两个决定机制:一是通过法律、行政法规等立法活动决定市场准入;二是通过政府行政行为决定市场准入。在正面清单模式下,法律仅从正面规定可以进入的领域,对于正面清单之外的部分,其实是由政府的行政权力决定市场准入。而负面清单,则正好相反,除了负面清单之内的,市场主体均可自由进入,相当于将行政权力限制在负面清单之内,剩余的广泛的负面清单之外,市场主体可以自由进入的领域均由法律与行政法规等通过立法进行决定。[1] 其实质是将市场准入的最终决定权由政府之手转入法律之手,体现了行政法治原则的必然要求。

民航市场准入负面清单制度是对整个民航市场准入审批与监管制度与理念的根本变革,利用负面清单制度改革处理好政府与市场关系这一核心命题,具体如下:

一方面,清单的内容至关重要。即便是负面清单模式下,对于清单内容的取舍也反映出政府对市场的介入程度,如果制定出来的负面清单过长,仍然将政府应当退出的领域列入清单中,那么负面清单发挥的效用就会非常有限。除此之外,清单的细化与分类也很重要,清单下的门类划分科学,行业门类划分越细,则表明禁止和限制的领域越少,反之门类越粗,则表明对整个门类开放的程度越低。因此,应当以保留审批的必要

---

〔1〕 张淑芳:"负面清单管理模式的法治精神解读",载《政治与法律》2014年第2期。

性为原则制定清单,并通过对清单进行合法合理性审查,不断完善负面清单制度,持续释放出民航可竞争领域环节。

另一方面,负面清单制度需要完善的配套措施。负面清单制度所反映的不仅仅是市场准入审批改革,还包含着整个制度系统的创新,包含创新监管、优化行政服务,民航市场准入还涉及民航安全的审定。从监管角度,如果在负面清单模式下,政府仍采用传统的监管与服务模式,对市场管的过多,那么负面清单制度仍然发挥不了应有的效果,相反如果彻底不管,那么就会导致市场进出与竞争无序,也会影响负面清单制度应有的效果。从服务角度,负面清单制度也需要诸如工商、税务、金融等领域服务平台的及时跟进,否则负面清单制度可能沦落成一种形式。[1] 最后,在清单中需要全面规范审批标准,优化审批流程、公开透明审批标准,[2] 以彻底解决长期困扰我国民航市场准入的弊病。

三、建立全行业模块化审批制度

(一) 民航审批制度粗放的现状

长期以来有一种错误认识,即在民航业密集审批制度中,安全审批是核心,并且安全没有等级之分,因此民航审批必须建立在统一的标准上。审批制度改革的精准性体现在把简政简到政府能够专注正确履行职责的位置上,而不产生以越位、缺位、错位显现的附加行政效应,把放权放到合法合理拥有入市、运营自主权的市场主体手中,这种简与放的闭合效应取决于改

---

[1] 李贵平:"市场经济体制下的负面清单管理模式研究",载《云南行政学院学报》2018年第3期。

[2] 钟言:"负面清单制度",载《中国工运》2018年第7期。

革恰当的审批标准。在民航审批改革中,形成了一种普遍认识,即在民航业密集审批制度中,安全审批是核心,并且安全没有等级之分,因此民航审批必须建立在统一的标准上。这一认识在原则上是成立的,但在对标准统一性的指涉对象上不加区分地把原则当作措施本身,就会导致改革在推进中显现粗放。事实上,民航业是一个内部差别巨大的行业,根据行业的不同属性,各国参照国际民航组织(ICAO)的分类体系,将民航业分为运输航空、通用航空器、航空导航、航空制造、航空培训、航空器维护保养等。[1] 例如,对于航空器而言,根据航空器降落时的特征、尾流、发动机、升限、几何尺寸、机场、航程等等不同,可以进行不同的区分,但无论何种分类,其预期运行环境、技术指标、科技含量、运用模式也是千差万别的,这就决定了在对其进行适航与运行管理审批时,需要优化分类标准,并进行具体的类型化区分。再如,以机场为例,在通用机场中,对于不同类别的通用机场的施工、验收、经营等也需要进一步进行类型化区分。[2] 因此以安全为核心,坚持安全没有等级,并不必然意味着对航空业内部完全实行一种标准的审批制度。如果不注意民航业内部这种差异性,对民航审批制度实行"一刀切",无疑会遏制民航业发展的不同需求,从而遏制整个产业的活力与动力。

---

〔1〕 Review of the Classification and Definitions Used for Civil Aviation Activities,载国际民航组织网站,https://www.icao.int/Meetings/STA10/Documents/Sta10_Wp007_en.pdf,最后访问日期:2020 年 3 月 20 日。

〔2〕 根据通用机场分类管理办法,分为 A 类(对公众开放的通用机场)与 B 类(不对公众开放的通用机场),其中 A 类根据起降飞机的载客能力不同,又被划分为 A1、A2 与 A3 三类,参见 http://www.caac.gov.cn/XXGK/XXGK/ZFGW/201704/P020170424483738931211.pdf,最后访问日期:2020 年 3 月 20 日。

(二) 建立模块化审批制度

民航内部的巨大差异性需要民航审批制度契合这种差异性，上文所述，我国目前已经开始在通航领域构建分类管理的审批制度，从长远看，还需要构建民航全行业的模块化审批制度。

模块化审批改革可以根据航空业的内部差异性，针对航空器、运营商、航空人员、机场、航空维修、航空油料等各种要素，在经过充分论证的基础上，在同一类审批内部制定不同的审批标准，以体现民航内部差异性管理需求。对于不需要再设立审批的情况，坚决取消或者改为备案制，即便仍有必要保留事前审批，也可以设定不同的审批标准，该放的应当坚决放开，该管的应当坚决管起来。因此，下一步民航简政放权的精髓就在于创建这种模块化审批管理模式，彻底改变审批标准"一刀切"模式。具体而言：

1. 设定合理的分类标准。分类标准的设定直接决定各模块化审批的具体范围。首先，分类标准的设定应当具有前瞻性，能够体现出民航业的发展趋势，比如针对日益发展的公务飞行需求，在大通用航空的体系内，我们有必要对公务航空进行单独的分类，为制定适应公务飞行的特殊审批制度奠定基础。其次，分类标准的设定应当具有体系性，民航业是一个庞大部门，内含各个子部门，在设定各个子部门的标准时，应当注意各个子部门的关联性，确保民航分类标准的设定具有体系性，杜绝由于跨部门的标准不一致，从而导致不同领域之间的法规和政策不一致，甚至冲突的情况。

2. 应当建立起"大民航"的观点，从更大范围内统筹民航审批的对象、主体和内容。从审批对象来说，应不仅仅限于航空运输业，也应该将航空制造、航空培训、航空器维护保养、航空救援、航空金融等也纳入统筹审批的范畴。其次，从审批内容来说,应不仅仅限于传统的航空飞行活动,应将航空制造、培训、维护保养、融资等相关的活动等也纳入统筹范围。最后,从审批主体角度,这就要求不仅局限于民航局,也应当将现实中所有行使航空业审批权的行政主体都纳入其中统筹设置审批权,例如,发展与改革委员会、工信部、中航集团、中央军委装备发展部等。

3. 以必要的安全性审查为标尺,以运营安全为尺度,确定放与管的标准。需要改革我国以往以民航企业运营规模确定放管尺度的做法,回到对民航安全管理的本质属性上。航空安全是一切民航管理制度的核心灵魂。因此,哪些需要放,放的程度如何,哪些需要管,管的程度如何,既民航审批不同模块的划分、建立与调整,都应以必要的安全性为确定标准。比如,对于通航活动中,载人运输应当比载货运输以及其他通航作业活动具有更高的审批标准,包括对从事载客运输飞行的航空器、人员、机场等。相反,如果对于载货运输或者其他通航飞行活动设定了完全不必要的过高的审批标准,应当逐步放松。我国当前对于经营性通用航空的管理改革正是体现出这一转变。[1]

四、建立协同飞行型审批制度

(一)飞行活动审批过于严格的现状

"飞起来"是一切航空活动的前提,但是目前我国对通航飞行活动的审批制度是非常严格的。可以说,严格的空域管理与飞行审批已经成为限制我国民航进一步发展最根本的原因。

在我国,空域属于国家资源,由国务院中央军委空中交通

---

[1]《通用航空经营许可管理规定》。

第五章　深化新时代民航行政管理体制改革

管制委员会统一管理（简称国家空管委）。[1] 从名义上看，这一机制是由民航与军航共同参与，但事实上，民航与军航之间缺乏联动机制，仍属于军方主导型。总体上，空域管理以军方管理为主，以满足军用飞行为主导，其次才会考虑到民用飞行需求。这种空域管理模式从根本上决定了我国飞行审批模式难称"飞行友好型审批"。并且，在现实中，我国始终存在着空域使用需求的结构性矛盾，一方面是公共运输航空、通用航空与军事飞行活动三类飞行活动之间需求的差异，另一方面是空域使用的地域性差异，特别是京津冀、长三角、珠三角等民航飞行密度和军用飞行密度都比较大的地区。上述因素导致了空域管理的体制性矛盾进一步显现。

　　从具体的审批过程来看，尽管我国已经从以往"离地三尺都需要审批"，进行了大量的缩减，但仍然繁琐。一般而言，通航飞行审批分为两大类，一类为审查是否具有飞行冲突的飞行计划审批，另一类为涉及飞行任务内容的飞行任务审批。对于属于《通用航空飞行审批与管理规定》第五条之内的九类通航飞行，[2] 需经过严格的飞行计划与飞行任务审批，除此之外的通用航空飞行只需要提交飞行计划审批，不需要办理飞行任务审批。

　　对于飞行任务审批，申请人在飞行之前，必须提前13个工作日向审批部门提出申请，审批部门在收到申请后10个工作日

---

[1]《飞行基本规则》第4条。
[2]《通用航空飞行任务审批与管理规定》第5条之规定的九类通航飞行涉及国界线、台湾海峡、边界争议区、飞行情报区、空中危险区、空中限制区、空中禁区、国家安全等，需要经过民用航空局，会同军方、外交部等部门进行飞行任务的审批。

内作出决定。[1] 尽管从部门协调角度看，13个工作日已经比较紧张，但从飞行角度来看，这一审批等待时间仍然过长，并且由于审批涉及的部门众多，申请人需要提交的材料过于繁琐，往往需要多次补充资料才能最终获得审批，耗费申请人大量的时间与精力。

对于这九类之外的通航飞行，申请人只需要提交飞行计划审批，不需要办理飞行任务审批手续。对于飞行计划审批，在国务院大力推行"放管服"改革的背景下，2018年7月1日，民航局开始在通用航空管理系统中统一受理通用航空飞行计划审批。[2] 一般首先由申请人向民航空管部门提出申请，在民航部门进行表面审查后，报给军方空管部门进行审批，关于空域使用、起降地点等又分别由军队航线部门、作战部门进行审批，整个流程涉及多个管制单位。飞行计划的审批时间没有具体限制，一般仅规定在飞行前一天的21点之前通知申请人。[3] 同样，飞机计划的审批也是非常繁琐，也无法满足飞行的机动性和时效性，尤其难以适应日益发展的通用航空的飞行需求。

（二）建立"协同飞行"审批制度

"飞起来"事关我国民航业进一步发展，充分释放民航发展潜能的关键，因此民航需要构建一种"飞行友好型"审批制度。从根本上说，建立"飞行友好型"审批制度，充分释放航空飞行需求，需要更大范围内协调行政与军事资源，建立一个具有中国特色的现代化空域管理和飞行审批体系。

---

[1] 《通用航空飞行任务审批与管理规定》第5条。

[2] "民用航空预先飞行计划管理系统"，载 http://www.pre-flight.cn，最后访问日期：2020年7月19日。

[3] "航线申请"，载通航资源网，http://www.garnoc.com/txt/flowline.html，最后访问日期：2020年7月19日。

第五章　深化新时代民航行政管理体制改革

飞行审批涉及总体的国家安全问题，在完善飞行审批制度时必须树立整体的国家安全观。从维护国家安全角度来说，对航空活动进行必要的军事管理是有必要的，这也是各国通行的做法，尤其我国自1949年建国之后就一直面临着严峻的国土防空压力，直至目前也是如此。尽管如此，树立整体的国家安全观与进一步释放空域、简化飞行审批并无矛盾。更何况，相比建国初期，我国民航业无论是安全形势还是监测、导航能力都已发生根本变化，这些技术条件为在坚持国家整体安全观的前提下，进一步改革空域管理制度提供了基础。

从短期来看，需要结合现有的监测与管理条件，对空域划分进行分类优化。2010年，国务院中央军委印发了《关于深化我国低空空域管理改革的意见》，为低空空域（1000米范围之间的空间）改革提供了总体思路，对于涉及全国33%的低空空域进行改革，划分为管制空域、监视空域和报告空域三类进行管理。[1] 改革的方向体现了党中央国务院对于空域改革的远见性与前瞻性，下一步应该根据现实空域的使用情况，进一步扩大报告空域的范围，满足民用飞行的基本需要。另外，在具体的审批环节，仍应当进一步简化流程，主要通过雷达管制[2]的方式，简化审批手续，缩短审批时间，以满足申请人对于飞行的机动性的要求。

---

〔1〕"通航产业：潜力巨大的新经济增长点"，载中国民用航空局网，http://www.caac.gov.cn/XWZX/MHYW/201411/t20141124_13900.html，最后访问日期：2020年7月19日。

〔2〕对于空域管制主要包括雷达管制与程序管制两种，前者主要根据事先审批好的程序对航空器的飞行活动进行管制的方式，主要通过飞行计划、无线电通信和雷达图标进行管制。而后者主要利用空管雷达提供的实时图像、数据等对航空器的飞行活动进行管制。

从长期来看，需要进一步推动空域管理制度的根本改革，我国目前空域管理制度以军方为主导，空域的划分、飞行任务、飞行计划的审批均体现着军管民模式。因此，应当赋予民航更大的管理权限，把更多的资源倾向于民航，形成民航与军队共同参与的国家统一的空域管理体系，真正建立一个联动统一的管理体制。具体而言，除了管制空域外，在和平时期，关于空域资源分配，飞行任务和飞行计划的审批等均可以由民航来主导。

五、建立鼓励创新型审批制度

（一）民航审批对科技发展适应性不足的现状

民航业是一个科技密集型行业，往往汇聚着最尖端科技标准，并且民航业对于高效便捷绿色的追求，也天然更倾向于采用与接受新技术，但是我国目前的民航审批制度对于民航科技发展的适应性不足。

从理念上说，航空器适航认证与一般的行政审批是不同的，航空器适航认证并非被动性审查适航申请材料，更多体现了适航当局对整个适航申请活动的深度参与，包括参与确定审定基础与审定计划，并通过与申请人就申请材料的深度沟通，与申请人共同完成整个适航取证活动。可以说，适航当局是审批者，也是引导者。但是受制于传统的审批理念，我国目前的适航审批制度对于引导性认识不足，并且往往关注于对单个产品的适航性审定，而对申请人适航能力的系统性建设关注不够，这实际上也影响到了整个适航认证审批的进一步简政放权。

另外，我国今年来，无人机、新型个人低空飞行器、空天临界飞行器、超音速飞行器、新能源飞机等新型的飞行器发展迅猛，目前已经处于世界领先地位，在全球范围内具有先发优势。但是我国对于新型航空器的研发、生产以及其飞行活动的审批与监管正处于探索阶段，相关的制度设计欠缺。导致我国在面对这些新型飞行器的设计、制造、运营时，现有的适航与运营审批制度难以适应。

可见，民航的科技密集型属性决定民航应当建立一种鼓励创新性审批制度。科技的创新往往取决于制度的创新，没有制度的创新，科技的创新就会失去动力与活力。民航建立鼓励创新型审批制度，主要体现为对航空技术鼓励的创新。在民航业深化审批改革时，应该在确保航空安全的基础上，引导并鼓励到航空科技的发展。从民航审批角度，一方面这涉及对航空器设计、生产、适航认可或许可，另一方面也涉及新型飞行器的运营和操作的审批。

(二) 彻底贯彻风险审定理念

航空器适航审定是民航科技发展最为关键的民航审批类型，因此，鼓励创新体现为民航适航审定制度对民航科技的鼓励与培育上，而风险审批理念作为最新式适航审定理念，背后正是蕴含着通过适航审定行为鼓励与培育民航科技的发展的内涵。

所谓风险审定，是指民航主管机关在航空产品的适航取证体系中，基于风险的判断确定适航当局在适航认证各个阶段的介入程度，并且决定证后管理以及监管频率。[1] 在风险审定的具体操作中，要求民航主管机关基于航空器实际使用情况，按照风险等级，根据评估结果，实施低风险、中风险、高风险三类分级审定管理。划定风险等级的标准包括：体系风险与产品风险两部分，前者为申请人的适航管理体系的成熟度，后者为航空器产品的复杂度以及航空器的运行环境，体现为产品风险、

---

[1] 《CCAR-21部修改意见稿》第21.7条。

能量等级、碰撞可能等级。[1] 在未来适航认证与管理中，首先应由申请人按照民航局颁布的风险评估指南，自行编写风险评估报告，民航主管机关根据申请人提交风险评估报告，通过审查，确定风险等级，从而确定对航空器适航认证与管理介入程度。

风险审定要求出我国航空器适航管理制度进行彻底的变革，在未来民航彻底贯彻风险审定理念时，需要注意以下问题：

首先，风险审定要求简政放权，按照风险的不同，确定不同的简与放的尺度。例如，根据新版CCAR-21部修订草案，对于轻型运动类航空器的设计批准，允许申请人自己提供审定意见作为审定批准的依据，只要经局方接受后即可，包括申请人提供的标准可以是行业标准、企业标准，甚至是企业自己的标准等。[2] 又如，在无人机适航领域，基于申请人提交的风险评估报告，对于属于低风险运行条件的无人机系统，其审定标准直接下放给申请人，申请人向民航主管机关可以提出适航标准建议，在民航局适航司同意后，可以直接作为审定标准；但是对于中高风险的无人机，则需要根据《高风险货运固定翼无人机系统适航标准（试行）》与《中高风险无人直升机系统适航标准（试行）》进行审定。[3]

其次，风险审定理念也要求体现出系统管理原则，民航主

---

[1] "民用无人驾驶航空器系统适航审定项目风险评估指南（征求意见稿）"，载中国民用航空局网，http：//www.caac.gov.cn/HDJL/YJZJ/202003/P020200330336461465630.pdf，最后访问日期：2020年7月19日。

[2] 《CCAR-21部修改意见稿》第21.203.6条。

[3] "中高风险无人直升机系统适航标准（试行）"，载中国民用航空局网，http：//www.caac.gov.cn/HDJL/YJZJ/202002/P020200225622960426433.pdf，最后访问日期：2020年7月19日。

管机关从以往"盯"具体的单个产品,转换为"盯"申请人或持证人适航管理系统,对申请人或持证人提出来很高的系统性质量管理的要求,并且对系统的完善与运行进行持续的监管,要求在航空器设计、制造、维修、运营等各个阶段进行具体的落实。

最后,风险审定理念也要求鼓励并培育申请人不断提升自身的适航管理能力,提升适航制度对民航科技发展的适应力,这也是民航优化服务理念在适航管理中的集中体现。在风险审定理念下,通过将申请人对民航规章的持续符合程序作为判断其产品符合性成熟度的依据之一,从而决定审查力度或检查频度,可以系统培养与引导申请人不断提升自己的能力建设,最终促进航空技术的发展。目前这一理念已经被引入轻小型航空器的适航审定中。[1] 可以看出,风险审定从单个航空产品认证转向系统的构建,从注重审查转向注重引导,进一步简政放权,鼓励促进航空新技术、新设计的发展。[2]

最为先进的一种适航审定管理制度,我国未来需要进一步将风险审定理念贯彻到各项适航审定规范与程序中,在提升航空安全的同时,也为我国民航科技的发展、构建成熟的民航市场主体的助力。

(三)建立健全新型飞行器审批制度

新型飞行科技事关未来民航发展,甚至整个人类科技文明制高点的争夺。建立健全新型飞行器审批制度,对于继续保持

---

[1] 2019年10月31日《轻小型航空器生产许可及适航批准审定程序》(AP-21-AA-2019-31)。

[2] "关于就《民用航空产品和零部件适航审定规定》修订草案再次征求意见的通知",载中国民用航空局网,http://www.caac.gov.cn/HDJL/YJZJ/202002/t20200217_200926.html,最后访问日期:2020年7月19日。

我国在新型飞行器领域的先发优势,总结、形成并输出我国标准与规范,巩固我国在新型航空器研发、运营领域的产业优势具有重要意义。因此,对于新型的飞行器以及其飞行活动的审批与监管,需要从兼顾鼓励创新与保障安全角度,根据我国的国情,建立有中国特色的新型飞行器运营和操作审批管理体制。以无人机为例,由于它涉及人工智能与高端制造业,对航空科技以及制造业转型具有深远影响,我国已将其列入战略新兴产业。[1] 目前,与无人机的相关审批与监管呈现出交叉与混乱的现象,生产阶段涉及工信部、民航局产品认证与适航认证,销售阶段涉及公安部门销售备案、民航部门的实名登记,飞行使用阶段涉及驾驶人员执照、飞行空域管理与飞行计划审批。根据国务院中央军委《无人驾驶航空器飞行管理暂行条例(征求意见稿)》,由国务院、中央军委交通管制委员会领导全国无人驾驶航空器飞行管理工作,通过无人驾驶航空器管理部际联系工作机制,协调解决管理工作中出现的重大问题。[2] 该暂行条例仍未生效,且较为原则,在实践中仍需进一步制定具体的操作规则。

值得注意的是,最新的2020年《通用航空经营许可规定》,首次将无人机从事通用航空经营行为纳入通用航空经营许可管理,适用与有人驾驶航空器相同的准入标准与要求,并且完善了无人机从事经营行为的监管内容,以审慎包容与分类监管为

---

[1] 国家统计:"战略性新兴产业分类(2018)",载国家统计局网站,http://www.stats.gov.cn/xxgk/tjbz/gjtjbz/202008/t20200811_1782344.html,最后访问日期:2020年7月19日。

[2] 国务院、中央军委《无人驾驶航空器飞行管理暂行条例(征求意见稿)》第6条。

原则，扶持无人机在民航领域的运营。[1] 对于下一步的工作，需要继续围绕着无人机的制造（机）、驾驶（人）、飞行三个环节，根据无人机飞行活动的影响，充分考虑无人机发展的创新需求，合理分类，统筹资源，建立合理的无人机审批管理体制。

六、完善民航外商投资审批制度

（一）我国外商投资民航审批存在的问题

我国外商投资民航审批包括两类：对外商投资项目的审批，对外商投资企业拥有航空器国籍的审批。目前这两种审批均无法满足新时代我国民航全面对外开放的新格局，分析如下：

1. 对民航外商投资项目的审批，从民航角度体现为民航局对外商投资民航项目建议书、可行性报告的行业审批。审批的标准为：项目建议书与可行性报告应当满足深度要求，提交的材料包括申请报告、项目本身及投资方情况、资源利用和生态环境分析、经济社会及行业发展分析。在完成行业审批后，外商投资企业还需要进行商务部、发改委的外商投资登记与核准手续，如果涉及国有资产出资的，需要提交国资管理部门出具的批件。[2]

可见，民航局进行行业审核仍停留在 2004 年《国务院关于投资体制改革的决定》阶段，按照目前对于民航项目的审批规定，我国仍采用准入后国民待遇加分类清单管理模式，要求对外商投资进行身份与行为的双重许可，并未同步到《外商投资

---

〔1〕《通用航空经营许可管理规定》。
〔2〕"限额以下民航投资民航项目建议书和可行性研究报告审批"，载中国民用航空局网，http://www.caac.gov.cn/FWDT/WSBS/ZHL/54052/201705/t20170531_44428.html，最后访问日期：2020 年 7 月 19 日。

法》的准入前国民待遇加负面清单管理模式。[1]

2. 对航空器国籍的审批体现为民航主管部门经过审查后，同意外商投资企业拥有或使用的航空器可以登记为中国国籍。上文提及，对于一架航空器而言，只有其拥有者满足了我国《民用航空器国籍登记条例》中的属人标准，才能登记为中国国籍。从企业角度看，属人标准为外商投资占比不超过35%，表决权不超过35%，董事长由中国公民担任。[2]

根据最新版外商投资市场准入清单，对于公共航空运输公司须有中方控股，且控股比例必须超过75%，法定代表人为中国公民。对于通用航空公司的法定代表人为中国公民，其中农、林、渔业通用航空公司投资比例不作限制，其他通用航空公司限于中方控股。[3]

可见，由于公共运输企业的属人标准（外国资本占比25%）高于航空器国籍登记的属人标准（外国投资占比35%），因此外商投资公共运输企业拥有或使用的航空器登记为中国籍是没有障碍的。但是通用航空企业却并不如此。在法定代表人为中国籍的情况下，我国对于农、林、渔业通用航空已经取消了投资比例限制，其他类型的通用航空企业只要中方控股即可，因此，对于农、林、渔业通用航空企业中外资所占注册资本与表决权在35%以上的，其他类型通用航空企业中外资所占注册资本与表决权35—50%之间的通航企业，其试图在中国运营的航空器无法登记为中国籍，这就为我国对这些航空器进行法律管辖带

---

[1] 徐键：《论外商投资的准入许可》，载《兰州学刊》2020年第1期。
[2] 《民用航空器国籍登记条例》第2条。
[3] "外商投资准入特别管理措施（负面清单）（2019年版）"，载中华人民共和国中央人民政府网站，http://www.gov.cn/xinwen/2019-06/30/content_5404703.htm，最后访问日期：2020年7月19日。

来了法律障碍。并且根据《民用航空器权利登记条例》只有中国籍的航空器,才能在中国办理所有权登记证书,这又进一步导致这些外商投资通用航空器企业甚至无法在中国境内登记其航空器所有权,这直接提升了这些外商投资航空企业在中国的运营成本。

另外,由于航空器的高价值属性,民航企业获得航空器的途径除了购买之外,有很大比例是通过租赁获得的,在中国市场提供航空器融资租赁服务的不仅仅是中国融资租赁公司,还包括外商投资的融资租赁公司,甚至纯国外的融租租赁公司,但是无论何种方式,只要不满足我国法下的可登记中国航空器国籍的属人标准,尽管被租赁的航空器将在中国使用,但是却无法在中国进行航空器国籍登记,进而无法在中国登记进行航空器所有权登记。这种问题一直困扰着实践界。

可见,我国航空器国籍登记范围过于狭窄,无法满足我国民航进一步对外开放的需求,甚至架空我国民航进一步对外开放的效果。

(二)合并内外资投资民航项目行业审批

根据2019年《外商投资法》,我国对外商投资的管理全面建立准入前国民待遇+负面清单管理模式。根据2019年负面清单,我国对于民航领域特别管理措施包括:①公共航空运输企业由中方控股、外商投资比例不超过25%,法定代表人为中国籍。②通用航空企业中农、林、渔业限于合资,没有投资比例限制,其他类型的通用航空企业由中方控股。③民用机场由中方控股。④禁止空管行业。⑤禁止投资邮政的国内业务。[1] 另外，出于国家安全考虑，也禁止外商投资进行空中测绘、摄影、地图、遥感等行业。

除此之外，未被纳入清单的民航领域，均适用于投资前国民待遇。并且，根据2019年版《鼓励外商投资产业目录》我国对于公共航空运输公司、农、林、渔业通用航空公司、航空材料、航空轴承制造、航空器包括发动机、零部件等设计、制造、维修，民用航空器机载设备设计与制造、地面设备的制造等都属于鼓励外商投资产业目录范畴。[2]

可见，目前负面清单将民航纳入的标准包括两类：对于涉及国土安全、邮政的绝对禁止外商投资，其他民航领域按照投资比例设置门槛。在负面清单之外，已经等同于国内投资管理。可见，对外商投资民航项目进行特殊的行业审批已经没有现实的必要性。因此，本书建议废除目前民航对外商投资项目的行业审批，并统一适用对国内投资民航审批规定，真正实现外商投资前的国民待遇原则。

(三) 完善航空器国籍登记制度

完善航空器国籍登记，首先，应当扩大可登记的范围，需要将航空器国籍登记的属人范围与民航允许外资进入的市场准入保持一致，消除航空器国籍登记属人标准与外资市场准入的间隙。鉴于通常民航允许外资准入的门槛调整比较快，门槛的宽窄大小，属于政策的调整范畴，因此，可以在原则上规定只

---

[1] "外商投资准入特别管理措施（负面清单）（2019年版）"，载中华人民共和国中央人民政府网站，http：//www.gov.cn/xinwen/2019-06/30/content_5404703.htm，最后访问日期：2020年7月19日。

[2]《鼓励外商投资产业目录（2019年版）》。

第五章　深化新时代民航行政管理体制改革

要被允许在中国境内运营的民航企业所拥有或使用的航空器均可登记为中国籍，而不必规定硬性的比例标准。例如，美国法规定只要是依法能够在美国境内经营的实体所拥有的，并且主要基地在美国的航空器，都可以登记为美国国籍。

另外，在未来还可以考虑在国籍登记中引入属地标准。此处需要区分两个概念，航空企业国籍与航空器国籍。对于航空企业国籍，各国均采用实质所有权与有效控制标准，所谓实质所有权与有效控制是指在双边航空运输协定中，缔约国承诺本国指定的从事双边航线运输的航空公司必须为本国公民拥有实质所有权与有效控制的航空公司，否则另一缔约国有权保留、撤销或终止该缔约国指定的航空公司经营许可。[1] 这一规定作为双边航权协议中的惯例源于1944年《国际航空过境运输协定》，并被广泛用于各国政府之间签署的双边航空运输协议中。我国法律判断实质所有权与有效控制的标准为外资注册资本与表决权均不高于25%，且董事长由中国公民担任的标准，达到这一标准的企业法人可以登记为中国籍。可见，航空公司国籍登记与航空器国籍登记两者无必然的联系。

鉴于航空器国籍登记与航空公司国籍登记并非同一类事物，因此，单纯从航空器的拥着者——航空企业的属人标准认定航空器国籍是不合适的。事实上，航空器国籍的本质是登记国对一架航空器的管辖权、保护权与管理权，是航空器与国籍国的法律联系。因此，除了从属人角度进行规定外，还需要进一步扩大航空器国籍登记的范围，引入属地原则，即只要在中国境内从事运营的航空器，均可登记为中国国籍，这一方面满足我

---

〔1〕 董箫、吴向荣、李雷勇："双边航空协定中的'实质所有权和有效控制权'条款探析"，载《中国律师》2008年第4期。

国对该架航空器管辖、保护与管理的依据,另一方面也能解决我国航空器国籍登记与我国民航对外开放不协调之处。

第六节 创新民航监管

一、民航监管改革必须走创新监管之路

(一) 我国民航监管的现状

行政监管是政府依据法律、行政法规、行政规章实施的监管行为,通过运用国家强制力对行政相对人进行直接控制。在具体监管手段上,一般包括行政强制、行政处罚、行政许可的撤销、行政约见、经济调控、纪律惩戒以及公布行政执法信息等。[1] 从学理上说,行政审批也属于行政监管的范畴,但是由于审批体现为事前审批,而监管体现为事中事后监管,因此在新时代党的历次大会决议以及国务院"放管服"改革过程中,对审批与监管均作为两种不同行政职能改革因素进行部署。因此,由于审批与监管两种行政管理的模式、理念以及改革的方向、途径均不同,本书也将审批与监管单独列出分别论述。

民航面临着全行业、密集的行政监管。一方面,民航作为一个高科技行业,在整个交通领域,航空安全体系是最为严格、最为高端的体系,为了满足民航高度的安全性的要求,整个民航行政监管体系都是围绕着航空安全监管为核心进行构建的。另一方面,民航也伴随着广泛的市场监管,民航面临着更为复杂与严格的市场监管,包括价格监管、航线监管、运输服务监

---

[1]《民航局关于全面规范运用行业监管手段的指导意见》。

管、反垄断监管、消费者权益保护监管、信息保护监管等。可见，行政监管的领域大于行政审批范畴，对于被许可事项的持续性监督是行政监管的一个方面，但是除此之外，民航业面临着更广泛对审批事项之外的行政监管。

根据《中国民用航空监察员管理规定》，我国民航监察分为安全监管、经济监管、综合监管、督导类四类十一种监管，具体包括：①航空器、设备的适航监管，主要包括航空器权利登记、国籍管理以及航空器适航的检查、监督、停飞、撤销证照等；②航空人员执照监管，包括民航驾驶员、飞行机械员、签派员、情报员、气象人员、电信人员、维修人员、交通管制员、安全员以及相关的培训、检查、考核、管理、停飞、撤销证照等；③空域管理及飞行规则，包括低空空域管理、飞行基本规定、通用航空飞行管制、一般运行和飞行规则等；④航空经营活动监管，包括旅客、行李、货物、危险品国内、国际运输管理，国内、国际航线经营许可，航班正常化管理，经营性与非经营性通用航空管理等；⑤航空安保监管，包括机场安保、航空飞行安保监管；⑥机场监管，包括运输与通用机场的场址、总体规划、建设、改建、扩建、验收、使用，机场运行，专用设备，应急救援以及民航机场重组改制等；⑦外资进入我国民航市场的监管，包括投资领域、出资比例、投资方式、控制权、法定代表人、从事业务活动、合作期限等；⑧其他涉及航空服务的监督与指导检查，包括行业信用管理、消费者投诉管理。可见，民航监管的内容与体系非常繁杂。

（二）民航监管在民航治理中的地位

民航监管水平是民航治理现代化的水平的标志之一，民航治理现代化的实现必须建立在监管现代化的基础之上。民航监管的创新对于民航治理具有以下几点意义：

首先,在传统意义上,民航监管的理论基点是为了克服民航市场失灵与保证民航安全。一方面,保障安全是民航管理的首要任务,民航作为一个高科技行业,在整个交通领域,民航安全体系是最为严格、最为高端的安全管理体系,为了满足民航高度的安全性的要求,整个民航行政监管体系都是围绕着航空安全监管为核心进行构建的,包括航空器适航监管、民航运营人适航审定监管、航空人员资质监管。另一方面,为了克服市场失灵,民航也伴随着广泛的市场监管,民航面临着更为复杂与严格的市场监管,包括价格监管、航线监管、运输服务监管、反垄断监管、消费者权益保护监管、信息保护监管等。

其次,除此之外,民航监管还有一个新的使命,"管出公平、管出质量",[1]民航创新监管关系到民航的秩序、安全与公平,通过在监管的过程中发现问题与不足,并向监管对象提出行之有效的建议和指导性意见,引导和帮助企业做好合规与安全运营。在坚持安全底线的前提下,坚持包容审慎的监管理念,在出现问题时,及时引导并加以纠正,不能将民航新技术、新业务由于监管的落后而被扼杀在摇篮之中。[2]可见,民航监管的使命之一就是帮助被监管对象提升生产"软"环境,引导企业依法经营,不断培育与提升被监管对象的运营与管理水平。

(三) 我国民航监管改革困境与出路

近年来随着我国民航规模不断扩大、运行主体的增加、生产运行模式的日益复杂,以行政许可为核心的审批型政府管理

---

[1] "李克强在全国深化'放管服'改革优化营商环境电视电话会议上发表重要讲话",载中央人民政府网,http://www.gov.cn/premier/2020-09/11/content_554 2788.htm,最后访问日期:2020年9月24日。

[2] 李克强:"在全国深化'放管服'改革转变政府职能电视电话会议上的讲话",载《中国行政管理》2018年第8期。

模式及方式方法已经越来越无法应对日益复杂的监管问题。

在我国民航快速发展的现实中，传统民航监管体系正面临的日益严重的压力，这与民航监管的特殊性分不开，包括以下几个方面：首先，民航面临着监管人员不够、监管资源不足的压力。在我国发生的航空事故或事故征候，人为因素仅仅占一小部分，大部分是由民航安全监管保障不足导致的。以监察人员不足为例，我国目前四十一类民航监察员中，几乎全部工作由民航行政部门承担，专业人员编制严重不足。在一个民航监管辖区内至少包括运输机场、通航企业、运输航空企业、空管机构、航油、航信等众多相对人，而航空监察员编制往往只有几十人，监管人员工作量严重超负荷。其次，出于航空安全无小事的理念，监管事项庞杂，内容及其繁复。以机场助航灯为例，一名监察员在一次监察过程中，可能需要翻阅几十本台账，确认数百个助降标志，并对所有相关设施进行检查，包括电源、电缆、电站等。再次，民航创新以及新经营业务的拓展比较快，这就给民航监管的迅速适应性带来了挑战。[1]例如科技的发展给安检模式带来的变化。

但是，民航监管资源不足、监管人员欠缺、监管工作繁复以及民航科技创新给监管带来的适应性压力等仅仅是从外在审视民航监管出现的问题。受制于民航主管机关编制、资源的限制，民航监管资源与人员不可能无限制供给。并且，对于民航安全的高标准保障，安全监管不容一点疏忽，这也决定了监管的内容无法进一步简化。因此，传统意义上民航监管改革无以为继。

---

[1] 宋丽："基于回应式监管理论的民航安全监管工作探讨"，载《民航管理》2019年第3期。

因此，对于民航监管来说，在有限的资源保障下，面对漏洞频发的民航监管现实，要想完成高标准的安全与经济监管任务，惟有创新监管一条路。我国传统的行政管理重审批、轻监管，并且即便进行监管，监管多表现为运动式、多头监管，监管的方式多为单一的强制性执法，可见我国行政监管本身就存在着监管理念落后、监管力度不足、监管方式僵硬等问题，导致监管效能严重不足。[1] 对于民航监管来说，由于历史与现实条件，还存在着严重的法外监管问题。

事实上，自 2017 年起，民航局正式推进民航监管改革工作。[2] 基于优化民航监管的核心理念，民航局要求推进以差异化监管为核心、以数据驱动为特征、以精准高效为目标的民航监管改革。这次改革工作触摸到民航监管的实质问题，认识到监管理念与方式的深刻转变，需要在改革实践的基础上继续总结经验，将民航深化监管改革推向深处。可见，深化民航监管制度改革需要对民航监管进行集约化、精细化、现代化改造，确保从制度侧满足我国民航发展现状的需求，为民航进一步发展提供制度保障。

二、彻底清理民航法外监管

（一）民航法外监管问题

民航创新监管的前提是依法监管，确保民航一切的监管活动必要在法治的轨道下进行。法外监管通常体现为以上级命令、

---

〔1〕 许国冲、张晨舟、郭轩宇：“中国式政府监管：特征、困局与走向”，载《行政管理改革》2019 年第 1 期。

〔2〕 "民航局关于进一步深化民航改革工作的意见"，载中央人民政府网，http://www.gov.cn/home/2016-05/25/5076575/files/1f66879640d7484bab42b9f975087c6a.pdf，最后访问日期：2020 年 7 月 29 日。

指令、领导意图等设置监管内容与程序，民航法外监管本质上属于违法监管。

在党和国家依法治国重大战略部署下，早在2004年民航总局就专门针对民航法治政府的建设进行规划，并于2015年提出了系统化的建设方案，要求完善监管机制，规范民航行政行为，但是解决民航法外监管的努力仍成效欠佳。民航法外监管长期无法消除有着历史与现实两方面原因：

首先，从民航行政管理体制改革的历史来看，我国民航经历了长时期计划经济时代，直到2002年大规模民航改革前夕，民航总局仍代行航空企业所有权职责，与民航企业属于事实上的上下级关系。在2002年民航企业脱离民航总局改革之后，这种管理的惯性仍然存在，民航主管机关以处理上下级关系方式对待民航监管可能导致民航法外监管无法彻底消除。

其次，民航法外监管源于民航法律体系的不健全。我国民航业发展迅速，而法律往往存在着滞后性，甚至越高层级的法律这种滞后性越明显，因此导致下位法规定监管内容与手段可能超越了上位法的现象，直接设定监管内容与手段，导致法外监管现象产生，突出表现在通用航空领域、消费者权益保护领域、反不正当竞争领域。例如，为了提升航班正常率，民航局下文要求航空公司合理安排运力，并且预留1%-3%的运力作为备份。事实上，这一要求仅仅出于政策的考量，直接干涉航空公司运营，并且由于民航天然的航线、机场、运力等分布不平衡特点，以及空域管理的问题，导致运力备份不仅不能提升航班正常率，反而给各航空公司带来了巨大的经营压力。

（二）全面贯彻落实民航依法行政原则

彻底解决民航法外监管需要全面贯彻民航依法行政原则。依法行政是依法治国战略的组成部分，是行政机关进行一切行政行为的准绳。党的二十大报告指出法治政府建设是全面依法治国的重点任务和主体工程。一般来说,依法行政原则包括两个方面:积极的依法行政与消极的依法行政,前者表现为法律优越理论,即一切行政活动不得与法律相冲突;后者体现为法律保留理论,即一切行政活动还需要有法律的明确依据,法无授权不可为。[1] 从现实角度看,全面贯彻落实民航依法行政原则,需要克服民航行政管理体制中传统的"上级意识"、"长官意识",民航行政主体必须按照法定的权限和程序行事,既不失职,也不越权。

全面贯彻民航依法行政原则,扎实推进依法行政,需要推进机构、职能、权限、程序、责任法定化。具体而言,首先,继续跟进民航监管工作的实践,修订我国《民用航空法》,巩固民航监管改革工作的成果,为实践中创新监管方式提供法律依据,并且明确民航监管的禁止性行为,杜绝民航主管机关越权监管的现象。其次,进一步补充并完善明显法律遗漏的监管事项,制定诸如通用航空、民航反垄断与反不正当竞争、消费者权益保护等监管法律,保障监管有法可依。最后,应当考虑为所有的上位法以及民航局自身颁布的行政规章制定配套的实施细则,统一监管程序、标准、处理原则,彻底减少民航法外监管的存在空间。

三、提升民航精细化监管

(一) 民航精细化监管不足

民航监管精细化不足是指民航行政主管机关忽视民航内部的差异性,导致监管缺乏针对性,监管效果无法体现。

---

[1] 刘莘:"依法行政与行政立法",载《中国法学》2000年第2期。

第五章　深化新时代民航行政管理体制改革

民航业具有鲜明的内部差异性。随着我国民航不断发展，民航生产规模也越来越大，体系内部分工越来越复杂，这种差异性也是与日俱增的。以民航运输业为例，传统上多指的是航空公司进行的远程旅客或货物运输，但是随着民航的发展，还出现了以中小型运输飞机执飞的公务飞行、短途飞行等通用航空运输，甚至无人机货运飞行，并且不同的运输方式对应的机场、航油、航信、维护的运行规范与标准也都是不同的。可见，整个民航业内部差异巨大，并且各个系统具有完全不同的特征，因此，从行政管理角度，这给民航业的监管模式带来了挑战。

民航内部的极具差异化特性要求民航对各子系统监管的手段、方式、理念都应当有所调整，以确保监管适应这种差异性。但是民航监管在面对极具差异化的分系统之时并没有应对这种差异性，进而导致监管的手段、强度、理念缺乏针对性。这种粗放型监管导致民航监管的制度供给侧在监管手段、监管强度以及监管理念上难以适应民航日益精细化分工的要求，难以及时应对民航出现的新问题与新形势。

并且，民航属于高科技行业，资源覆盖范围非常广泛，仅依靠目前监管机构自身的、单方面、强制性监管以试图实现被监管对象的全面合规也是非常困难的。在有限监管资源的限制下，这种传统的"一刀切"式监管也可能导致被监管主体缺乏主动性，在落实监管规则的执行意愿与力度不够，监管效能无法有效实现。[1] 因此，为了适应这种差异性，民航监管系统内部也需要处处体现这种差异性，做到有针对性监管，简而言之，需要进一步实施精准监管。

---

〔1〕 高文录、高杨、冉岩："民航法定自查的实践与思考"，载《民航管理》2019年第2期。

(二) 提升民航监管的精细化

所谓精细化监管，本质性是指对民航有针对性监管，针对民航各系统监管的特点与实践，合理性配置监管资源，以实现监管资源效率最大化，[1] 具体而言，包括以下内容：

首先，将被监管事项、内容和特点进行合理分类，例如，在一级区分出通用航空与运输航空的基础上，在二级进一步区分出安全管理与经济管理，并且根据监管的需要，可以继续区分不同的下级类别。其次，在合理分类的基础上，根据不同的监管对象，确定不同的监管特点，并且依据被监管者不同的表现，梳理出监管要点，分类施策。对于监管主体，加强各类别监察员培训管理，提升民航监管人员精细化监管的能力；对于被监管对象，按照其运行水平和绩效，调整监管资源的分配，同时鼓励企业自身守法的主动性，例如，对于自我合规能力强的被监管者可以采取更多的柔性监管，相反，对于自我合规能力不强的被监管者，则收紧加强监管，以这种差别待遇鼓励被监管者的守法动机。[2] 最后，加强对监管数据进行整合，为精细化监管提供数据支持。通过推动监管事项库的管理与优化，及时更新与统一民航监管执法信息系统（SES 监管事项库），建成"互联网+监管"为目标的民航行业监管系统，[3]

---

[1]《民航局关于推进精准监管工作的意见》。
[2]《民航局关于推进精准监管工作的意见》。
[3]《民航局关于推进精准监管工作的意见》。

四、提升民航集约化监管

(一) 民航监管集约化不足

我国目前民航监管效能不足的原因之一就是民航监管的集约化不足,我国目前民航监管体制为民航局、民航地区管理局、民航安全监管办公室三级体制,在每一级别基本按照专业形成航空安全、运输管理、飞行标准管理、适航管理、机场管理、空中交通管理等专业监管组成部门,并且这些专业组成部门通过上下级垂直领导与沟通。因此,在实践中,逐渐形成了以专业性监管为主,民航内部各部门按照各专业独立实施监管,辅以综合性检查的监管模式。这种传统上以专业划分监管领域的模式,确实能够确保各专业内部迅速开展监管工作,有利于监管标准和手段的统一化。但是其弊端也是非常明显的,由于监管工作缺乏整体性,导致民航监管无法实现最大的监管效能。

对于民航被监管人来说,一个民航被监管人可能需要面对多个专业部门监管,并且这些专业部门监管之间沟通协调性也不足,可能导致被监管人就同一被监管事项,需要投入巨大的精力应付不同专业的监管;对于民航主管机关来说,也可能会就同一被监管事项,派驻不同的专业的监管人员,在监管编制与人员有限的情况下,这也可能导致监管力量与资源捉襟见肘,难以保障监管质量,并且由于专业的差异,检查监管时间的差异以及检查进度的差异,导致很难对被监管人达成整体的监管效果与评估意见。[1] 这种资源耗费性监管,加剧了民航监管需求与监管效能的矛盾。

---

[1] 李永祥:"在民航安全监管工作中建立集约化监管模式的探究",载《民航管理》2018年第8期。

(二) 提升民航监管的集约化程度

党的十九大报告要求转变政府职能,创新监管方式,提高监管效能。为了提高民航监管效能,需要提升民航监管资源的配置水平,实现监管要素的协同配置,针对民航目前监管效能不高的问题,民航需要探索建立精细化、集约化模式。

所谓集约化就是集中资源,统一配置资源,以降低成本,实现高效的目的。集约化监管就是综合各部分监管职责和资源,统筹安排,统一计划,以节约、高效为目的,完成监管工作。对于民航来说,需要打破传统的以专业划分监管职责和监管内容的模式,坚持问题导向,从按专业分配监管资源转变为按照监管内容或被监管者类别为依据分配监管资源,整合民航监管资源,走向民航统一监管,实现协同高效。具体而言,首先,对于监管计划,需要对民航各专业的监管内容进行整合,避免重复、零散的监管项目;其次,统一协调与组织监管资源进行执法,体现民航监管针对具体的监管对象的工作的整体性。[1]

(三) 建立健全民航"互联网+监管"

"互联网+"模式是民航监管数据驱动的重要途径,有利于推进民航集约化监管。随着互联网技术的发展,包括云计算、大数据、物联网等新兴技术已经融入了传统行业,有效提升了传统行业资源配置效率,形成了"互联网+"概念,民航业也是如此。"互联网+"充分发挥了互联网在生产资源配置的优化和集成作用,利用通信技术形成跨界融合,并不断创造出新模式,

---

[1] 李永祥:"在民航安全监管工作中的建立集约化监管模式的探索",载《民航管理》2018年第8期。

新生态。[1] 在面对"互联网+"大潮中，无论是被监管者，还是监管者都不可避免地卷入其中。对于民航监管来说，在"互联网+"模式的冲击下，基于民航资源本身配置的复杂性，为了提升民航监管的精细化、集约化，建立民航"互联网+监管"制度势在必行。

建立民航"互联网+监管"，应从以下几个方面着眼。[2] 首先，从民航单方面监管理念转向民航多元治理理念，从传统的政府单方面强制性监管，转型为"互联网+"下治理的多元参与，引入多样化的治理因素，包括社会管理、行业企业自律等。其次，整合民航内部监管职能，解决民航内部监管职能的交叉、重合、遗漏之处，建立全流程、内部运行顺畅的监管体系。我国民航目前监管体系为分散式监管模式，根据飞行标准、适航审定、空中交通管理、机场、运输市场等分门别类，分属不同的主管司局监管。这种分段式、监管职能"切香肠"的模式无法实现监管协同与效率性，因此，在"互联网+监管"模式下需要按照高效协调的理念，进一步整合民航内部的监管职能。再次，创新多种民航监管方式协调并用。在"互联网+"背景下，传统的刚性监管方式急需转变，需要从单一目标监管，转变为引导被监管主体建立体系化、规范化的合规制度，构建多元的、体系化、刚柔并济的监管手段。最后，加强信息公开、完善公众参与。公开透明是监管的基本要求，在民航"互联网+"模式下更是如此，需要充分利用互联网的优势，提高信息公开度，

---

[1] 马化腾："关于以'互联网+'为驱动，推进我国经济社会创新发展的建议"，载《中国科技产业》2016年第3期。

[2] 尹少成："'互联网+'与政府监管转型：机遇、挑战与对策"，载《法学杂志》2016年第6期。

提升公众参与，提高监管的正当性、合理性与被监管者认同感。

民航"互联网+监管"最终目的是实现民航监管"用数据决策、用数据管理、用数据说话"，提升民航监管的高效、科学与精准。关于民航"互联网+监管"模式下具体的技术应用，应当包括以下内容：[1] 首先，利用云计算构建统一的执法平台。作为分布式计算的一种，云计算的核心是借助互联网，实现快速的计算资源和数据存储，因此，云计算为民航整个执法体系的集中运行和数据存储与分享提供的条件。其次，利用大数据建立民航智能数据搜索与分析系统。民航监管过程可能会遇到各种问题，但是大数据技术为海量的、迅速增加的、新颖的执法数据整合与分析提供了可能性，能够有效提高民航监管决策的正确性与管理绩效。同时，也应利用大数据规范民航执法的尺度，从而正确规范民航行政主体的自由裁量权。最后，利用物联网进一步实现执法资源的配置。物联网体现"万物互联"的概念，将信息、设备、人员整合成巨大的网络，实现人、机、物的互联互通。因此，可以利用物联网技术实现执法资源的互通互联，综合调度。在近期看，民航局正在构建统一的民航执法信息系统，希望以此为基础实现数据统计与分析，初步建成民航"互联网+监管"的民航行业监管系统。

五、强化民航公共利益监管

（一）民航监管内容失衡

民航监管内容失衡体现为民航监管忽略对公共利益的维护。民航业不同于一般的行业，在承认其竞争属性的同时，也具有

---

[1] 冯晨、赵冬临、李赫："'互联网+'在民航行业监管执法系统中的应用研究"，载《电子技术与软件工程》2016年第13期。

第五章　深化新时代民航行政管理体制改革

较强的公共属性，这就要求民航立法、执法需要对公共利益持有特别的关注。

上文提及，我国民航主要市场主体均脱胎于民航行政体制，包括航空器公司、机场、航油、航信等由民航行政主管机关分离出来的，这种脱胎于同一体制内上下级关系，导致民航主管机关对涉及市场公平竞争的监管更倾向于采用一种行政协调的手段处理，并且，由于民航主管机关与民航市场主体发源于同一个系统，反而旅客成为"系统外"的人，因此，民航主管机关对旅客权利保护、民航市场服务的监管关注度不够。

可见，民航监管的失衡表现为民航主管机关热衷于对民航资源利用的监管，而怠于对民航公共利益的监管，包括漠视对维护市场公平竞争的监管以及对民航服务质量、旅客权利保护的监管两个方面。对于对维护市场公平竞争监管的漠视在本书第四部分已做详细的论述。此处主要论述对于民航服务质量的监管。在面对民航服务质量、旅客权益保护时，例如航班延误、超售、黑名单制度等，民航主管机关多将这种纠纷视为一种平等的民事运输合同纠纷，不愿意主动介入，即便在处理旅客投诉时，也一般交由消费者权益保护部门处理。但是民航运输合同作为一种专业的格式合同，消费者权益保护部门在处理的时候，由于欠缺对民航行业惯例的理解，往往偏离了相关民航政策的初衷。这种偏离一方面会引起社会大众对民航服务认识的偏差，另一方面如果偏离民航行业惯例进行执法，对于航空公司也是不公平的。

例如，以机票超售问题为例，长期以来，有一些工商行政机关认为这属于一种消费者欺诈行为,从而进行处罚,[1]但是作为一种行业惯例,机票超售在美国与欧盟的立法中都是允许的,我国大多数航空公司运输总条件也有类似的约定。一般而言,旅客从机票预定到实际成行仍有一段时间,并且机票本身也允许改签,再加上受制于延误、退票、取消等情况,因此,旅客购票后并不意味着其一定能够成行,由此导致的座位虚耗引起航空资源的浪费,因此航空公司都会超售一定比例的机票,防止座位虚耗。可见,超售不等于欺诈,是一种民航惯例。关键的问题是,航空公司在超售时,如何确定哪些乘客应当下机,航空公司如何安排这些乘客改乘,或者给予何种补偿。因此,在执法过程中,需要合理平衡旅客与航空公司的利益,在承认机票超售这一合法行为的同时,防止旅客受到不公正对待,否则,更容易激化旅客与航空公司的矛盾。

可见,民航涉及公共利益层面的事项,其处理起来极具专业性,不能简单交给市场处理,或者交给一般部门处理,民航主管部门必须依法负起监管责任。而在现实中,恰恰我国民航行政监管对公共利益关注不足,监管意愿不足,监管手段不足,监管的力度不强,导致目前民航监管内容的失衡,产生了大量的民航纠纷。

(二) 平衡监管内容,关注公共利益

针对民航监管失衡问题,需要平衡监管内容,更加关注对社会公共利益的监管,从根本上涉及政府职能转变,确保政府履职的出发点和落脚点转到创造良好发展环境、提供优质公共

---

[1] 例如,"2010年2月温州龙湾工商分局由于机票超售对一家航空服务公司进行行政处罚",载 http://news.sohu.com/20110824/n317177866.shtml,最后访问日期:2020年7月19日。

服务、维护社会公平正义上来。[1]

民航监管以公共利益为导向,首先在于民航主管机关对民航市场秩序的维护方面,需要将政府监管资源更多从对民航资源的直接配置,转到对市场秩序的维护方面,本书第四部分进行了详细论述。其次,民航监管更应注重对民航服务的监管,以及对旅客等弱势群体的保护。提升民航服务,保护旅客权益涉及票价、服务质量、投诉与救济制度等系统性工作,因此需要进一步完善航空公司、机场、空管、中介机构对于旅客权益保护的主体责任,民航主管机关在面对航班延误、取消、超售、旅客黑名单制度等纠纷时,要及时处理旅客投诉,在肯定行业惯例、尊重运输合同的基础上,对真实的欺诈行为与侵犯旅客权益的行为加强执法工作与惩罚力度。

六、强化民航事中事后监管

(一) 民航事中事后监管不足

事中事后监管不是严格的法定概念,是新时代党和国家行政管理实践中借由监管的环节总结出的概念。从民航监管环节来看,包括事前监管、事中监管和事后监管三个部分。在党的十八届三中全会后得以进一步强化,要求建立符合高质量发展、全覆盖的事中事后监管制度。[2] 加强事中事后监管在历次政府工作报告均有要求,特别作为证照分离改革以及优化营商环境的配套措施。

我国民航事中事后监管不足,一方面体现为乐于审批怠于

---

[1] 石亚军:"当前推进政府职能根本转变亟需解决的若干深层问题",载《中国行政管理》2015 年第 6 期。

[2] 《国务院办公厅关于聚焦企业关切进一步推动优化营商环境落实的通知》。

监管,"审而不管"现场比较普遍。长期以来,受到审批型政府惯性的影响,我国民航主管部门对于事前监管,即准入监管比较重视,但是对于准入之后的监管,存在着监管不足的问题,民航行政管理"重审批轻监管",整个监管围绕着"发证"为核心展开,监管思路表现为:发证、检测、检查、执法。[1] 在实际监管过程中,由于监管人员、资源不足,后续的检测、检查和执法通常采用突击式监管、运动式监管的方式,在客观上导致了持续性监管的资源与力度不够。事实上,民航事中事后监管不足的根源在于监管机关本身的强烈的权力扩张属性,以及行使职责时的赖政怠政。审批与发证意味着权力,而日常的检查执法则意味着日常的琐碎的监管责任。

另一方面,在新时代简政放权,以放松规制为重点的审批制度改革,也要求审批改革与事中事后监管形成密切的联动,强化事中事后监管。[2] 我国目前正在进行证照分离改革,包括取消审批、审批该备案、告知承诺等,均蕴含着进一步放松审批,加强事中事后监管的要求,证照分离改革背后蕴含的精神就要求政府该放的要放足,该管的要管好,从事前审批转向强化事中事后监管。[3]

民航加强事中事后监管,在于转变政府职能,改变民航审批型政府的惯性,在简政放权的背景下,减少对民航资源配置与市场经营活动的审批,在此基础上,加强事中事后的监管,要求以"谁审批、谁监管、谁主管、谁监管"为原则,切实履

---

[1] 徐国冲、张晨舟、郭轩宇:"中国式政府监管:特征、困局与走向",载《行政管理改革》2019年第1期。

[2] 卢超:"事中事后监管改革:理论、实践及反思",载《中外法学》2020年第3期。

[3] 《国务院关于在全国推开"证照分离"改革的通知》。

行监管责任。[1] 在具体的监管手段上，也需要引入持续性、系统性监管手段，例如，建设守信激励与失信惩戒制度，不断加强企业信用与合规建设等。

（二）完善民航诚信监管体系

信用监管体现了对监管对象的持续性、动态监管以及对监管对象系统构建合规体系的鼓励。2014年国务院正式提出建设诚信社会的要求，目前我国诚信社会建设已经初具成效。因此，在传统的监管手段的基础上，借助我国正在进行的社会信用体系建设，我国民航也要注重信用管理建设，在民航市场主体供给侧与旅客需求侧端建立信用管理制度，加强行业管理与企业、公民自律，提高监管效能。[2]

目前，民航局已经建立了民航市场主体信用管理体系，要求为民航安全生产提供诚信体系建设，目的在于建立一套完整的民航信用惩戒机制，使之成为航空公司设立、航空器引进、航空运力、航班时刻分配等重要活动监管的依据。根据《民航行业信用管理办法》，失信行为包括一般失信行为与严重失信行为，其中符合《民航行业信用管理办法》第8条的情形，属于严重失信行为，其法定代表人、主要负责人或其他直接责任人员一并录入严重失信行为。严重失信行为之外的属于一般失信行为。民航主管机关对于严重失信行为的相对人，将加大检查频次，在民航行政机关处罚裁量权范围内从重处罚，并且运用多种手段进行惩戒，而一般失信行为，则视情节管理。[3] 这是一个良好的开端。

---

[1]《国务院关于在全国推开"证照分离"改革的通知》。
[2]《民航行业信用管理办法（试行）》。
[3]《民航行业信用管理办法（试行）》。

在确定信用管理的原则后,对于具体的执行细节,民航局制定了信用评价体系清单、多种手段措施及依据清单(民航局在职权范围内合并使用行政处罚与其他限制措施),以及联合惩戒措施及依据清单(民航局与其他行政主管机关在职权范围内联合进行行政处罚)。[1] 但是,根据民航局目前颁布的三个清单,民航信用管理仍然存在适用范围狭窄、多种措施与联合惩戒措施手段不足的问题。

根据民航局颁布的信用评价体系清单,目前信用管理仅限于安全管理失信行为评价、外国公共航空运输承运人运行评估、中国民航维修人员不安全事件及工作诚信记录、大型民用运输机场运行安全保证能力综合评估,因此,仍需将更多的领域纳入行业信用评价体系。进一步探索扩大适用范围。对于多种措施以及联合惩戒措施应当进一步探索扩充工具箱,提升措施执行的震慑力。

(三)完善民航"双随机、一公开"监管

严格意义上说,"双随机、一公开"监管制度是建立在信用体系建设的基础之上的。双随机、一公开是指随机选择检查对象,随机选派执法人员,抽查与处理结果及时向社会公开。该监管方式的推广为国务院大力推行的简政放权配套措施之一,首先,这种监管方式能够在最大限度内减少监管成本,减少对市场主体正常经营活动的影响,减少企业检查负担;其次,尽管名称为"双随机",但是在完善检查对象与执法人员的选择制度的前提下,这种执法方式恰恰能够克服我国以往检查的随意性问题,让抽检制度化、体系化;再次,由于随机选择检查对

---

[1] "信用民航",载民航局网站,http://www.caac.gov.cn/ZTZL/RDZT/XYMH/ZCWJ/,最后访问日期:2020年7月19日。

象与执法人员,也能够有效降低执法寻租、人情执法的可能性,促进执法的公平公正性;最后,最关键的是,在不断完善信用体系的情况下,这种监管方式是能够最大程度实现监管内容与对象的全覆盖效果,体现良好的监管效能。

总体而言,在完善民航信用公示系统的基础上,推动民航"双随机、一公开"监管制度需要将下列内容制度化,统一规范随机检查的整个流程。[1]具体包括:首先,完善民航随机抽检事项清单,在制定抽检事项清单时,需要明确的职责合法性标准,杜绝越权监管,并且及时向社会公开抽检事项清单。其次,制定合理的民航随机检查对象与执法检查人员的确立机制,对于随机检查对象的选择应当根据合适的样本选择标准,对于选择过程应当保持公开透明,从而减少市场主体的抵触情绪。对于执法人员,应当加强执法能力的培养,提高工作质量。再次,根据民航执法实际,以必要性和适度为原则,确立合理随机检查的比例与频率,在满足监管需求的基础上,尽量减少监管措施对市场主体的影响。最后,对于抽查结果,应当依法进行处置并及时向社会公布。

(四)完善民航法定自查

法定自查体现为被监管对象自我检查,具体来说,被监管对象根据民航主管机关制定的监管事项库,制定自查清单,并向民航主管机关报批,在民航主管机关批准后,被监管对象将依据自己制定的自查工作机制和自查清单,包括责任人、组织机构、自查要求、处理程序等,开展自查并做好记录。作为法定自查的鼓励措施,被监管主体在依法进行法定自查后,可以向民航主管机关申请容错的,在符合容错处理的情况下,民航

---

[1]《国务院办公厅关于推广随机抽查规范事中事后监管的通知》。

主管机关依法从轻、减轻或免于处理。[1] 通过被监管对象的法定自查，与民航主管机关的检查结合起来，实现持续性监管。

在被监管对象落实法定自查责任的前提下，民航主管机关可以避免事无巨细、繁琐的日常监管，而是将监管资源更多向系统监管、精准监管倾斜。这是一种监管方式的彻底变革，建立在监管主体与监管对象目标一致的基础上，采取法律、经济、信用等综合手段帮助监管对象落实主体责任，对传统的强制式、被动式、保姆式监管进行了彻底的变革。

法定自查制度自2015年试点以来，取得了良好的持续性监管效果，提高了监管效能。但是该制度的进一步完善仍须着力于以下几点：①以合法性为基础进一步完善监管事项库以及监管主体权责清单，基于依法行政原则，确保监管事项与权责清单均有法可依。②加强对法定自查结果的整合与分析工作。一方面，引导监管主体将监管重点向系统监管、绩效监管转变，另一方面，引导监管对象向日常自律、合规性转变，形成监管主体与监管对象在目标一致的基础上互相配合、相互促进的局面。③需进一步完善信用管理制度。法定自查制度的效能需要依托于行业信用管理制度，因此，需要进一步探索实现法定自查与信用监管两者的契合，通过法定自查提升被监管者的合规水平，而被监管者合规水平的提升则进一步提升其的信用，监管主体可以据此减少监管频率，并且在审批、补贴方面提供给被监管者更多的优惠，形成两者良性互动，互相信任，共同提升监管效能的局面。最后，强化监管对象自查人员培训，调动

---

[1]《民航行业法定自查容错规范》。

其自查的积极性,提升其自查意识,落实其法定自查的岗位职责。[1]

(五) 建立健全持续适航监管

持续适航理论要求民航主管机关在航空器适航领域进行持续性监管,确保航空器始终处于适航状态,是加强民航事中事后监管的有机组成部分。

从概念上说,适航包括初始性适航与持续性适航,前者是指航空器设计、制造符合适航标准,满足适航要求。持续适航是指航空器在取得适航证后,在交付、使用、报废整个寿命期内始终处于适航状态。[2] 航空器持续性适航的起点为初始性适航,且相对于初始性适航,持续适航管理更加复杂且重要。

通常而言,航空器的持续性适航标准必须为航空器初始适航标准,包括设计与制造中经审定的航空器技术特征、设计原理、使用说明、维修方法等,需要确保航空器在运行中始终满足初始适航确定的技术特征与运行环境。在满足初始适航的状态下,确保持续适航的路径主要包括以下几个方面:首先,对已经取得适航认证的航空器进行适航检查;其次,对航空器的使用与运营提出要求与限制,并进行监督;再次,对于航空器维修单位与人员进行资格认定与许可,维修程序管理,保证维修质量与水平;最后,对于航空器维修所需要的航材供应进行许可与监管,确保航材的质量。可以看出,持续性适航的本质问题是对航空安全的持续性监管问题,上述四种路径需要由航

---

[1] 高文录、高杨、冉岩:"民航法定自查的实践与思考",载《民航管理》2019年第2期。

[2] 李洪:"浅析民用航空器的持续适航与维修",载《江苏航空》2019年第2期。

空器运营人、设计人、制造人、维修人以及各自的民航主管机关共同完成。对于民航主管机关，主要职责是对航空器使用过程中的适航状态进行监管，包括颁布适航证，评估维修大纲、维修方案，评估可靠性大纲、可靠性方案，颁发适航指令，航空器年检与抽检，维修单位资格认定，维修人员执照，航空器运营信息的收集、整理、评估，对重大故障与飞行事故的调查，对责任人的监督与处罚等。对于航空器设计与制造人，其有义务收集、报告航空器运营过程中可能出现的事故，协助制定纠正方案等。对于维修与使用人，为航空器持续适航的直接责任人，需要确保航空器始终满足初始适航状态，包括实施飞行前检查，排除影响适航性的故障，按照批准维修方案进行维修，完成民航主管机关颁布的适航指令，等等。[1]

由此可见，航空器持续性适航是一个体系性工作，涉及民航行政管理的深度变革，以及民航治理体系和治理水平进一步提升。对于民航行政管理角度来说，需要加强民航事中事后监管与民航安全持续性监管，建立民航体系化的安全绩效监管体系，同时创新监管方式，完善柔性执法，建立诚信监管体系，推进"双随机、一公开"监管，提高监管效能，培育与鼓励制造人、设计人、运营人、维修人建立健全持续性适航体系，包括适航设计体系，文件编制制度，培训制度，汇报纠正制度等。

---

[1] 赵越让：《适航理念与原则》，上海交通大学出版社2013年版，第104页。

七、建立民航系统绩效型监管

(一) 民航监管方式落后

我国民航监管尚需进一步建立起现代化的监管方式,目前的监管方式以运动式监管、保姆式监管以及初步建立的规章符合式监管为主,而这三种落后的监管方式无法满足民航安全监管的持续性、体系性要求。具体分析如下:

1. 民航运动式监管。脱胎于计划经济管理模式,我国仍然存在着大量的"运动式"监管痕迹,通过安全监管员运动式突击检查方式就民航企业运营、操作进行检查与评估,并进行整顿与处理,例如集中检查、专项整治等暴风骤雨式大检查、大整顿。

通常情况下,往往在发生安全事故或者征候后,民航局立即对全行业进行安全大检查。这种突击式检查、运动式监管本质上是一种应对式监管,其基本流程为:在出现问题后,上级发出命令进行集中执法,经过集中执法问题可能得到缓解,但是在执法结束一段时间后,同样的问题或者由同样的诱因导致的问题还会出现,并未从根源上解决问题,周而复始。[1]

运动式监管在民航执法力量不足的情况下,能够迅速集中执法资源,就某一特定的问题迅速进行回应。但是这种运动式、阶段性、周期性检查与评估无法将具体个案的执法成果上升到制度安排,并且也可能引起被监管人机会主义倾向,执法行为的公信力也会受损,不具有可持续性。可见,一方面,这种监管无法从根源上解决问题,另一方面,也可能无意义地扩大监

---

[1] 徐国冲、张晨舟、郭轩宇:"中国式政府监管:特征、困局与走向",载《行政管理改革》2019年第1期。

管范围，影响其他市场主体的正常营业活动。

2. 民航保姆式监管。运动式监管反向的极端是保姆式监管，保姆式监管是我国行业监管的通病，在民航监管领域更为明显，体现为民航监管主体对监管事项的全覆盖，盯人盯事盯岗位，[1]并且监管的效果过度依赖监管机构本身单方面施加的效果，监管效能低下。在民航监管资源不足的情况下，保姆式监管耗费了大量的人力、物力，监管人员与机构压力巨大，降低了监管的效能，监管的供给难以满足行业的发展需求。

保姆式监管的根源一方面为全能型政府的错位，在监管过程中，民航行政主体在执行监管的同时，也承担了被监管主任本应承担的主体责任，例如，向航空公司派驻督查组长时间督促航空公司进行整改工作。另一方面也源于民航主管机关角色的错位，在2002年民航企业从民航局剥离改革之前，民航行政部门既是行业监管者，也代为行使民航企业所有权人的角色，这种角色的错位，也是民航行政主管部门事无巨细、保姆式监管的根源之一。另外，保姆式监管也与民航监管长期受制于政策导向、领导意志有关，由于民航安全、旅客权益保护等均可能导致热点事件的发生，因此，在政策导向或者领导意志的作用下，可能会出现监管方式和程度矫枉过正的情况。

从根本上说，保姆式监管的危害在于监管主体与被监管对象的责任不清，不仅监管主体的监管责任落实困难，效率低下，也会导致被监管对象缺乏主动性与积极性，严重依赖民航监管机关的监管行为，不利于企业的持续发展。

3. 民航规章符合式监管。比保姆式监管更高级的一种监管

---

[1] 孙佳、张禹："法定自查工作开展成效调研与分析"，载《民航管理》2019年第11期。

模式为规章符合式监管，即以被监管对象的行为是否符合民航相关法规、规章、制度为内容的监管，又称为合规性监管。对于一般行业来说，规章符合式监管能够基本满足行业监管的需求。但是对于民航来说，以被监管对象是否符合相关的规章制度一方面还远远不够，并且也是不合实际的，主要体现在民航的安全监管。

规章符合性监管的静态、有限监管不能完全满足民航安全监管的需求，这是由民航安全的特征决定的。民航安全嵌入到民航管理的各项制度、实际操作以及民航文化中。根据意外事故分析的里森模型，民航安全管理更像一个瑞士奶酪模型，每一条奶酪代表一条制度的防线，奶酪上的孔洞就是潜在的漏洞。每一个奶酪不可避免地都可能存在漏洞，而这些漏洞可以进行预防的。而民航不安全因素包括设备失常、人员违规、组织决策失误等，就像穿越奶酪的光源，而一旦光源透过了这些漏洞，事故就会发生。[1] 一方面，我国民航法律体系尚不健全，存在着立法的漏洞或不一致之处。另一方面，即便可以无限制地投入的监管资源，从理论上说，确保被监管主体绝对的规章符合性也是不可能的。因此，民航需要进一步从规章监管转向系统监管，建立一个更加全面的、动态的监管模式，既民航安全管理强调内在的系统性监管。

（二）建立民航绩效性监管

安全是民航的灵魂，但是监管是安全的基石。党中央国务院对民航提出的安全隐患零容忍的政策，因此持续强化安全监管是民航行政体制改革的核心内容之一。我国民航安全监管极

---

[1] 李亚凝：“我国民用航空法亟待修正的若干关键问题研究”，载《西北工业大学学报（社会科学版）》2019年第4期。

度重视。但是上文所述，无论是运动式、保姆式还是规章符合式监管均无法满足民航安全监管的需求。新的安全监管理念要求建立一种系统的绩效型监管。

关于绩效监管，这涉及安全监管理念的转变，要求从规则监管转向绩效监管。绩效监管更多体现的一种动态的、效益和安全平衡的监管。根据2013年国际民航组织颁布《国际民用航空公约》附件十九《安全管理》，绝对的安全是不存在的，但是需要达到"可接受的安全水平"，以实现效益与安全的平衡。为此，《国际民用航空公约》附件十九要求全面提升安全管理体系（SMS）效能，推进安全绩效监管试点，积极探索和试行基于安全绩效的安全监管模式；另外，附件十九也引进了安全绩效指标以衡量安全绩效监管水平，确定安全管理系统是否达到某种安全绩效水平，作为国家安全方案（SSP）与航空经营者安全管理体系的一部分。

结合《国际民用航空公约》附件十九以及我国安全监管的实际需求，民航局于2017年颁布了《民航安全绩效推进方案》，旨在完善规章监管的基础上，实施更加全面、准确、动态的绩效安全监管，促进航空安全达到"可接受"的水平。根据该方案，我国安全绩效管理分为以下三个阶段推进：第一阶段：民航局在各地方管理局辖区选取了12家运行单位作为试点，指导生产经营单位科学制定安全绩效指标、确定安全绩效目的，制定安全绩效管理程序，提升民航生产经营单位的安全绩效管理效能，在此基础上，民航局将逐步减少针对试点单位的安全监管工作；第二阶段，在第一阶段的基础上，民航局对试点的单位全面适用基于安全绩效的监管机制；第三阶段，进一步持续完善安全绩效监管机制。[1] 在《民航安全绩效推进方案》下，我国需要继续推进民航全行业安全监管体系的构建，全面落实被监管者与监管者不同的安全责任，形成两者之间的良性互动，以风险管控为着力点，建立数据驱动型绩效管理体系。下一步需要稳步推进尽快建立全行业安全绩效监管体制。

以航空人员资质监管为例，航空人员资质的管理对于航空安全具有直接的影响，人的因素是实现航空安全的最根本因素，由于航空人员的技能错误，规则认识错误以及本身知识储备的错误，对于飞行活动的预测、控制或引导能力的任何失误，都可能导致航空事故，或者成为诱发航空事故的因素。尽管人为因素不可能完全消除，但是完全可以通过监管的规则制度进行控制。对于航空人员资质需要建立在严格执照颁发与管理上，加强对航空人员的培训与资质管理。另外，除了硬性的人员资质审批与管理外，对民航安全体系化管理也是至关重要的，需要将人的因素契合进SMS安全管理系统，包括组织结构、职责、过程与规章等，将民航安全中人的因素贯穿于风险识别、评估、控制与管理的全过程。[2]

另外，建立民航安全绩效监管体系，也需要进一步结合多样化的民航监管手段，提升监管对象合规的积极性，落实监管对象自身的监管职责，构建与完善民航诚信监管体系、法定自查制度等，以扩充执法工具库，形成刚柔并济的管理模式。

---

[1] "《民航安全绩效管理推进方案》公布"，载民航局网站，http：//www. caac. gov. cn/XWZX/MHYW/201704/t20170407_43551.html? winzoom=1，最后访问日期：2020年7月19日。

[2] 邵建军："对民航'安全文化'体系化建设的认识和建议"，载《中国民用航空》2012年第2期。

八、丰富民航监管手段

(一) 民航监管手段匮乏

我国目前民航监管手段通常为民航执法,但是不同于一般行业,由于民航具有高科技、资金密集性以及资源配置的广泛性,执法这种由行政主体单方启动与实施的强制性监管手段对监管主体自身的执法能力提出了极高的要求。并且不同于传统行业,由于民航被监管者,诸如航空制造企业、航空公司等掌握高科技、拥有丰富的资本,具有广泛的资源配置能力,反而民航主管机关受制于编制、人员、资源与费用,因此,相对于被监管者,监管者反而在技术与资源方面处于弱势。因此,在民航监管者与被监管者之间能力的普遍失衡的状态下,如果过于强调单方面民航执法可能会导致监管主体根本无法完成监管任务。并且,在我国目前监管理念亟待更新,监管方式落后,监管效能不足的情况下,单靠执法监管更是无法满足日益复杂的行业监管需求。

除此之外,民航主管机关通常采用执法手段包括:罚款、整改通知、削减航班航线、吊销执照、补充培训等。可以看出这些的执法手段具有刚性、事后性的特点,但是对于仅仅存在隐患,事故尚未发生,或者情节或影响非常轻微,具有低安全风险的情形,监管机关采用这种强制性手段就显得刚性有余,而柔性不足。因此,民航需要构建一种监管者与被监管者良性互动的监管格局。

事实上,在传统检查执法之外,为了增加民航监管的弹性,我国民航主管部门也对监管手段也进行了一定创新。例如,在正式行政处罚以外,民航局还引进了民航行政约见作为辅助措施,对民航安全生产主体责任欠缺、主要负责人不知安全相关法律法规，对民航局挂牌督办的重大安全事项未整改，对安全管理不力导致严重事故征候，等，民航局安全委员会可进行行政约见。[1] 督促市场主体纠正错误。例如，2017年1月23日，民航局针对阿联酋航空的安全征候，对其进行行政约见。[2] 就2018年7月10日CA106航班客舱释压事件，民航局对国航实施行政约见。[3]

但民航在面临着新发展趋势的情况下以及在民航积极推进行业全面信息化、网络化、多式联运、积极引入新技术（例如，无人机与自动驾驶）、新理念（例如，民航安全绩效理念、绿色发展理念）的背景下，其监管手段需要更加富有弹性，改革目前僵硬的执法监管模式，增加监管中被监管者的合作性，充分调动民航被监管者自身合规的主动性，从而提高监管的效能。

（二）构建良性互动的监管格局

针对民航监管手段无法满足民航监管实践的问题，需要创新监管手段，完善柔性执法手段，建立张弛有道，刚柔并济的监管机制，形成监管主体与监管对象基于共同的目标与价值下，互促互进，良性互动的监管格局，为解决民航实际的监管需求提供充足的工具库。具体而言，首先，要注意柔性执法手段的运用，所谓柔性执法手段是相对于的强制性手段之外的，法律允许的"软性"的执法手段，例如书面与口头咨询，行政约见

---

[1]《民航安全监管行政约见暂行办法》。

[2] "中国民航局行政约见阿联酋航空公司"，载中国民用航空局网，http://www.caac.gov.cn/XWZX/MHYW/201605/t20160505_37101.html，最后访问日期：2020年7月19日。

[3] "民航局行政约见中国国际航空股份有限公司"，载中国民用航空局网，http://www.caac.gov.cn/XWZX/MHYW/201807/t20180719_189790.html，最后访问日期：2020年7月19日。

等。其次,注重执法警示制度的构建。对于有潜在违法可能性的民航被监管者,应当进一步完善提醒、约谈、告诫等手段,通过执法警示制度,及时进行告警,化解风险。同时,通过柔性执法与警示制度,也能避免直接采用强制性惩罚性方式,通过合作的方式,减少监管成本,提高监管实效。[1]事实上,在民航监管手段比较丰富的国家,例如美国联邦航空局经常采用非正式执法手段,重视执法警示制度,特别是口头咨询或书面咨询制度。当存在安全隐患,或者低安全风险时,美国联邦航空局会采用标准化表格的方式,向被监管者进行口头咨询或者发出书面咨询函,在联邦航空局向监管对象提出安全担忧的同时,及时协助被监管者预防安全问题。

第七节 优化民航行政服务制度

一、优化民航行政服务的必要性

民航资源配置的复杂性要求民航管理具备高标准的行政服务能力。并且,作为一个高科技行业,也要求民航行政管理具备更高水平的行政服务能力。民航能否健康发展,不仅仅取决于民航自身,也取决于整个国家、社会、政府的背景环境,民航的发展需要从民航涉及的更大范围中找寻动力与支撑,这些都对民航行政服务提出了高要求。本文拟从理论层面,结合我国民航优化行政服务改革实践,就我国民航优化行政服务的具

---

[1] 宋华琳:"加强事中事后监管,推动市场监管体系的改革与创新",载《中国工商管理研究》2015年第11期。

体路径进行分析,总结经验,为我国民航未来进一步优化行政服务找准立足点、厘清总体框架,把握着眼点与着力点。

(一)提升民航行政品质必须优化民航行政服务

民航优化服务关系到民航行政供给的品质。因此,在新时代行政体制改革中,建设服务型政府是重要的组成部分之一。服务型政府建设属于现代政府治理模式,是对传统的管制型政府的全面变革,从理念上强调政府从以往的公权力行使者变更为公共秩序的维护者与公共服务的提供者。党的十八大要求建立人民满意的服务型政府,十八届三中全会要求将服务型政府建设作为行政体制改革的方向之一,十九届四中全会进一步强调建设为人民服务、受人民监督,建设人民满意的服务型政府。

自从党的十八大以来,在党中央、国务院整体决策部署下,我国民航优化行政服务建设取得了长足的进步,颁布了一系列旨在优化民航行政服务的重要举措,行业治理效能得到巨大提升,特别是:

1. 2020年5月9日,民航局颁布了《民航优化营商环境实施细则》,这是在国务院整体优化营商环境改革背景下,针对民航优化营商环境的重大举措。该细则将政务服务作为民航优化营商环境的主要内容之一,并将未来民航进一步提升行政服务细化为:推进网上办公平台建设;推进电子证照、电子印章、电子档案系统和制度建设;建设民航信息整合共享交换平台,并与全国一体化政府服务平台对接;提供一站式服务;民航审批的标准化、公开化建设;规范民航中介服务事项等。

2. 2021年7月1日,民航局颁布了《民航局深化"证照分离"改革进一步激发市场主体发展活力实施方案》,这是在国务院整体"证照分离"改革的背景下,民航推进"证照分离"改革采取的重大举措。该方案要求对涉企经营许可事项(21项)

实行全面的清单管理,分类推进各项改革举措落地实施(审批改备案2项,直接取消审批1项,优化审批服务19项),加强事中事后监督,加强各系统协同配套等。

目前我国民航优化行政服务主要体现在民航优化营商环境与深化"证照分离"改革上面。未来,在已有成绩的基础上,优化民航行政服务需要进一步创新行政理念与路径,从理念到路径一体化推进。第一,优化行政服务需要进一步简政放权,注重行政效率,清晰的职能与较高的行政效率是优化行政服务的前提。第二,需要将行政服务融入民航具体的行政审批与监管之中,要求民航行政主体在一切行政行为中自觉融入行政服务理念,其出发点与落脚点真正从行业管理转变到服务企业与市场上来。可以说,民航行政服务需要民航审批、监管改革一体推动。[1] 最后,对于民航来说,优化服务也有着本身的特殊价值,要求政府注重对民航市场主体安全运营能力与正常合规体系的建设。民航市场的成熟度与政府提供的民航行政服务水平密切相关,因此,民航优化服务的需要集中于政府对成熟民航市场主体的支持与培育上面,为民航企业成长保驾护航。

然而不可否认,受制于民航审批型政府的惯性,我国民航行政服务理念与制度供给存在着落后的一面,导致我国民航行政供给的品质不高,表现为"四重四轻":首先,重审批,轻服务。民航行政机关公共服务角色定位不准。其次,重监管,轻服务。一方面在监管中,偏重于采用强制性监管手段,对于行政指导、建议、提醒、规劝、示范等柔性更具有公共服务属性的监管手段重视不够。另一方面体现为民航公共服务角色错位,

---

[1] 董克用:"优化政府服务的五大要点",载《国家行政学院学报》2015年第4期。

尤其是体现在政府职责缺位，或者越权监管下的保姆式监管。再次，重生产、轻秩序。目前，民航行政管理侧重于生产经营管理与行业利益，对于维护市场竞争秩序、保障旅客消费者权益等服务型职能关注不够，导致政府行使职权时存在越位缺位的现象。最后，重具体个案管理，轻战略、规划、标准的制定。这种管理方式导致民航主管机关对民航市场主体的系统性合规性辅导不足，对于成熟的市场主体培养不够。

（二）建设民航服务型政府

服务型政府建设属于现代政府治理模式，是对传统的管制型政府的全面变革，从理念上强调政府从以往的公权力行使者变更为公共秩序的维护者与公共服务的提供者。党的十八大要求建立人民满意的服务型政府，十八届三中全会要求将服务型政府建设作为行政体制改革的方向之一，十九届四中全会进一步部署建设为人民服务、受人民监督，建设人民满意的服务型政府。李克强总理在2018年全国深化"放管服"改革转变政府职能电视电话会议上，提出优化政府服务，要求强化服务意识，创新服务方式。[1] 在十八大以来党的历次会议部署以及国务院放管服改革背景下，建设民航服务型政府也是民航深化行政改革体制的应有之义。我国民航在新时代提升国家治理体系和治理模式的背景下，仍需要进一步转变行政理念，从民航"审批型"管理模式转变为"服务型"管理模式，加快建设民航服务型政府建设。

在新时代行政体制改革中，建设服务型政府是重要的组成部分。一方面，民航行政服务职能蕴含在民航审批与监管之中，

---

[1] 李克强："在全国深化'放管服'改革转变政府职能电视电话会议上的讲话"，载《中国行政管理》2018年第8期。

贯穿于民航审批与监管的具体行政行为的始终，以优化服务服出审批与监管的品质。以民航适航取证为例，航空器适航取证本身就需要民航主管机关贯彻服务理念，辅导申请人共同完成适航取证。又如，在监管中关注对民航市场主体成熟度的提升，培养民航市场主体自身对于运营能力与安全管理能力的积极性与能动性，这本身也体现为民航行政服务职能。另一方面，民航行政服务还有着独立的属性，特别是政府对民航的特殊支持与培育。作为一个资源配置涉及面广的战略性行业，民航能否健康发展，不仅仅取决于民航自身，也取决于到整个国家、社会的背景支持，包括空域资源使用配置、行业发展政策、财政税收政策、航权谈判、航空机场枢纽、航空网络构建、投融资支持、航空制造业支撑、区域经济合作与发展规划等等。因此，民航的发展需要从民航涉及的更大范围中找寻动力与支撑，这些都对民航行政服务提出了高要求。

二、在转变政府职能中优化行政服务

在行政理念的根本转变下，服务型政府要求政府进行职能转变，正确履行职责，优化工作方式，提高行政效率与工作透明度，维护公平正义，更加注重行政服务的提供。

（一）民航简政放权

在政府职能转换中优化行政服务首先需要继续简政放权，建立职责清晰、协调顺畅、流程科学的民航行政管理体制。

长期以来，民航发展一直困扰于繁琐的行政管理体制，例如，在通用航空产业中，通航企业普遍反映的原因是管理过细、过严，审批过长。建设民航服务型政府的前提是民航行政管理体制改革彻底的简政放权，破解政府职能缺位、错位与越位，减少政府对于微观层面的直接干预，真正将资源配置的权力交

第五章　深化新时代民航行政管理体制改革

给市场、社会与个人，激发市场与社会的动力与活力。民航主管机关在彻底的简政放权的基础上，才能将重点转向事中事后监管，以及为市场、社会与个人提供优质的行政服务上面。同时，简政放权本身也体现了优化服务职能，在简政放权的过程中，各地也创新出很多经验，这些经验与做法的本身就体现出高效便民、优化政府服务的属性。例如，自贸区最先开启证照分离改革试点，浙江以"一窗受理、集成服务、一次办理"为中心推行"最多跑一次"改革，广东以"一门式一网式"改革等，因此，简政放权本身就蕴含着优化行政服务的要求。

结合简政放权经验，在未来加强民航行政服务的着力点主要包括两个方面：

第一，清晰民航行政机关职能。民航行政机关职能清楚是优化服务的前提。如果职责不清，优化服务则无从谈起，划分职能的当务之急是进一步推行民航主管机关权责清单管理。[1]一方面，依据合法性与合理性原则继续梳理与完善清单体制，形成权限清晰，分工合理，依法高效的民航行政机构职能体系，抓住简政放权的龙头。另一方面，清除不合理的管制，向市场与社会放权。向市场放权，包括逐步清理不合理审批，推行证照分离改革，减少事前直接监管，充分运用动态、事后监管，尊重市场资源配置中的决定性作用。向社会放权，主要在于培育成熟的中介与行业组织，充分发挥航空运输协会、机场协会、民航维修协会、航空器拥有者与驾驶员协会等组织的作用，实现社会组织自我管理与服务，构建民航共建共享的良性机制。

第二，优化民航行政行为流程。在民航行政机关职能清楚

---

[1] 董克用："优化政府服务的五大要点"，载《国家行政学院学报》2015年第4期。

的情况下，需要以改善行政服务为目标，优化具体行政行为的流程。一方面，下沉民航政府职权，让民航行政服务直接落实到基层，实行扁平化行政管理与服务模式，让市场主体与人民群众"在家门口"就能享受到优质的政务服务，建立全覆盖的政务服务体系。另一方面，打破部门层级地域界限与信息孤岛，加强各部门跨界、业务协同，建立健全部门衔接与材料流转体制机制，按照统一标准与体验提供政务管理与服务，提升行政效率。

（二）维护公平正义

维护公平是建设服务型政府的职责属性，也是民航优化行政服务的内容之一，体现为民航主管机关落实十八届五中全会以人民为中心的理念，贯彻全心全意为人民服务的根本宗旨。民航维护公平主要包括两个方面：

首先，应当公平对待所有民航行政相对人，消除行政壁垒与歧视性待遇，更不允许存在腐败或利益交换情况。民航具有高度审批、高度监管的行业属性，一个很小的科室都可能掌握着巨大的权力，甚至决定一家航空公司的生死存亡。同时，民航也是资金密集行业，诸如民航基础设施、航空器引进、航线时刻涉及资金巨大。以航线时刻分配为例，航线航权分配直接决定了哪些航空公司能够获得高收益航线，因此热门或黄金航线时刻直接决定了航空公司的盈利水平，但是目前我国对航线与时刻采用直接分配的方式，并且分配权仅掌握在极少数民航科室之中，而这些分配权也几乎不受监督，因此在航线分配中所谓"航线协调费"应运而生，腐败频发。为了解决这一问题，民航局在分配航班时刻时，引入了航班时刻协调委员会制度，但是在运行过程中，委员会的成员选择、运行机制、投票程序存在着严重的扭曲与制度欠缺，导致航班时刻协调委员会公平

第五章 深化新时代民航行政管理体制改革

分配航班时刻的目的落空，甚至成为排斥小航空公司的"俱乐部"。[1] 因此，公平对待所有民航行政相对人，需要在建立公开公正的规则的同时，也需要构建严格透明、公平正义的执行机制与程序进行保障，并且设立相应的监督机制，保障民航相对人受到公平的对待。

其次，保护弱者与旅客消费者权益。保护公民、法人的合法权益是服务型政府提供行政服务的一部分，体现现代行政理念的人本关怀。对于民航来说，民航主管机关提供行政服务应当包括保护弱者与旅客权益，尽快出台旅客保护相关的措施，整治侵犯旅客权益的行为，及时处理民航旅客维权、投诉，并且提供相关信息与必要的法律援助等，前文已有论述。

(三) 培育民航第三方组织

第三方社会组织的发展情况与一个国家社会治理水平息息相关，政府培养与放权第三方社会组织，实质是放权于社会。现代治理强调从政府一元化治理，转向社会多元化治理。党的十八届三中全会就深化改革提出激发社会组织活力，处理好政府与社会的关系。因此，在转变政府职能过程中优化行政服务尤其需要注重民航第三方组织的培育。简而言之，在民航优化服务过程中，应当进一步培育发展民航第三方社会组织，通过社会第三方组织向公众提供更好的服务。

我国目前已经建立了众多民航第三方社会组织，例如，中国航协、机场协会、民航维修协会、航空器拥有者及驾驶员协会、飞行员协会等。但是目前我国民航目前第三方服务机构发

---

[1] "社论：腐败大案频发应成民航改革契机"，载新浪财经网，http://finance.sina.com.cn/review/20100627/13488187637.shtml，最后访问日期：2020年7月19日。

育并不理想，民航第三方组织在民航行使职权以及进行社会自治中发挥的作用不大，例如，面对高额机场餐饮费，鲜有旅客权益保护组织发声。

民航第三方社会组织发展滞后，表现其权威性、独立性、活力的欠缺。另外，由于内部工作机制与章程不完善，导致内部治理机制不完善，自治能力欠缺，且缺乏外部监督机制，很难承担民航主管机关转接的属于民航行业自治的职责，或者由于欠缺独立性，在组织职责方面与政府雷同或过于紧密，沦落为"二政府"。民航第三方社会组织的发展滞后直接削弱了社会治理在民航治理体系中作用，导致民航治理体系难以称为一个现代化的治理体系。

因此，培育第三方社会组织，需要提升其独立性、自治性与权威性，并且协助其完善章程与内部治理机制，建立健全外部监督机制，完善协会，以及智库、高校等民航第三方社会组织运行机制。同时，构建民航主管机关与行业协会、社会组织之间良好的合作关系，对于事务性、技术性管理事项，可以充分运用社会中介机构专业的技术、设备、知识咨询平台，采用政府购买服务的方式，从民航第三方社会组织中采购，提升政府行政服务的水平和质量。另外，对于旅客权益保护，更需要发挥行业协会、消费者保护组织的力量，使旅客合理表达诉求，更有力参与协商与纠纷解决程序，化解矛盾。

三、在民航审批中优化行政服务

上文所述，民航具有密集审批属性，民航属于全行业、全流程审批模式，因此在审批中优化服务，是建设民航服务型政府的主要内容之一。

在民航审批中优化服务，应当建立在内涵化审批改革的基础上。审批模式本身蕴涵着创新服务模式,统筹横向与纵向审批权责,统筹审批的绩效与公平,统筹审批电子化的规格与系统。[1] 在审批中优化服务,包括以下内容:

首先,清除与改革不当行政审批。简政放权与优化服务的关键抓手就是抓住不当审批,并以此为靶清除限制市场活力与动力的壁垒。[2] 可精简的民航审批大部分属于民航经营许可与资源配置范畴,包括市场准入、运营许可、运行合格审定、航线时刻审批等。具体内容前文已有分析。

其次,从审批制度的设置中贯彻服务理念。审批制度的具体设置需要从方便市场主体角度出发,适应民航发展的新需求,激发市场活力与动力。目前正在推进的民航证照分离改革正是在审批制度的设置中优化服务的集中体现,包括精简审批内容,审批改备案、推进告知承诺,优化办事流程,全面推进负面清单等。另外,增加许可的有效期限,减少更换许可的频率,等。具体内容前文已有分析。

再次,从审批的具体行为中贯彻服务理念,将服务融合进审批的每一个具体流程中。在民航审批中,特别是运营审批、适航审批、飞行标准审批等,应当在坚持审慎包容的原则下,从具体、个案的事项审批,转向协助申请人建立和完善合规体系,帮助申请人建立系统的、动态的合规模式,培育成熟的民航安全运营主体,从而促进民航产业的安全健康发展。

最后,创新审批手段,提升审批的绩效。一方面,在已有

---

[1] 石亚军:"以简政放权放出活力和动力:重在应当放什么和怎样放",载《中国行政管理》2018年第12期。

[2] 石亚军:"以简政放权放出活力和动力:重在应当放什么和怎样放",载《中国行政管理》2018年第12期。

民航政务服务中心的基础上，需要将民航审批与服务事项前置到民航政务服务中心，致力于一站式审批、一站式服务，并且在民航政务电子化的助力下，推行在线信息公开、在线绩效监督以及在线政民互动三大模块，构建高效、透明的一站式服务平台。另一方面，继续推进民航数据的整合，建成统筹规划、集约共享的民航审批大数据平台。数据驱动是民航进一步优化行政服务的动力，通过政务信息的整合与分析，提升民航政务服务的科学、效率与精准。

在审批中优化服务，以运行合格审定程序为例。运行合格审定对于民航审批与服务都提出了很高的要求，审批的目标与效能最终需要通过民航行政服务来实现。具体而言，要求民航行政主体在合格审定阶段与申请人进行更密切的沟通与合作，彻底执行类型化模块化审批制度，在审查过程中，民航主管机关需要辅助被申请人根据民航安全规章建立以申请人自己编制的，并经民航局审定的，以程序、手册为中心的安全管理系统。在申请人获得运行合格审定后，还要求民航主管机关要求加强事中事后监管，这里监管的重点是被申请人安全管理系统能否有效运行，而非具体的行为进行监管。通过安全管理系统的辅导以及对系统运行的持续性监管，帮助申请人建立并保持持续安全运行的状态，保障民航的持续安全运行。

四、在民航监管中优化行政服务

民航也具有密集监管属性，民航属于全行业、全流程监管的行业。因此在监管中体现优化服务，也是建设民航服务型政府的重要内容。

在民航监管中优化服务需要建立在民航创新监管的基础上，要求民航行政管理机构在履行对行业安全、市场监管过程中，

第五章　深化新时代民航行政管理体制改革

践行"寓监管于服务"的理念,具体分析如下:

首先,从监管理念上,服务不是放弃监管,而是通过监管的过程中发现问题与不足,并向监管对象提出行之有效的建议和指导性意见,引导和帮助企业做好合规与安全运营。事实上,有益监管与民航服务是分不开的。对于民航新兴战略性行业,需要充分贯彻国务院包容审慎监管理念,在坚持安全底线的前提下,本着鼓励创新原则,在出现问题时,及时引导并加以纠正,不能将民航新技术、新理念由于监管的落后而被扼杀在摇篮之中。[1] 因此,民航主管机关的监管既要严格执法,又要主动深入企业中,帮助其维护生产"软"环境,及时消除安全隐患,通过信用监管、法定自查制度等多种监管的创新,引导企业依法经营,不断培育与提升被监管对象的运营与管理水平。

其次,在监管中优化服务须遵循依法行政原则,在依法监管的轨道中优化行政服务。在民航监管中优化服务,不同于民航保姆式监管,上文所述,保姆式监管体现为在民航主管机关在民航全能政府模式下,在职能不清、职责模糊的情况下,对民航事务事无巨细、低效能、随意性、重复重叠监管,是对民航市场主体正当自主权的侵犯与干涉。可见,在民航保姆式监管中,除了体现民航主管机关对监管权力扩张性外,不存在任何民航行政服务的意图与理念。在监管中优化服务,必须始终遵循依法行政原则,否则就可能重新落入保姆式监管的窠臼。

最后,在监管中优化服务需对具体的监管手段进行创新,充分体现优化服务的内涵,通过监管的水平提升政务服务的水平。《优化营商环境条例》在提升政务服务中,要求行政监管改

---

[1] 李克强:"在全国深化'放管服'改革转变政府职能电视电话会议上的讲话",载《中国行政管理》2018年第8期。

革,推进"双随机、一公开"监管,包容审慎监管等。具体到民航,民航监管制度的完善均体现出提升民航监管效能,强化民航行政服务的目的与属性。要继续推进民航信用监管、"双随机、一公开"监管改革,推进跨部门联合监管、民航互联网+监管、法定自查制度等等,减少监管重复重叠之处,减轻监管对象的运营成本。例如,对于通用航空经营活动的监管,根据2020年《通用航空经营许可管理规定》,要求在诚信建设的前提下,取消年检制度,要求企业履行年报义务,并且随机抽检,加强对抽检发现问题的核实与处理,并且确定以后的检查力度与频率。[1]通过监管手段的创新,引导民航各企事业单位依法运营、保障持续安全,逐步树立"民航服务型政府"的理念,形成有效监管是最好服务的行业共识。

五、推进民航电子政务

数据与信息驱动是民航优化行政服务的重要抓手。推进民航电子政务对于民航简政放权、优化民航审批与监管,从而提升民航行政的品质具有重要的促进作用。同时,借助电子政务,将有助于有效克服传统民航行政资源的物理性限制,更好地服务于民航相对人。因此,加快民航信息化建设,推进民航电子政务是民航治理发展的重要助力之一。

但是我们目前民航信息与管理系统比较分散,整合集成度不够。众多周知,在民航内部,民航信息种类繁多,包括航班时刻、法规、规划、审批、执法信息,等等。针对这些信息,我国也建立了众多平台,包括中国民航局官网、中国民航网、航班信息网、民航资源信息网等信息平台,这些平台收集、整

---

[1]《通用航空经营许可管理规定》。

理、分析的资料分散，各成体系。另外，在大交通系统内，铁路、公路、民航、水路等也存在着信息孤岛，无法满足大众出行的个性化、多样化的需求。至于民航与大交通系统外的信息共享更是存在着壁垒，各部门、地区、层级的政务数据无法共享，导致行政效率低下，监管标准不一，严重影响民航行政服务职能的供给。

2019年7月，民航局政务信息系统统一认证平台正式启动，整合运输市场监管、航班航线、危险品运输以及服务质量管理等综合信息，提供民航内部跨系统数据访问服务，标志"智慧民航"建设正式启动。未来民航电子政务的建设应当推动政务信息与数据的真正共享，以共享为原则，不共享为例外，将所有具备共享条件的业务纳入共享范围，实现数据按权限、类别查询与分析，并且尽快制定与研究民航政务信息共享制度，明确共享的责任主体、内容、职责分工规范信息资源管理。[1] 推动民航更大范围的数据共享，包括以下两个方面：

首先，应当整合现有的民航信息系统，实现集中管理与分析，解决民航信息、数据孤岛问题，实现民航行政系统内部信息共享。在信息收集领域，应当统一规划信息采集与存储，包括统一民航企业的信息申报与管理系统，以及民航主管机关信息接受系统，在信息来源与接受端统一信息采集与存储方式。在此基础上，进一步整合运营申报数据、检测数据、执法数据统计与分析，整合监管信息汇总与披露，建立涵盖民航安全、市场监管、政策补贴等内容的统一的、动态的、全覆盖的信息

---

[1] "民航政务信息系统统一认证平台正式投入使用"，载中央人民政府网，http://www.gov.cn/xinwen/2019-07/05/content_5406462.htm，最后访问日期：2020年7月19日。

管理平台与系统，打造公开透明、高效便捷的民航政务服务提供平台。

另外，还应实现民航系统以及"大交通"管理机关之间的信息共享与互通互联，包括民航与铁路、公路、水路管理部门等信息的共享，实现购票、换乘、改签、退票等一站式服务，并且对于各种交通工具出行的旅客实现信息一体化管理。[1]除此之外，民航政务服务平台还需要有效与全国一体化政府服务平台对接，目前国务院正在加快国家政府服务平台的建设，坚持"原则上联网，例外的情况下孤网"的原则，推动跨地区、部门、层级的信息共享，推进地方平台、部门专网与全国一体化政府平台的整合接入工作，消除信息孤岛与数据壁垒。[2]

在充分共享的基础上，下一步民航电子政务建设应在智能化、可视化、信息交互与共享方面进行更大创新，围绕着目前已初步建成的民航信息公开、在线审批、政务互动三项业务模块，统一标准与部署，推进民航电子政务向纵深发展。

---

[1] 黄芳芳："崔志雄：打破'信息孤岛'，推动交通信息互通互联——访第十三届全国政协委员、中国民航信息集团有限公司董事长崔志雄"，载《经济》2018年第7期。

[2] 李克强："在全国深化'放管服'改革转变政府职能电视电话会议上的讲话"，载《中国行政管理》2018年第8期。

结　论

新时代民航治理体系与治理能力现代化是一个复杂的系统性建设，在新时代"五位一体"、"四个全面"顶层设计下，需要继续构建政府、企业、社会良性互动关系，实现民航治理的系统化、协同化、高效化。[1] 党的二十大明确提出在未来五年，深入推进我国国家治理体系和治理现代化，以中国式现代化，全面推进中华民族伟大复兴。民航业是国家新兴战略行业。[2] 目前，我国民航面临着新的发展机遇，渐进式改革进入一个崭新的、更加全面的阶段。我国民航治理体系和治理能力现代化需要融入新时代恢弘的国家治理体系与治理能力现代化建设中，促进经济结构转型，助力国家重大战略，满足人民对提升生活质量的需求，实现新时代民航发展的最终目标。[3]

作为特殊的行业治理，推进新时代民航治理体系和治理能

---

[1] "新时代民航强国建设行动纲要"，载中国民用航空局网，http://www.caac.gov.cn/XXGK/XXGK/ZFGW/201812/t20181212_193447.html，最后访问日期：2020年7月19日。

[2] 《国家统计局〈战略性新兴产业分类（2018）〉》。

[3] "全面推进行交通业治理体系和治理能力现代化"，载交通运输部网站，http://www.mot.gov.cn/jiaotongyaowen/201602/t20160202_1984731.html，最后访问日期：2020年7月19日。

力的重点包括以下内容：首先，完善民航治理的法治基础，构建现代化、统一化的民航法律体系。其次，建设新时代民航高水平市场体系，这涉及政府职能的根本转变，一方面建立充分竞争的民航市场体系，另一方面完善民航公平竞争机制，尤其是民航反垄断机制。实现市场在资源配置中的决定作用，同时更好发挥政府的作用，两者实现辩证统一，共同推进民航高水平市场体系建设。再次，深化新时代民航行政管理体制改革，着眼于民航业的特点，以民航行政管理简政放权、创新监管、建设服务型政府为主线，完善民航主管机关权责体系、深化民航审批制度改革、深化民航监管制度改革，优化民航行政服务职能。通过法治基础、市场建设、行政管制体制三个行业治理体系的关键指标建设，推进民航治理体系和治理能力的现代化。

中国人自古对航空事业就充满了热情与好奇，对飞行有着天然的浪漫憧憬，御风而行、日行千里成为众多神话与艺术的常见场景，另外也不乏如明代万户飞天这样的为航空探索献身的事迹。这种对飞行、对探索热爱的基因流淌在现代中国人的血液之中。因此，民航的振兴，不仅仅关系到一个行业的复兴，也是实现中华民族伟大复兴的中国梦中最璀璨的篇章之一。

参考文献

1. 习近平:"切实把思想统一到党的十八届三中全会精神上来",载《求是》2014年第1期;
2. 李克强:"在全国深化'放管服'改革转变政府职能电视电话会议上的讲话",载《中国行政管理》2018年第8期;
3. 石亚军:"深化党和国家机构改革是一场彰显四个着力的深刻变革",载《中国行政管理》2018年第5期;
4. 石亚军:"深化机构和行政体制改革 推动国家治理体系创新",载《政法论坛》2018年第2期;
5. 石亚军:"以简政放权放出活力和动力:重在应当放什么和怎样放",载《中国行政管理》2018年第12期;
6. 石亚军:"当前推进政府职能根本转变亟需解决的若干深层问题",载《中国行政管理》2015年第6期;
7. 张小劲、李岩:"从语义图解到模式理解——关于全面深化改革若干重大问题的决定中关于治理问题的论述",载《当代世界与社会主义》2014年第1期;
8. 黄文平:"深化行政管理体制改革推进政府治理能力现代化建设",载《中国机构改革与管理》2016年第11期;
9. 辛璐璐:"国家治理现代化进程中的政府责任问题研究",吉林大学2017年博士学位论文;

10. 王浦劬:"全面准确深入把握全面深化改革的总目标",载《中国高校社会科学》2014年第1期;

11. 胡宁生:"国家治理现代化:政府、市场和社会新型协同互助",载《南京社会科学》2014年第1期;

12. 何玉芳:"'五位一体'与'四个全面'的内在逻辑",载《人民论坛》2019年第15期;

13. 评论员:"统筹推进新时代'五位一体'总体布局",载《人民日报》2017年11月3日,第1版;

14. 孟根其其格:"全面深化改革,推进国家治理体系和治理能力现代化",载《理论研究》2014年第1期;

15. 王平:"浅析国内民航市场竞争的三个阶段",载《中国民用航空》2018年第12期;

16. 莫纪宏:"国家治理体系和治理能力的现代化与法治化",载《环球法律评论》2014年第1期;

17. 刘怡达:"回应式立法与建构式立法——深化改革背景下的立法模式变迁",载《中共南京市委党校学报》2014年第1期;

18. 綦绮:"中国民航通用航空法规体系重构思路及变更重点浅析",载《民航管理》2019年第7期;

19. 王立:"平等的双重维度:形式平等和实质平等",载《理论探讨》2011年第2期;

20. 袁发强:"从契约到身份:航空旅客权益保护法律的演变",载《江西社会科学》2015年第4期;

21. 郝海青:"欧美碳排放权交易法律制度研究——兼论我国碳排放权交易制度的构建",中国海洋大学2013年博士学位论文;

22. 董念清:"中美航空运输协议研究",载《中国民航大学学报》2008年第4期；

23. 黄铁苗："如何使市场在资源配置中起决定性作用"，载《党政干部参考》2014年第8期；

24. 于立、刘玉斌："中国市场经济体制的二维推论：竞争政策基础性与市场决定性"，载《改革》2017年第1期；

25. 周佑勇："法治视野下政府与市场、社会的关系定位——以'市场在资源配置中起决定性作用'为中心的考察"，载《吉林大学社会科学学报》2016年第2期；

26. 黄文川："怎样理解使市场在资源配置中起决定性作用和更好发挥政府作用——访国务院研究室副主任韩文秀"，载《求是》2013年第23期；

27. 周文宣："论市场在资源配置中的决定性作用"，载《理论与当代》2014年第2期；

28. 洪银兴："关于市场决定资源配置和更好发挥政府作用的理论说明"，载《经济理论与经济管理》2014年第10期；

29. 彭金芝："美国航空自由化进程思考"，载《人民论坛》2015年第35期；

30. 宋林霖、何成祥："优化营商环境视阈下放管服改革的逻辑与推进路径——基于世界银行营商环境指标体系的分析"，载《中国行政管理》2018年第4期；

31. 刘佳丽："自然垄断行业政府监管机制、体制、制度功能耦合研究"，吉林大学2013年博士学位论文；

32. 林木西、和军："自然垄断行业所有制改革研究"，载《经济社会体制比较》2004年第2期；

33. 方敏："中国民航业放松进入管制的经济学思考"，载《现代经济探讨》2008年第7期；

34. 刘沛佩："从准统一到分离：商事主体资格的回归路

径——对商事登记行为的公私法性质解构",载《中共杭州市委党校党报》2009年第3期;

35. 宋世明、黄小勇、刘小康:"我国历次民航行政体制管理体制改革成效研究",载《国家行政学院学报》2012年第5期;

36. 宋华琳:"加强事中事后监管,推动市场监管体系的改革与创新",载《中国市场监督研究》2015年第11期;

37. 顾功耘等:"证照分离改革相关法律问题研究",载《政府法制研究》2017年第5期;

38. 王利明:"负面清单管理模式与私法自治",载《中国法学》2014年第5期;

39. 张淑芳:"负面清单管理模式的法治精神解读",载《政治与法律》2014年第2期;

40. 钟言:"负面清单制度",载《中国工运》2018年第7期;

41. 李春玲、曹继忠:"民航腐败案与航线资源分配权交易",载《产权导刊》2010年第9期;

42. 余英:"机场起降时刻分配政策及其改革方案",载《外国经济与管理》2003年第3期;

43. 刘光才、庄文武、李章萍:"美国航班时刻抽签分配机制研究及启示",载《交通企业管理》2008年第6期;

44. 贾红辉:"航班时刻与稀缺资源分配",载《品质》2016年第2期;

45. 徐舒、李涵、甘犁:"市场竞争与中国民航机票定价",载《经济学》2011年第2期;

46. 李小群:"如何评价地方政府航线补贴政策的有效性",载《国际航空》2018年第5期;

47. 林志军:"美国基本航空服务计划与我国支线航空补贴政策的比较",载《民航管理》2012 年第 10 期;

48. 黄存安等:"浅析中小机场运营现状及补贴政策",载《民航管理》2019 年第 2 期;

49. 张占江、徐士英:"自然垄断行业反垄断规制模式构建",载《比较法研究》2010 年第 3 期;

50. 孙晋:"新时代确立竞争政策基础性地位的现实意义及其法律实现——兼议《反垄断法》的修改",载《政法论坛》2019 年第 2 期;

51. 陈卫:"欧盟民航业政策法规体系及其借鉴意义(二)",载《中国民用航空》2006 年第 2 期;

52. 丁春宇:"全球航空联盟",载《中国民用航空》2003 年第 3 期;

53. 刘宁宁、綦绮:"浅析民航领域混合所有制改革实践的机场样本",载《中国民用航空》2017 年第 4 期;

54. 杨铁铮:"国内民航实施简化联运(SIS)的展望",载《民航管理》2013 年第 6 期;

55. 郝秀辉:"国际航空代码共享运输的承运人责任——以 1999 年《蒙特利尔公约》为中心",载《华东政法大学学报》2016 年第 1 期;

56. 王新安、杨秀云:"航空公司之间的代码共享及其对民航业的影响",载《兰州大学学报(社会科学版)》2005 年第 1 期;

57. 刘江山:"论国际航空联盟的反垄断豁免——对美国航空联盟反垄断豁免制度的解读与借鉴",载《价格理论与实践》2019 年第 4 期;

58. 高乐鑫:"跨境航空投资壁垒的变相规避及适用边

界——以国际航线联营为例",载《国际经贸探索》2018 年第 8 期;

59. 叶明:"互联网行业市场支配地位的认定困境及其破解路径",载《法商研究》2014 年第 1 期;

60. 段宏磊:"民航业反垄断执法的管制障碍及改革",载《北京理工大学学报(社会科学版)》2015 年第 1 期;

61. 陈丽华、陈晖:"反垄断法域外适用的效果原则",载《当代法学》2003 年第 1 期;

62. 许光耀:"反垄断分析基本框架及其对相关经济学的基本需求",载《价格理论与实践》2015 年第 11 期;

63. 金美蓉、韩伟:"航空运输业相关市场界定的理论与方法",载《中国物价》2015 年第 2 期;

64. 赵维东、田冰鑫:"欧美航空联盟反垄断豁免补救措施评析",载《理论前沿》2013 年第 12 期;

65. 于立:"垄断行业改革与反垄断执法体制的构建",载《改革》2014 年第 5 期;

66. 宋丽:"基于回应式监管理论的民航安全监管工作探讨",载《民航管理》2019 年第 3 期;

67. 高文录、高杨、冉岩:"民航法定自查的实践与思考",载《民航管理》2019 年第 2 期;

68. 李永祥:"在民航安全监管工作中建立集约化监管模式的探究",载《民航管理》2018 年第 8 期;

69. 徐国冲、张晨舟、郭轩宇:"中国式政府监管:特征、困局与走向",载《行政管理改革》2019 年第 1 期;

70. 孙佳、张禹:"法定自查工作开展成效调研与分析",载《民航管理》2019 年第 11 期;

71. 李亚凝:"我国民用航空法亟待修正的若干关键问题研

究",载《西北工业大学学报(社会科学版)》2019年第4期;

72. 刘莘:"依法行政与行政立法",载《中国法学》2000年第2期;

73. 马化腾:"关于以'互联网+'为驱动,推进我国经济社会创新发展的建议",载《中国科技产业》2016年第3期;

74. 尹少成:"'互联网+'与政府监管转型:机遇、挑战与对策",载《法学杂志》2016年第6期;

75. 冯晨、赵冬临、李赫:"'互联网+'在民航行业监管执法系统中的应用研究",载《电子技术与软件工程》2016年第13期;

76. 黄芳芳:"崔志雄:打破'信息孤岛',推动交通信息互通互联——访第十三届全国政协委员、中国民航信息集团有限公司董事长崔志雄",载《经济》2018年第7期;

77. 董箫、吴向荣、李雷勇:"双边航空协定中的'实质所有权和有效控制权'条款探析",载《中国律师》2008年第4期;

78. 李洪:"浅析民用航空器的持续适航与维修",载《江苏航空》2019年第2期;

79. 邵建军:"对民航'安全文化'体系化建设的认识和建议",载《中国民用航空》2012年第2期;

80. 韦王勇、曾小舟:"浅谈通用航空的运行合格审定",载《交通建设与管理》2013年第8期;

81. 刘敏等:"民航政府投资基金项目监管及绩效评价研究——机场投资项目监管及绩效评价",载2009年《第五届中国交通运输业财务与会计学术研讨会论文集》;

82. 王亚利:《社会变迁中的行政法问题研究》,中国社会出版社2013年版;

83. 尤春媛:《民用航空行政法律规制研究》,法律出版社2018年版;

84. 赵越让:《适航理念与原则》,上海交通大学出版社2013年版;

85. [意] 菲利普·德·弗洛里奥:《适航性:航空器合格审批导论》,赵越让等译,上海交通大学出版社2013年版;

86. [美] Alan J. Stolzer, Carl D. Halford, John J. Goglia:《民航安全管理体系》,李继承等译,中国民航出版社2012年版;

87. Willian J. Baumol, *On the Proper Cost Tests for Natural Monopoly in a Multiproduct Industry*, the American Economic Review, Vol. 67, No. 5（Dec. 1977）

88. Jonathan M. Jacobson, *Antitrust Law Development*（Sixth）, ABA Section of Antitrust Law, 2007;

89. Daniel Gifford, Robert T. Kudrle, *U. S Airlines and Antitrust: The Struggle for Defensible Policy Towards a Unique Industry*, 50 IND. L. Rev. 539（2017）;

90. Oliver Stechmann, Javier Raya Aguado, *The Air Franch-KLM merger: a first step towards the consolidation of European Aviation Industry*, European Competition Law Review, 2005, 26（5）

91. Rakesh V. Bohra & Lakshman Krishnamurthi, *Principles of Pricing: an Analytical Approach*, Cambridge University Press, 2012.

92. 习近平:"完善和发展中国特色社会主义制度　推进国家治理体系和治理能力现代化",载人民网,http://cpc.people.com.cn/n/2014/0218/c64094-24387048.html,最后访问日期:2020年7月19日;

93. 习近平:"三、新的历史条件下治国理政总方略——关于协调推进'四个全面'战略布局",载中国共产党新闻网,http://theory.people.com.cn/n1/2016/0422/c40531-28296007.html,最后访问日期:2020年7月19日;

94. 习近平:"中国经济呈现新常态 从高速转为中高速增长",载中国新闻网,http://www.chinanews.com/cj/2014/11-09/6763624.shtml,最后访问日期:2020年7月19日;

95. 王浦劬:"科学把握'国家治理'的含义",载人民论坛网站,http://theory.rmlt.com.cn/2013/1230/207785.shtml,最后访问日期:2020年7月19日;

96. "2018年民航行业发展统计公报",载民航局网站,http://www.caac.gov.cn/XXGK/XXGK/TZTG/201905/P020190508527175796080.pdf,最后访问日期:2020年7月19日;

97. 中国民航局:"新时代民航强国建设行动纲要",载民航局网站,http://www.caac.gov.cn/XXGK/XXGK/ZFCW/201812/t20181212_193447.html,最后访问日期:2020年7月19日;

98. "高清图解:'四个全面'战略布局是怎样形成的",载人民网,http://theory.people.com.cn/n/2015/0309/c148980-26660223.html,最后访问日期:2020年7月19日;

99. 徐光春:"坚持和发展中国特色社会主义的新理论新实践——学习习近平总书记治国理政思想的体会",载《求是》,http://theory.people.com.cn/n/2015/0916/c40531-27593549.html,最后访问日期:2020年7月19日;

100. "民航局印发《关于进一步深化民航改革工作的意见》",载中国民用航空网,http://www.ccaonline.cn/news/top/253113.html?from=timeline,最后访问日期:2020年7月19日;

101. 姜明安:《完善国家行政体制 提高政府治理能力》,载人民网,http：//cpinion.people.com.cn/n1/2020/0204/c1003-31569367.html,最后访问日期：2020年7月19日;

102. "民航行业管理体制日趋完善",载民航局网站,http：//www.caac.gov.cn/website/old/D1/60years/hhcj/hytz/,最后访问日期：2020年7月19日;

103. "关于印发民航局机关各部门主要职责的通知",载民航局网站,http：//www.caac.gov.cn/XXGK/XXGK/JGZN/201511/t20151123_14745.html,最后访问日期：2020年7月19日;

104. "全面推进行交通业治理体系和治理能力现代化",载http：//www.mot.gov.cn/jiaotongyaowen/201602/t20160202_1984731.html,最后访问日期：2020年7月19日;

105. "中国民航局局长冯正霖:满足人民美好生活需求,推动民航高质量发展",载民航局网站,http：//www.caac.gov.cn/XWZX/MHYW/201803/t20180313_55762.html,最后访问日期：2020年7月19日;

106. 冯其予:"京津冀、长三角和珠三角形成三大机场群,协同发展趋势显现",载中国经济网,http：//district.ce.cn/zg/201706/15/t20170615_23646627.shtml,最后访问日期：2020年7月19日;

107. 马怀德:"法治是国家治理体系和治理能力现代化的必由之路",载人民日报,http：//opinion.people.com.cn/n1/2019/1203/c1003-31486192.html,最后访问日期：2020年7月19日;

108. "改革开放40年民航法治建设成就显著,100多部法律法规章护航民航业发展",载法制网,http：//www.legaldaily.com.cn/index/content/2018-09/14/content_7645753.htm?

node=20908，最后访问日期：2020 年 7 月 19 日；

109. 中国民航局：《中国民航航空安全方案》，载民航局网站，http://www.caac.gov.cn/AQJG/ZCFG/AQZC/201605/P020160513590922446700.pdf，最后访问日期：2020 年 7 月 19 日；

110. "Ensuring the integrity of the European Carbon Market"，载 https://ec.europa.eu/clima/policies/ets/oversight_en，最后访问日期：2020 年 7 月 19 日；

111. "民航法治建设领导小组第二次会议召开，运用法治思维法治方法，提升行业治理法治化水平"，载中国民航网，http://www.caacnews.com.cn/1/1/202004/t20200410_1298248.html，最后访问日期：2020 年 7 月 19 日；

112. 中国民航局："加强民航法治建设若干意见"，载民航局网站，http://www.caac.gov.cn/XXGK/XXGK/ZFGW/201601/t20160122_27685.html，最后访问日期：2020 年 7 月 19 日；

113. "民航局加大'放管服'改革力度，促进通航高质量发展"，载民航局网站，http://www.cannews.com.cn/2019zb/2019gwty/sdxw2/201907/t20190722_1278166.html，最后访问日期：2020 年 7 月 19 日；

114. "Resolution A40-19, Consolidated statement of continuing ICAO policies and practices related to environmental protection-Carbon Offsetting and Reduction Scheme for International Aviation (CORSSIA)"，载国际民航组织网站，https://www.icao.int/environmental-protection/Documents/Assembly/Resolution_A40-19_CORSIA.pdf，最后访问日期：2020 年 4 月 25 日；

115. "共建'一带一路'倡议：进展、贡献与展望"，载新华网，http://www.xinhuanet.com/world/2019-04/22/c_1124400071.htm，最后访问日期：2020 年 7 月 19 日；

116. "李克强签署国务院令,公布《优化营商环境条例》",载司法部网站,http://www.moj.gov.cn/news/content/2019-10/23/bnyw_3234365.html,最后访问日期:2020年7月19日;

117. "中共中央国务院关于新时代加快完善社会主义市场经济体制的意见",载中央人民政府网,http://www.gov.cn/zhengce/2020-05/18/content_5512696.htm? trs=1,最后访问日期:2020年7月19日;

118. 中国民航局:"关于加强新设航空公司市场准入管理的通知",载民航局网站,http://www.caac.gov.cn/XXGK/XXGK/ZFGW/201701/t20170113_41713.html,最后访问日期:2020年7月19日;

119. "国务院关于在全国推开'证照分离'改革的通知",载中央人民政府网,http://www.gov.cn/zhengce/content/2018-10/10/content_5329182.htm? from=groupmessage,最后访问日期:2020年7月19日;

120. "关于在自贸区开展'证照分离'改革全覆盖试点的通知",载中央人民政府网,http://www.gov.cn/zhengce/content/2019-11/15/content_5451900.htm,最后访问日期:2020年7月19日;

121. "民航局落实'证照分离'改革全覆盖试点实施方案",载中央人民政府网,http://www.gov.cn/xinwen/2019-12/01/content_5457351.htm,最后访问日期:2020年7月19日;

122. "中南局部署落实民航局'证照分离'改革方案",载民航局网站,http://www.caac.gov.cn/local/ZNGLJ/ZN_DQYW/201912/t20191226_200024.html,最后访问日期:2020年

7月19日;

123."民航局进一步改革国内航线经营许可和航班管理办法",载民航局网站,http://www.caac.gov.cn/XWZX/MHYW/201002/t20100204_12540.html,最后访问日期:2020年7月19日;

124."全球时刻指南"(Worldwide Slot Guidelines),https://www.iata.org/contentassets/4ede2aabfcc14a55919e468054d714fe/wsg-edition-10-english-version.pdf,最后访问日期:2020年7月19日;

125."关于印发实行市场调节价的国内航线目录的通知",载民航局网站,http://www.caac.gov.cn/XXGK/XXGK/ZCFB-JD/201804/t20180413_56320.html,最后访问日期:2020年7月19日;

126."民航局对162家企业进行2019年通航发展专项资金补贴,总额超4亿",载中国民用航空网,http://www.ccaonline.cn/tongyong/tytop/470418.html,最后访问日期:2020年7月19日;

127."持续了10年的航空货运反垄断案将终结,国航等25家公司被罚12亿美元",载https://www.sohu.com/a/77721533_168370,最后访问日期:2020年7月19日;

128."Monique Negenman, Commission closes investigation into Lufthansa/SAS/United Airlines and KLM/Northwest Alliances",载https://ec.europa.eu/competition/publications/cpn/2003_1_70.pdf,最后访问日期:2020年7月19日;

129."中国民用航空局主要职责",载民航局网站,http://www.caac.gov.cn/website/old/G1/G2/,最后访问日期:2020年7月19日;

130. "中国民用航空华北地区管理局内设机构及其主要职责",载中国民用航空华北地区管理局网站,http：//hb.caac.gov.cn/HB_ZZJG/,最后访问日期：2020年7月19日;

131. "国务院关于取消和调整一批行政审批项目等事项的决定",载中央人民政府网,http：//www.gov.cn/zhengce/content/2015-03/13/content_9524.htm,最后访问日期：2020年7月19日;

132. "法律、法规、国务院决定设定的行政许可事项清单",载民航局网站,http：//www.caac.gov.cn/XXGK/XXGK/XZQL/XZXKMU/201511/t20151102_8908.html,最后访问日期：2020年7月19日;

133. "Review of the Classification and Definitions Used for Civil Aviation Activities",载国际民航组织网站,https：//www.icao.int/Meetings/STA10/Documents/Sta10_Wp007_en.pdf,最后访问日期：2020年7月19日;

134. "通用机场分类管理办法",载民航局网,http：//www.caac.gov.cn/XXGK/XXGK/ZFGW/201704/P020170424483738931211.pdf,最后访问日期：2020年7月19日;

135. "通航产业：潜力巨大的新经济增长点",载民航局网站,http：//www.caac.gov.cn/XWZX/MHYW/201411/t20141124_13900.html,最后访问日期：2020年7月19日;

136. "航线申请",载通航资源网,http：//www.garnoc.com/txt/flowline.html,最后访问日期：2020年7月19日;

137. 国家统计局："战略性新兴产业分类（2018）",载国家统计局网站,http：//www.stats.gov.cn/tjgz/tzgb/201811/t20181126_1635848.html,最后访问日期：2020年7月19日;

138. "2010年2月温州龙湾工商分局由于机票超售对一家

航空服务公司进行行政处罚",载 http://news.sohu.com/20110824/n317177866.shtml,最后访问日期:2020年7月19日;

139."中国民航局行政约见阿联酋航空公司",载民航局网站,http://www.caac.gov.cn/XWZX/MHYW/201605/t20160505_37101.html,最后访问日期:2020年7月19日;

140."民航局行政约见中国国际航空股份有限公司",载民航局网站,http://www.caac.gov.cn/XWZX/MHYW/201807/t20180719_189790.html,最后访问日期:2020年7月19日;

141."信用民航",载民航局网站,http://www.caac.gov.cn/ZTZL/RDZT/XYMH/ZCWJ/,最后访问日期:2020年7月19日;

142."发改委实权处长匡新落马:或涉嫌飞机采购寻租",载新浪财经,http://finance.sina.com.cn/roll/20100702/23188226233.shtml,最后访问日期:2020年7月19日;

143."社论:腐败大案频发应成民航改革契机",载新浪财经,http://finance.sina.com.cn/review/20100627/13488187637.shtml,最后访问日期:2020年7月19日;

144."民航政务信息系统统一认证平台正式投入使用",载人民政府网,http://www.gov.cn/xinwen/2019-07/05/content_5406462.htm,最后访问日期:2020年7月19日;

145."民用航空器已有经营许可证的申请人申请国籍登记证核发",载民航局网站,http://www.caac.gov.cn/FWDT/WSBS/SHSDL/54001/201705/t20170531_44367.html,最后访问日期:2020年7月19日;

146."外商投资准入特别管理措施(负面清单)(2019年版)",载国务院网站,http://www.gov.cn/xinwen/2019-06/

30/content_5404703.htm，最后访问日期：2020 年 7 月 19 日；

147."民用航空器（发动机、螺旋桨）型号合格证/型号认可证（TC/VTC）核发"，载民航局网站，http：//www.caac.gov.cn/FWDT/WSBS/SHSDL/54002/201705/t20170531_44370.html，最后访问日期：2020 年 7 月 19 日；

148."民用航空器补充型号合格证（STC）/补充型号认可（VSTC）"，载民航局网站，http：//www.caac.gov.cn/website/old/E1/E2/SHSDL/200707/t20070720_6653.html，最后访问日期：2020 年 7 月 19 日；

149."民用航空空中交通管制员执照办理"，载民航局网站，http：//www.caac.gov.cn/FWDT/WSBS/JTGLL/54007/201705/t20170531_44390.html，最后访问日期：2020 年 7 月 19 日；

150."民用航空电信人员执照颁发程序"，载民航局网站，http：//www.caac.gov.cn/FWDT/WSBS/JTGLL/54046/201705/t20170531_44401.html，最后访问日期：2020 年 7 月 19 日；

151."民用航空情报员执照办理"，载民航局网站，http：//www.caac.gov.cn/FWDT/WSBS/JTGLL/54046/201705/t20170531_44400.html，最后访问日期：2020 年 7 月 19 日；

152."民用航空气象人员执照颁发程序"，载民航局网站，http：//www.caac.gov.cn/FWDT/WSBS/JTGLL/54046/201705/t20170531_44399.html，最后访问日期：2020 年 7 月 19 日；

153.廖志文、马文莉："南航珠直获颁《小型航空器商业运输合格证》"，载民航资源网，http：//news.carnoc.com/list/85/85476.html，最后访问日期：2020 年 7 月 19 日；

154."大型飞机公共航空运输承运人运行合格审定"，载民航局网站，http：//www.caac.gov.cn/FWDT/WSBS/FXBZL/54022/201705/t20170531_44353.html，最后访问日期：2020 年 7 月

19日；

155. "民用机场场址及总体规划审批（总体规划）"，载民航局网站，http://www.caac.gov.cn/FWDT/WSBS/JCGLL/54047/201705/t20170531_44407.html，最后访问日期：2020年7月19日；

156. "规定权限内对新建、改建和扩建民用机场的审批和审核"，载民航局网站，http://www.caac.gov.cn/FWBS/JCGLL/54009/201705/t20170531_44403.html，最后访问日期：2020年7月19日；

157. "运输机场专业工程验收许可"，载民航局网站，http://www.caac.gov.cn/FWDT/WSBS/JCGLL/54019/201705/t20170531_44405.html，最后访问日期：2020年7月19日；

158. "设立国际机场审批、民用机场使用许可证核发"，载民航局网站，http://www.caac.gov.cn/FWDT/WSBS/JCGLL/54010/201705/t20170531_44404.html，最后访问日期：2020年7月19日；

159. "民用机场航空燃油供应安全经营许可"，载民航局网站，http://www.caac.gov.cn/FWDT/WSBS/JCGLL/54045/201705/t20170531_44406.html，最后访问日期：2020年7月19日。